Eeuwige Wijsheid

Deel 2

Eeuwige Wijsheid

Upadeshamritam

Deel 2

Mata Amritanandamayi Center, San Ramon
Californië, Verenigde Staten

Eeuwige Wijsheid, Deel 2
Upadeshamritam
Samengesteld door Swami Jnanamritananda Puri
Uit het Malayalam in het Engels vertaald door Dr. M.N. Nambudiri

Uitgegeven door:
Mata Amritanandamayi Center
P.O. Box 613
San Ramon, CA 94583
Verenigde Staten

———————————— *Eternal Wisdom, Volume 2 (Dutch)* ————————————

Eerste uitgave door het MA Center:: mei 2016

In Nederland:
www.amma.nl
info@amma.nl

In België:
www.vriendenvanamma.be

In India:
www.amritapuri.org
inform@amritapuri.org

Moeder,

Mogen al mijn daden
een aanbidding van U zijn
met totale overgave.

Moge iedere klank die van mijn lippen komt
een recitatie van Uw grote mantra zijn.

Moge iedere beweging van mijn handen
een mudra ter aanbidding van U zijn.

Moge iedere stap die ik zet
een omgang rondom U zijn.

Moge al mijn eten en drinken
een offergave in Uw heilige vuur zijn.

Moge mijn rust een buiging voor U zijn.

Moeder, moge iedere handeling van mij
en alle hulp een aanbidding van U zijn.

Inhoud

Voorwoord

Zeer zeldzaam zijn de mahatma's (grote zielen) die de gave hebben het hele universum in de Atman (Zelf) te zien en de Atman in het universum. Zelfs wanneer ze herkend worden, zijn ze misschien niet geneigd om met ons te communiceren of ons te raad te geven, omdat ze in de eeuwige stilte van het Zelf verzonken zijn. Daarom zijn wij heel fortuinlijk wanneer een volledig gerealiseerde mahatma bereid is om ons te adviseren en te disciplineren met de tedere liefde van een moeder en het onverklaarbare mededogen van een guru. Over de hele wereld brengen nu de darshan en de honingzoete woorden van Śrī Mata Amritanandamayi Devi veranderingen teweeg in het leven van honderdduizenden mensen. Hoewel dit boek onvolledig is, is het een kostbare verzameling gesprekken tussen de Heilige Moeder en Haar leerlingen, toegewijden en geïnteresseerde bezoekers in de periode van juni 1985 tot september 1986.

De wijsheid van de mahatma's die gekomen zijn met de opdracht om de wereld te verheffen, heeft zowel een directe als een eeuwige betekenis. Hoewel zij waarden verduidelijken die eeuwig zijn, zijn zij afgestemd op de vraag van de tijd waarin zij leven, en hun woorden zijn afgestemd op de hartslag van hun luisteraars.

Moeder spreekt Haar onsterfelijke woorden die de samenleving transformeren, in een tijd waarin de mens zijn traditionele waarden, edele gevoelens en gemoedsrust verloren heeft in een dolle poging om de uiterlijke wereld van zintuiglijk genot, macht en prestige te versterken. Het zinloze achternajagen van deze afleidingen, terwijl hij zijn eigen Zelf blijft vergeten, heeft hem de harmonie en de genade in zijn leven ontnomen. Gebrek aan vertrouwen, angst en een gevoel van competitie hebben persoonlijke banden en gezinsrelaties kapotgemaakt. Liefde is niet meer dan een luchtspiegeling in een cultuur van overmatige consumptie.

11

Onbaatzuchtige liefde voor God heeft plaatsgemaakt voor een vorm van devotie, die helemaal door verlangens geleid wordt. De mens hecht overdreven belang aan het intellect dat direct voordeel zoekt, terwijl hij de blijvende glorie die door echte wijsheid beloofd wordt, afwijst. Er stralen geen verheven, spirituele principes en edele ervaringen in het leven van de mensen. Deze worden beperkt tot enkel woorden. Het is op zo'n kritiek ogenblik dat Moeder tot ons spreekt in een taal van smetteloze devotie, een taal van het hart, van wijsheid en van liefde die Haar hele leven vormt. Haar ambrozijnen woorden hebben zowel een onmiddellijke als een eeuwige betekenis.

De wijsheid van Moeder die persoonlijk geluisterd heeft naar de ontelbare problemen die Haar door honderdduizenden mensen zijn toevertrouwd, toont Haar diepe inzicht in de menselijke situatie. Zij herkent hun behoeften en daalt af naar het niveau van de rationalist, de gelovige, de wetenschapper, de gewone man, de huisvrouw, de zakenman, de geleerde en de ongeletterde – man, vrouw of kind – en geeft allen het juiste antwoord, dat aansluit bij hun behoeften.

Moeder wijst op Haar eigen leven en verklaart: "Omdat ik alles als de Waarheid of Brahman zie, buig ik voor die Waarheid. Ik buig voor mij Zelf. Ik dien iedereen en zie hen als het Zelf." Ze accepteert advaita (non-dualiteit) als de uiteindelijke waarheid. Maar de weg die Zij gewoonlijk voorschrijft, is een harmonieus mengsel van mantra-japa, meditatie op een goddelijke vorm, devotioneel zingen, archana, satsang en onbaatzuchtige dienstbaarheid aan de wereld.

Haar advies is niet gewoon theoretisch, maar uiterst praktisch en geworteld in het dagelijkse leven. Haar instructies werpen licht op de noodzaak van spirituele training en sadhana (spirituele oefeningen) in het leven van het individu en in de samenleving, de rol van onbaatzuchtige dienstverlening bij het zoeken naar het Zelf, het belang van oprecht gebed met devotie, en zuivere liefde. Ze bespreekt ook kwesties als de gedragsregels voor hen die een gezinsleven leiden, de problemen van het dagelijks leven, de dharma van de relatie tussen man en vrouw en praktische richtlijnen voor spirituele zoekers, die soms raadsels van filosofische aard aanbieden.

We horen Haar Haar kinderen aansporen om een spiritueel leven te leiden, om luxe op te geven, om slechte gewoontes op te geven en hen die lijden te dienen: "Kinderen, Godsrealisatie is het werkelijke doel van het leven." Spiritualiteit is niet blind geloof. Het is het ideaal dat de duisternis verdrijft. Het is het principe dat ons leert om iedere ongunstige situatie of hindernis met een glimlach tegemoet te treden. Het is onderwijs voor de geest. Moeder wijst erop dat we al het andere onderwijs alleen effectief kunnen gebruiken, als we ons deze kennis eigen maken.

Moeders oneindige wijsheid drukt zich uit als opbeurende woorden voor hen die troost zoeken voor de problemen van het leven, als antwoorden op vragen die gesteld worden door hen die belangstelling hebben voor spiritualiteit, en als instructies die Zij van tijd tot tijd aan Haar leerlingen geeft. Ze geeft ieder antwoord in overeenstemming met de aard en de omstandigheden van de vragensteller. Zelfs wanneer de vragensteller niet in staat is om zijn ideeën volledig uit te drukken, geeft Moeder die de taal van het hart kent, het juiste antwoord. Een antwoord van Moeder, zelfs voordat de twijfel in de geest wordt uitgedrukt, is een algemene ervaring van hen die naar Haar toekomen.

Wanneer Zij een vraag die Haar uitdrukkelijk door één persoon gesteld wordt, beantwoordt, is het Haar gewoonte om vaak ook advies voor een stille luisteraar erbij in te sluiten. Alleen het stille individu zal begrijpen dat dit antwoord voor hem was. Wanneer men Moeders onderricht bestudeert, moet men deze speciale kwaliteiten in het oog houden.

De woorden van een mahatma hebben vele niveaus van betekenis. We moeten die betekenis absorberen die het beste bij ons past. Een bekend verhaal in de Upanishaden vertelt dat toen Heer Brahma het woord 'da' uitte, de demonen het interpreteerden als een advies om mededogen (daya) te tonen, de mensen als een oproep om te geven (dana) en de hemelbewoners als een bevel om beheersing (dama) te beoefenen.

Het is een zoete ervaring om naar Moeder te luisteren en Haar te zien spreken met levendige uitdrukkingen en gebaren. Zij spreekt een taal die eenvoudig is en tegelijkertijd verfraaid met zeer toepasselijke verhalen en analogieën, die genomen zijn uit het leven rondom Haar. De liefde die in Moeders ogen schijnt en Haar stralende, mededogende gezicht blijven levendig in de spiegel van de geest van de luisteraar als onderwerp van meditatie.

Er is tegenwoordig geen gebrek aan spirituele literatuur, maar toch blijft het een triest feit dat de hoogste idealen alleen maar woorden blijven en niet in het leven van de mensen tot uitdrukking komen. Maar Moeder spreekt vanuit Haar dagelijkse leven. Ze geeft nooit advies dat Ze zelf niet in Haar eigen leven in praktijk brengt. Ze herinnert er ons herhaaldelijk aan dat spirituele principes en mantra's niet bedoeld zijn om op onze lippen te blijven, maar ook in ons leven vertaald moeten worden. Diepe spirituele principes komen in een voortdurende stroom uit Moeder, die de geschriften niet bestudeerd heeft en geen instructies van een guru ontvangen heeft, voort. Het geheim hierachter is niets anders dan Haar eigen directe ervaring van het Zelf.

Het leven van de mahatma's vormt de basis van de geschriften. Moeders gezegden zoals: "De hele wereld behoort toe aan iemand die de Werkelijkheid kent," "Vriendelijkheid tegenover de armen is onze plicht tegenover God," "Als je je toevlucht tot God neemt, zal Hij geven wat je nodig hebt, wanneer je het nodig hebt," weerspiegelen Haar eigen leven. In ieder van Haar bewegingen is de dans van mededogen voor de hele wereld en liefde voor God. Deze eenheid van gedachte, woord en daad in Moeders leven vormt de basis van Haar bewering dat Haar kinderen geen enkel ander geschrift hoeven te bestuderen als zij Haar eigen leven zorgvuldig analyseren en bestuderen. Moeder schijnt in de samenleving als een levendige belichaming van Vedanta.

De mahatma's die de wereld door hun aanwezigheid heiligen, zijn tirtha's, heilige pelgrimsoorden, in beweging. Zoals regelmatige pelgrimstochten en aanbidding in een tempel onze geest zuiveren na jarenlange beoefening, zo heiligt een enkele darshan, aanraking of woord van een mahatma ons en legt in ons zaden van verheven samskara.

De woorden van de mahatma's zijn niet enkel klanken. De mahatma's gieten hun genade over ons uit tegelijk met hun woorden. Hun woorden moeten Bewustzijn tot leven brengen, zelfs in iemand die ernaar luistert zonder hun betekenis te begrijpen. Wanneer deze woorden in de vorm van een boek verschijnen, wordt de bestudering ervan de grootste satsang en meditatie. Mahatma's als Moeder, die de Werkelijkheid ervaren hebben, transcenderen tijd en ruimte. Het lezen of horen van Moeders onsterfelijke woorden stelt ons in staat om een onzichtbare innerlijke band met Haar te handhaven en maakt ons geschikt om Haar zegeningen te ontvangen. Dat is het werkelijke belang van de studie van zulke boeken.

We bieden deze verzameling van Moeders onsterfelijke woorden nederig aan aan de lezers. We bidden dat het hen mag inspireren om de prijzenswaardige spirituele idealen, die door Haar hele leven heen schijnen, na te streven en om vooruit te gaan op het pad van de uiteindelijke Waarheid.

De uitgevers

Eeuwige Wijsheid

Upadeshamritam

Deel 2

Moeder luistert naar de Bhagavatam

Kavyakaustubham[1] Ottūr gaf een lezing over de *Shrimad Bhagavatam* voor de *kalari*[2]. Er vloeide een zoete stroom van devotie, die op het punt stond over te stromen. Iedereen was in vervoering. Moeder was onder de toehoorders die naar het verhaal van Krishna's kinderstreken zaten te luisteren. Ottūr, die goed in de tachtig was, en wiens geest altijd bij Krishna verbleef, vertelde het verhaal alsof hij het voor zich zag.

"...Wat voor fratsen gaat Hij nu weer uithalen? Wie zal het zeggen? Hij brak de kom en de yoghurt stroomde alle kanten op. Hij zat zelf ook helemaal onder. Dus is het makkelijk om erachter te komen waar Hij heen gegaan was. Er zijn er een paar met yoghurt besmeurde voetafdrukken. Maar dan, na een paar stappen is er niets meer... geen voetstappen!

Wel, wij bevinden ons ook in deze lastige situatie. Wij kunnen drie of vier stappen naar de Heer zetten met behulp van verschillende aanwijzingen – slechts een paar stappen, gebruikmakend

---

[1] "Het Kaustubha-juweel onder de dichters." Dit was de titel die Ottur Unni Nambūdiripad ontving als gerenommeerd dichter. Hij was een bekende dichter en Sanskriet geleerde en de auteur van de 108 Namen van Moeder. Hij bracht de laatste jaren van zijn leven in de ashram door. (De Kaustubha is een kostbare edelsteen, die Heer Vishnu op Zijn borst draagt).

[2] De kleine tempel waar in de begindagen de bhava darshan gehouden werd. Voordat het tot tempel omgebouwd werd was het een koeienstal, toen Moeder nog een kind was.

van alle *Upanishaden* en *Purana's* – maar dat is alles. Daarna moeten wij Hem door ons eigen zoeken zelf vinden.

Yashoda is op zoek naar Hem. Zij weet heel goed waar ze Krishna moet zoeken. Kijk maar overal waar boter of melk bewaard wordt! Dan kun je Hem niet missen! Wat een zegen zou het zijn als we de Heer zo makkelijk konden zien! Maar zo was het toen: als je Hem wilde zien, moest je gewoon gaan zoeken.

Dus bleef ze zoeken en dan ziet ze Hem boven op een vijzel zitten, die Hij ondersteboven gekeerd heeft. Er is een echt leger om Hem heen—Shri Rama's leger![3] Ze houden allemaal hun handen op en verslinden de lekkernijen. En Krishna klaagt dat Hij twee van Zijn vier armen in die gevangenis had achtergelaten[4], want duizend armen waren niet genoeg geweest om al die apen te voeren. 'Vlug, vlug!' zegt Hij. 'Jullie moeten alles opeten voordat Moeder komt!' En elk moment kijkt de alziende Getuige steels om zich heen. En dan ziet Hij haar!

Er wordt gezegd, dat een kraai en de wind een ruimte alleen binnengaan als zowel de ingang als de uitgang open zijn. Ook daar heeft Krishna voor gezorgd. Hij heeft de nooduitgang opengelaten en net als Zijn moeder vlak bij Hem is en Hem wil pakken, gaat Hij op de loop.

Waarom rent Hij weg? Nou, Yashoda heeft een stok in haar handen en Krishna weet dat zij niet zo oud is dat ze een wandelstok nodig heeft. Hij weet, dat die stok voor Hem bedoeld is en daarom rent Hij weg."

---

[3] Ottur verwijst hier naar de gopa's, de koeienjongens die Krishna's kameraden waren als "Shri Rama's leger", dat wil zeggen een "apenleger".

[4] Toen Krishna geboren werd, waren zijn ouders, Devaki en Vasudeva, door Krishna's oom Kamsa, in de gevangenis gezet. Krishna gaf Zijn ouders een visioen van Zijn schitterende vorm als Vishnu met vier armen en keerde toen terug naar de vorm van het mensenkind. De macht van *maya* (illusie) deed zijn ouders het visioen dat ze ervaren hadden, onmiddellijk vergeten.

*...en Zijn moeder ging Hem achterna die zelfs de geest van
een yogi die getraind is in meditatie en ascese, niet zonder
Zijn genade kan bereiken.*

Bhagavatam, 10: 9

Terwijl de *satsang* verderging, stond Moeder op en liep naar de
westkant van de ashram. Ze bleef staan tussen de kalari en de
Vedantaschool voor een paar potten met planten, die aan de
balken van de school hingen. Ze streelde elke plant zachtjes en
daarna hield Ze één voor één de loshangende takken van iedere
plant in Haar hand en kuste ze. Ze raakte de planten net zo
liefdevol aan als een moeder haar pasgeboren kindje liefkoost.

Een meisje benaderde Moeder met een vraag, maar Moeder
gaf haar te kennen dat ze stil moest zijn. Toen het meisje een
plant wilde aanraken, hield Moeder haar tegen alsof Ze bang
was dat het meisje de plant pijn zou doen. Moeder ging nog een
tijdje door met communiceren met de planten. Misschien hadden
ze er behoefte aan hun leed met Moeder te delen, net als Haar
menselijke kinderen. Wie anders dan Moeder kan ze troosten?

Ondertussen was de lezing afgelopen. Moeder ging terug naar
de *kalari mandapam* (de open veranda van de kleine tempel) en
ging zitten.

Tyaga

Een toegewijde vroeg: "Amma, U spreekt altijd over het belang
van *tyaga* (verzaking). Wat is tyaga?"

Moeder: "Zoon, elke handeling die je verricht zonder te
letten op je eigen gemak of belang, is tyaga. Amma noemt elke
handeling tyaga, die als een offer aan God opgedragen wordt voor
het welzijn van de wereld, zonder het gevoel van 'ik' of 'mijn' en
zonder te letten op je eigen gemak. De moeite die iemand voor
zijn eigen profijt doet, kan men geen tyaga noemen."

19

Toegewijde: "Kunt U dat uitleggen, Amma?"

Moeder: "Als je kind ziek is, breng je hem naar het ziekenhuis. Desnoods loop je naar het ziekenhuis zelfs als het heel ver weg is. Je bent bereid om voor iedereen op je knieën te vallen om je kind in het ziekenhuis opgenomen te krijgen. Als de kamers vol zijn, ben je bereid op de vieze vloer te slapen met je kind. Om bij je kind te blijven neem je een aantal dagen vrij. Maar omdat al deze inspanning voor je eigen kind is, kan men het geen tyaga noemen.

Mensen zijn bereid om de trappen van het gerechtsgebouw plat te lopen enkel om voor een nietig stukje grond te vechten. Maar ze doen het voor zichzelf. Mensen werken laat en offeren hun slaap op, om de overuren uitbetaald te krijgen. Dat is geen tyaga. Maar als je al je comfort opoffert en een ander te hulp komt, dan kun je het tyaga noemen. Als je een arme medemens helpt met het geld dat je met hard werken verdiend hebt, is dat tyaga. Stel dat het kind van de buren ziek is en er niemand is om bij hem in het ziekenhuis te blijven. Als jij dan bij dat kind blijft, zonder van iemand iets terug te verwachten, zelfs geen glimlach, dan kun je dat tyaga noemen. Als je je uitgaven vermindert door af te zien van persoonlijke genoegens en het bespaarde geld voor een liefdadig doel gebruikt, is dat tyaga.

Door zulke opofferingen klop je op de deur die je naar het gebied van het Zelf leidt. Door zulke daden krijg je toegang tot die wereld. Dit staat ook bekend als karma yoga. Andere daden leiden alleen maar naar de dood. De handelingen die je verricht met de houding van 'ik' en 'mijn' kunnen je nooit echt ten goede komen.

Als je een vriendin bezoekt, die je lang niet meer gezien hebt, geef je haar misschien een bos bloemen. Jij bent echter de eerste, die van de pracht en de geur van de bloemen geniet en jij ervaart ook de voldoening van het geven. Op dezelfde wijze ervaar je ook automatisch geluk en tevredenheid van je onbaatzuchtige daden die tyaga zijn.

Kinderen, zelfs als iemand die bezig is met daden van tyaga, geen tijd meer heeft voor *japa* (herhalen van een mantra), zal hij toch onsterfelijkheid bereiken. Zijn leven zal anderen als nectar ten goede komen. Een leven vol tyaga, is de grootste vorm van *satsang*[5], omdat anderen het kunnen zien en het kunnen navolgen."

Advies over japa

Brahmachari: "Amma, is het goed om slaap over te slaan en 's nachts wakker te blijven om japa te doen?"

Moeder: "Je hebt al jarenlang de gewoonte om te slapen. Als je er plotseling mee ophoudt, zal dat stoornissen veroorzaken. Slaap tenminste vier of vijf uur, niet minder dan vier uur. Verminder je slaap niet opeens, maar geleidelijk."

Brahmachari: "Ik verlies vaak mijn concentratie als ik mijn mantra reciteer."

Moeder: "De mantra moet je met veel aandacht herhalen. Richt je aandacht of op de klank van de mantra of op de betekenis. Of je kunt iedere lettergreep van de mantra visualiseren als je hem herhaalt. Je kunt je ook de vorm van je Geliefde Godheid voor ogen halen tijdens het herhalen. Besluit hoe vaak je elke dag de mantra in totaal wilt herhalen. Dat zal je helpen om japa vastberaden te doen. Herhaal je mantra echter niet achteloos, alleen om een bepaald streefgetal te halen. Het belangrijkste is dat je geest op één punt gericht is. Het gebruik van een *mala* (rozenkrans) zal je helpen bij het tellen en ook bij het handhaven van de concentratie.

---

[5] Sat = Waarheid, Zijn; sanga = omgang met.

Concentratie zal in het begin niet zo makkelijk komen, dus moet je je lippen bewegen bij het herhalen. Op den duur zul je in staat zijn om de mantra in gedachten te herhalen zonder je lippen of tong te bewegen. Doe japa met alertheid en nooit mechanisch. Elke herhaling moet als het genieten van een snoepje zijn. Uiteindelijk zul je een stadium bereiken, dat zelfs als jij de mantra loslaat, de mantra jou niet meer loslaat.

Bond Yashoda Krishna niet vast aan een vijzel? Op dezelfde manier moet je je voorstellen, dat je je Geliefde Godheid vastbindt met een liefdeskoord en Hem dan weer vrijlaat. Haal je net zo levendig als in een film voor de geest dat je met Hem speelt, met Hem praat en Hem achternarent om Hem te pakken. Als je eenmaal vol liefde bent, hoeft niemand je meer te vertellen dat je je deze dingen moet voorstellen, want de gedachten aan je Geliefde zullen de enige gedachten zijn die spontaan in je geest opkomen.

Kinderen, probeer liefde in je te laten groeien en ontwikkel de houding 'God is mijn Alles.'"

Vrijdag 15 november 1985

Het was vroeg in de avond. Moeder en Haar leerlingen waren net aangekomen bij het huis van een toegewijde in Kayamkulam. Hij had Moeder al verschillende keren eerder uitgenodigd, maar pas nu had Ze de uitnodiging aangenomen.

Voor het huis was een klein, tijdelijk afdak gebouwd voor het *bhajan*-programma. Er was een grote menigte van wie de meesten ongeschoold waren en weinig van spiritualiteit begrepen. Er hing een geur van alcohol en het gezin deed weinig moeite om de menigte in het gareel te houden. De brahmachari's vonden het moeilijk om in die atmosfeer *kirtans* (hymnen) te zingen. Misschien had Moeder de eerdere uitnodigingen afgeslagen omdat Ze dit voorzien had. Moeder zegt vaak: "Amma is bereid om overal heen te gaan. Ze is bereid om in een bazaar te zingen en om van iedereen beledigingen te accepteren. Dat is geen probleem voor Haar. Zingt Amma uiteindelijk niet Gods naam? Wat kan daar verkeerd aan zijn? Maar Amma's kinderen tolereren het niet dat iemand iets negatiefs over Haar zegt. Ook zijn er enkele meisjes onder ons. Zij kunnen niet zomaar overal gaan zingen. Zij moeten beschermd worden. Daarom kan Amma niet zonder onderscheid elke uitnodiging aannemen."

Het geheim van karma

De terugreis naar de ashram in het busje was een goede gelegenheid voor satsang met Moeder. Een brahmachari vroeg: "Amma, is het onvermijdelijk dat we moeten lijden voor elke fout die we gemaakt hebben?"

Moeder: "We moeten zelfs straf ondergaan voor kleine fouten. Zelfs Bhishma[6] moest de gevolgen van zijn fout ondergaan."

Brahmachari: "Wat deed hij verkeerd? Hoe werd hij gestraft"

Moeder: "Hij stond daar alleen maar te kijken toen Draupadi uitgekleed werd, nietwaar? Hoewel hij wist dat Duryodhana en zijn broers niet voor rede vatbaar waren, had hij hen tenminste op hun dharma moeten wijzen. Maar dat deed hij niet. Hij hield zijn mond. Hij had deze boosdoeners over hun dharma moeten inlichten, ongeacht of ze zijn advies zouden opvolgen of niet. Omdat hij geen woord tegen hen zei, werd hij deelgenoot van hun gemene daad. En daarom moest hij later op een bed van pijlen liggen.

Als je toekijkt hoe iemand iets slechts doet waarvan je weet dat het in strijd met dharma is, en als je dan je mond houdt, is dat de grootste vorm van zonde. Dat is het gedrag van een

---

[6] Bhishma was de grootvader van de Pandava's en Kaurava's. Hij was een groot strijder met veel wijsheid. Hoewel zijn sympathie naar de Pandava's uitging, koos hij vanwege een eed die hij afgelegd had, de zijde van de Kaurava's in de Mahabharata-oorlog.

lafaard en niet van een moedig iemand. Laat iemand die zo'n zonde begaat niet denken dat hij kan ontsnappen. De hel wacht op zulke mensen."

Brahmachari: "Waar is de hel?"

Moeder: "Hier op aarde."

Brahmachari: "Maar is het niet God die ons zowel het goede als het slechte laat doen?"

Moeder: "Zoon, dat geldt voor iemand die ervan overtuigd is dat alles Gods werk is. In dat geval moeten we kunnen zien dat God ons alles gegeven heeft, zowel wanneer we de vruchten van onze goede daden genieten als wanneer we de straf voor onze fouten ondergaan.

God is niet verantwoordelijk voor onze fouten, wij zijn dat. Stel, dat een arts ons een drankje om aan te sterken voorschrijft. Hij vertelt ons, hoeveel we ervan moeten innemen en hoe vaak. Als we zijn instructies niet opvolgen en de hele fles in een keer opdrinken en als onze gezondheid als gevolg daarvan geruïneerd wordt, wat voor zin heeft het dan om de arts de schuld te geven? Evenzo, als we onvoorzichtig rijden en dan een ongeluk krijgen, moeten we dan de schuld aan de benzine geven? Hoe kunnen we dan God de schuld geven voor de problemen die we door onze eigen onwetendheid veroorzaakt hebben? God heeft ons volmaakt duidelijk gemaakt hoe we op deze aarde moeten leven. Het is zinloos om Hem te beschuldigen voor de gevolgen als we ze zijn instructies niet opgevolgd hebben."

Brahmachari: "De *Bhagavad Gita* vertelt ons, dat we moeten handelen zonder enig verlangen naar de vruchten van het handelen. Amma, hoe is het mogelijk om dat te doen?"

Moeder: "De Heer heeft dat voorgeschreven om ons van het lijden te bevrijden. We moeten onze handelingen met *shraddha*[7]

---

[7] Shraddha betekent in het Sanskriet vertrouwen dat gestoeld is op wijsheid en ervaring, terwijl hetzelfde woord in het Malayalam betekent toewijding voor

verrichten zonder te denken aan de resultaten of ons er druk over te maken. Dan zullen we zeker de resultaten krijgen die ons handelen verdient. Bijvoorbeeld, als je een student bent, leer dan je lessen met veel aandacht zonder te piekeren of je je examen haalt of niet. Als je een huis bouwt, bouw dan zorgvuldig volgens het plan zonder je er druk over te maken of het gebouw zal blijven staan of zal instorten.

Goede daden geven goede resultaten. Als een boer rijst van goede kwaliteit verkoopt, zullen de mensen die graag kopen en zal hij goed worden beloond voor zijn werk. Maar als hij een inferieur product verkoopt en op extra winst hoopt, zal hij vandaag of morgen gestraft worden en zijn innerlijke rust verliezen. Handel dus altijd met wakkerheid en met een houding van overgave aan God. Elke handeling zal volledig zijn resultaat opleveren of je je er nu zorgen over maakt of niet. Dus waarom tijd verspillen met je zorgen te maken over de vruchten van je handelingen? Waarom niet de tijd gebruiken om aan God te denken?"

Brahmachari: "Als het Zelf allesdoordringend is, moet het dan niet in een dood lichaam blijven? En hoe kan in dat geval de dood plaatsvinden?"

Moeder: "Als een lamp doorbrandt of een ventilator het begeeft, betekent dat niet dat er geen elektriciteit is. Als we ophouden onszelf verse lucht toe te wuiven met een waaier, houdt de luchtstroom op, maar dat betekent niet dat er geen lucht is. Of als een ballon knapt, betekent dat niet dat de lucht die in de ballon zat, ophoudt te bestaan. Die is er nog steeds. Op dezelfde manier is het Zelf overal. God is overal. De dood vindt niet plaats vanwege het afwezig zijn van het Zelf, maar vanwege de vernietiging van het instrument dat we als het lichaam kennen. Op het tijdstip van de dood houdt het lichaam op om het bewustzijn van het Zelf

---

zijn werk en wakkere aandacht bij iedere handeling. Moeder gebruikt dit woord in de laatste betekenis.

te manifesteren. Dus de dood kenmerkt het kapotgaan van het instrument en niet een of andere onvolkomenheid in het Zelf."

Moeder begon nu twee brahmachari's een bhajan te leren. Ze zong de regels één voor één en zij herhaalden die na Haar: *Bhagavane, Bhagavane...*

> *O Heer, O Heer!*
> *O Heer, die ingenomen is met de toegewijden,*
> *O Zuiverheid, Vernietiger van zonden,*
> *het lijkt of er alleen maar zondaren*
> *in deze wereld zijn.*

> *Is er iemand die ons het juiste pad kan wijzen?*
> *O Narayana, de deugd is verdwenen.*
> *De mens heeft alle gevoel*
> *voor waarheid en deugd verloren.*
> *Spirituele waarheden bestaan*
> *alleen nog maar in boeken.*

> *Alles wat we zien,*
> *draagt het kleed van schijnheiligheid.*
> *Kom weer tot leven en bescherm dharma,*
> *O Krishna!*

Toen zong Moeder een ander lied: *Amma kannu turakkule...*

> *O Moeder, wilt U Uw ogen niet openen en komen?*
> *Neem deze duisternis weg.*
> *Ik zal Uw ontelbare namen voortdurend*
> *en met veel eerbied herhalen.*

> *Wie is er behalve U in deze onwetende wereld*
> *om mijn onwetendheid te verwijderen?*

U bent de Essentie van Wijsheid,
de Kracht achter dit Universum.

O Moeder, die Haar toegewijden aanbidt,
U bent ons levensbloed.
Als wij voor Uw voeten buigen,
wilt U dan niet vol genade naar ons kijken?

De zeven wijzen zijn altijd bezig Uw lof te zingen.
Nu roepen wij, die diepbedroefd zijn, U aan:
O Almachtige, wilt U niet komen?

Het busje stopte in Vallickavu bij de bootsteiger. De tijd was zo vlug voorbijgegaan. Iedereen was verbaasd toen hij besefte dat ze al bijna bij de ashram waren.

Bij de poort van de ashram wachtte een toegewijde vol verlangen op Moeder. Er was een jongeman bij hem. De toegewijde knielde op de grond toen hij Moeder zag, terwijl de jongeman er achteloos bij stond. Moeder leidde hen allebei naar de kalari en ging met hen op de open veranda van de kleine tempel zitten.

Moeder: "Kinderen, wanneer zijn jullie gekomen?"

Toegewijde: "Een paar uur geleden. We zaten in Ochira in de bus op weg hierheen, toen we Uw busje in de tegenovergestelde richting voorbij zagen rijden. We waren bang dat we U vandaag helemaal niet meer zouden zien. Maar toen we hier aankwamen, werd ons verteld, dat U vanavond terug zou komen en toen voelden we ons veel beter."

Moeder: "Amma ging naar het huis van een zoon in Kayamkulam. Het zijn heel arme mensen en ze hadden Amma al een tijdje geleden uitgenodigd. Toen Amma zag hoe verdrietig ze waren, beloofde Ze tenslotte om vandaag te komen. Hoe gaat het met je sadhana (spirituele oefeningen), mijn zoon?"

Toegewijde: "Dankzij Amma's genade gaat alles gemakkelijk. Amma, mag ik een vraag stellen?"
Moeder: "Natuurlijk, mijn zoon."

Een mantra-initiatie door een guru

Toegewijde: "Amma, een vriend van mij kreeg een mantra van een *sannyasi* (monnik). Onlangs probeerde hij mij over te halen om ook een mantra van die sannyasi te krijgen. Hij bleef aandringen, ook al vertelde ik hem dat ik al een mantra van U gekregen had. Uiteindelijk lukte het me om bij hem weg te gaan. Amma, als je een mantra van een guru ontvangen hebt, is het dan goed om een mantra van iemand anders aan te nemen?"

Moeder: "Als je eenmaal een guru gekozen hebt en als je je dan tot iemand anders als je guru wendt, is dat als ontrouw in een huwelijk. Maar als je geen mantra van een guru hebt ontvangen, is het geen probleem.

Als je eenmaal een mantra van een *satguru* (gerealiseerde meester) ontvangen hebt, hoef je nergens anders heen te gaan. Je guru zal op iedere manier voor je zorgen. Je kunt andere gurus respecteren en eren, dat is prima, maar je zult er niets mee opschieten als je niet bij één ding blijft. Als je een andere guru benadert, terwijl de satguru die je de mantra-initiatie gegeven heeft, nog in leven is, is dat als een vrouw die haar man bedriegt en een andere man accepteert. Je hebt van je guru een mantra aangenomen, omdat je volledig vertrouwen in hem had. Als je iemand anders als je guru kiest, betekent dat dat je dit vertrouwen verloren hebt."

Toegewijde: "Wat moet iemand doen als hij het vertrouwen verliest in de guru die hem de mantra gegeven heeft?"

Moeder: "Zij moeten hun uiterste best doen om hun vertrouwen te behouden, maar als ze dat onmogelijk vinden dan is het zinloos om bij de guru te blijven. Verloren vertrouwen proberen terug te krijgen, is als proberen haar te laten groeien op een kaal hoofd. Als je eenmaal je vertrouwen verloren hebt, is het uiterst moeilijk om het terug te krijgen. Dus voordat je iemand als je guru kiest, moet je hem zorgvuldig observeren. Het is het beste om een mantra van een satguru te ontvangen."

Toegewijde: "Wat is het voordeel van het ontvangen van een mantra van een satguru?"

Moeder: "Door zijn *sankalpa* (goddelijke beslissing) kan de satguru de spirituele kracht in je wakker maken. Als je melk bij melk giet, krijg je geen yoghurt. Maar als je een beetje yoghurt in een kom melk doet, dan zal alle melk yoghurt worden. Als een *mahatma* (grote ziel) je een mantra geeft, is zijn sankalpa erbij betrokken. Zijn goddelijke kracht dringt in de leerling door."

Toegewijde: "Er zijn er velen die de rol van guru aannemen door links en rechts mantra's uit te delen. Is er enige baat bij deze mantra's die ze geven?"

Moeder: "Er zijn er die lezingen geven alleen gebaseerd op boekenkennis, of ze lezen uit de Bhagavatam en de Ramayana voor om de kost ermee te verdienen. Zulke mensen kunnen zichzelf niet eens redden, hoe kunnen ze dan ooit anderen redden? Als je van zo iemand een mantra hebt gekregen en je ontmoet daarna een satguru, dan moet je de satguru zeker vragen om je opnieuw in te wijden.

Alleen degenen, die spirituele oefeningen gedaan hebben en het Zelf hebben gerealiseerd, zijn bevoegd om anderen mantra's te geven. Zij die pretenderen een guru te zijn, zijn als een boot gemaakt van spons. Zij kunnen niemand naar de overkant brengen. Als iemand in zo'n boot stapt, zal die zinken en de passagier zal ermee ten onder gaan. Een satguru daarentegen is als een enorm schip en een groot aantal mensen kan, door daar aan boord te gaan, de overkant bereiken. Iemand die leerlingen aanneemt en anderen initieert, voordat hij door sadhana de nodige kracht heeft bereikt, is als een jonge, kleine slang, die probeert een grote kikker te verorberen. De slang kan de kikker niet doorslikken maar de kikker kan ook niet ontsnappen."

Jongeman: "De geschriften adviseren om tijd in het gezelschap van wijzen door te brengen. Wat is het nut van satsang met een mahatma?"

Moeder: "Zoon, als we door een wierookfabriek lopen, zal de geur naderhand bij ons blijven. We hoeven daar niet te werken of wierook te kopen of zelfs iets aan te raken – het enige wat we moeten doen, is de fabriek ingaan en de geur zal aan ons blijven hangen zonder dat we daar iets voor hoeven te doen. Zo gaat het ook als je in de aanwezigheid van een mahatma bent. Dan vindt er een verandering in je plaats zonder dat je je daar zelfs bewust van bent. De tijd die je met een mahatma doorbrengt is van onschatbare waarde. De aanwezigheid van een grote ziel zal positieve *vasana's* (gewoonten of neigingen), kwaliteiten en *samskara's* (karaktertrekken) in ons scheppen. Als je daarentegen in gezelschap verkeert van slechte mensen, is het alsof je een ruimte met kolen binnengaat. Zelfs als we de kolen niet aanraken, zal ons lichaam zwart zien wanneer we eruit komen.

Men kan makkelijk de gelegenheid vinden om jarenlang *tapas* (versobering) te doen, maar de mogelijkheid om bij een mahatma te zijn is buitengewoon zeldzaam en moeilijk te krijgen. Zo'n gelegenheid moet men nooit missen. We moeten uiterst geduldig zijn en proberen zoveel mogelijk uit de ervaring te halen. Enkel een aanraking of blik van een mahatma kan ons meer goed doen dan tien jaar tapas. Maar om dat profijt te ervaren moeten we ons ego opgeven en moeten we vertrouwen hebben."

Het belang van sadhana in eenzaamheid.

Jongeman: "Vandaag zijn we door de ashram gelopen en we hebben wat rondgekeken."

Moeder: "Wat heb je hier gezien, zoon?

Jongeman: "Ik begrijp niet, waarvoor de kelder achter de kalari nodig is."

Moeder: "In het begin is eenzaamheid voor een zoeker van essentieel belang. Het voorkomt dat de geest afgeleid wordt en daardoor zal de geest naar binnen keren. Als je de instructies van de guru opvolgt, zul je in staat zijn om in alles God te zien.

In dit gebied zijn geen bergen, er staan alleen maar huizen. Je kunt nergens alleen zijn. We kunnen niet eens diep in de grond graven om een meditatiekelder te maken, omdat er zoveel water is. Daarom is de kelder maar een halve meter tot een meter diep. Je kunt het niet echt een kelder noemen.

We moeten de akker bewerken voordat we kunnen zaaien. We moeten het onkruid weghalen, de aarde omploegen, effenen en egaliseren en dan kunnen we uiteindelijk planten. En terwijl het gewas begint te groeien, moeten we blijven wieden. Maar later als de planten groot zijn, hoeven we ons geen zorgen meer te maken over het onkruid, omdat de planten dan sterk genoeg zijn om het onkruid te weerstaan en het ze niet meer kan deren. In het begin echter, wanneer de planten jong en kwetsbaar zijn, kan het onkruid ze makkelijk overwoekeren. Daarom moeten we in het begin onze spirituele oefeningen in afzondering doen. We moeten ons in japa en meditatie verdiepen, zonder ons te veel onder anderen te begeven. Onze akker moet vrij zijn van het overwoekerende onkruid. In een later stadium, als we een tijd sadhana gedaan hebben, zullen we de kracht hebben om alle uiterlijke hindernissen te overwinnen.

Als je probeert water naar een hoger niveau te pompen, zul je er niet in slagen als er beneden in het systeem een lek zit. Op dezelfde wijze moeten we het weglekken van onze mentale kracht die we verzameld hebben, stoppen door al onze uiterlijke interesses op te geven. We moeten tijd in eenzaamheid doorbrengen en onze geest zuiveren van de slechte vasana's die we in het verleden hebben verzameld. We moeten niet met te veel mensen omgaan.

Een student kan niet in een lawaaierig, overvol treinstation gaan zitten studeren, nietwaar? Hij moet in een omgeving zijn die geschikt is om in te kunnen studeren. Op dezelfde manier heeft een *sadhak* (spirituele leerling) in het begin eenzaamheid nodig. Als je wat ervaring hebt, zul je in staat zijn om onder alle omstandigheden te mediteren. Maar nu zijn deze speciale maatregelen nog nodig.

Behalve afzondering is er nog een reden om in een kelder te mediteren. De vibraties onder de grond en ook in de bergen hebben een unieke kwaliteit die speciale kracht aan iemands sadhana toevoegt. De mahatma's zeggen dat ondergrondse grotten vooral geschikt zijn voor spirituele oefeningen. Hun woorden zijn als de Veda's. We gaan naar een dokter als we ziek zijn en we nemen aan wat hij ons vertelt. Zo zijn ook de woorden van mahatma's de autoriteit waaraan we ons op het spirituele pad vasthouden.

Vroeger waren er volop bossen en grotten waar zoekers hun ascese konden beoefenen. Ze leefden van vruchten en wortels en waren verdiept in hun tapas. Maar vandaag de dag zijn de omstandigheden anders. Als we een grot nodig hebben, moeten we er een maken. Hoewel deze grot door mensen gemaakt is, is hij goed genoeg voor afzondering en meditatie."

Jongeman: "Maar heeft een zoeker een grot of kelder nodig om tapas te doen? Worden we niet van de wereld afgesneden, als we in een grot verblijven? Is dat geen zwakheid?"

Moeder: "Hoewel er soms golven zijn in het water van een stuwmeer, gaat er geen water verloren. Maar als de dam breekt, zal al het water wegstromen. Op dezelfde wijze verliest de sadhak zijn subtiele energie als hij met anderen praat en met hun omgaat. Om dat te voorkomen is het goed om je in het begin af te zonderen. Dat is de oefenperiode van de sadhak. Als je wilt leren fietsen, ga je naar een open, lege plek waar je kunt oefenen zonder iemand te storen. Je beschouwt dat niet als zwakheid. De kinderen[8] hier (bewoners van de ashram) hebben deze kelder nodig en de eenzaamheid die hij verschaft. Later zullen ze naar buiten gaan en de wereld dienen."

Jongeman: "Maar waarom gaan ze niet naar Mukambika[9] of de Himalaya's om tapas te doen? Daar zouden ze in de juiste omgeving zijn."

Moeder: "Zoon, in de gurus aanwezigheid zijn, neemt de plaats in van in Mukambika of de Himalaya's zijn. De geschriften zeggen dat de voeten van de guru de samenvloeiing van alle heilige wateren zijn. Bovendien zijn de kinderen hier sadhaks en sadhaks moeten dicht bij hun guru zijn zodat ze de instructies die ze nodig hebben, kunnen krijgen. Een leerling moet nooit ver weg van de guru gaan zonder zijn toestemming.

Een dokter geeft een ernstig zieke patiënt niet alleen maar wat medicijnen en stuurt hem dan naar huis. Hij houdt de patiënt voor behandeling in het ziekenhuis. Hij onderzoekt de patiënt regelmatig en past de dosis van de medicatie aan afhankelijk van het stadium van de ziekte. Hetzelfde geldt voor een leerling die sadhana doet. Hij moet altijd onder het waakzame oog van de guru zijn. De guru moet binnen handbereik zijn om alle twijfels op te helderen die bij de leerling op kunnen komen, en om hem met het nodige advies verder te leiden bij iedere stap van zijn sadhana. De guru moet ook iemand zijn die deze weg zelf gegaan is.

Als de sadhak niet goed begeleid wordt, kan hij geestelijk labiel worden. Het lichaam raakt verhit als je veel mediteert. Als dat gebeurt, moet de sadhak het juiste advies krijgen hoe hij het lichaam af moet koelen. In dit stadium moet zijn dieet

---

[8] Moeder verwijst altijd naar Haar leerlingen en toegewijden als Haar kinderen.

[9] De heuvels vlak bij de Mukambika tempel, wat een ideale plek is om in eenzaamheid sadhana te doen.

aangepast worden, heeft hij eenzaamheid nodig en moet hij niet te veel mediteren. Als iemand die niet de kracht heeft om meer dan veertig kilo te tillen, opeens honderd kilo tilt, zal hij gaan wankelen en omvallen. Evenzo kan het tot veel problemen leiden als je meer mediteert dan je lichaam kan verdragen. Daarom moet de guru dichtbij zijn, zodat hij de leerling de instructies kan geven die hij nodig heeft.

Als er iets mis gaat met je meditatie, kun je daarvan God niet de schuld geven of de meditatie op zich. De fout ligt dan bij de speciale meditatietechniek die je gebruikt. In dit stadium hebben de kinderen die hier zijn, Amma dicht in de buurt nodig, zodat ze hun meditatie correct kunnen beoefenen en vooruitgaan. De tijd is voor hen nog niet rijp om alleen sadhana te doen en dus moeten ze hier niet ver vandaan gaan. Later echter zal dat geen probleem zijn."

Jongeman: "Wat heb je er eigenlijk aan als je tapas doet?"

Moeder: "Een gewoon iemand kan men vergelijken met een klein kaarsje, terwijl iemand die tapas doet als een transformator is en in staat is om energie over een groot gebied te verdelen. Tapas geeft de sadhak enorme innerlijke kracht. Als hij met obstakels geconfronteerd wordt, geeft hij het niet op. Hij is buitengewoon efficiënt in wat hij ook doet. Tapas maakt onthechting wakker, zodat de sadhak handelt zonder de vruchten van zijn handelen te verwachten. Door tapas krijgt hij de bekwaamheid om iedereen als gelijke te beschouwen. Hij voelt geen speciale gehechtheid aan iemand, noch behandelt hij iemand met afkeer. Deze eigenschappen komen zowel de sadhak als de wereld ten goede.

Het is makkelijk om te zeggen: "Ik ben *Brahman*," zelfs als de geest vol haat en nijd zit. Tapas is de training die je toepast om de onzuivere geest om te vormen tot een goddelijke geest."

Voordat je een examen haalt moet je studeren. Je kunt niet verwachten dat je slaagt als je helemaal niet studeert, nietwaar? En voordat je auto kunt rijden, moet je leren hoe je moet rijden. Dit kun je vergelijken met tapas doen. Als je je geest onder controle hebt gebracht, kun je in alle omstandigheden doorgaan zonder zwak te worden. Boekenwijsheid alleen kan dat niet voor elkaar brengen. Tapas is nodig. Het resultaat van tapas kan vergeleken worden met de zon die een heerlijke geur krijgt. Degenen die tapas doen zijn op weg naar een staat van heelheid. Hun woorden vibreren van leven. Mensen voelen zich heel geluk in hun aanwezigheid. De *tapasvi's* zijn een weldaad voor de wereld, omdat zij door hun tapas de kracht verworven hebben om anderen te verheffen."

Jongeman: "Wat bedoelt men met Zelfrealisatie of de hoogste staat van ontwaken?"

Moeder: "God in alles zien, alles als één en hetzelfde waarnemen, alle wezens als je eigen Zelf kennen – dat is realisatie. Wanneer alle gedachten tot rust gekomen zijn en er geen verlangens meer zijn, als de geest volkomen stil is, dan ervaar je *samadhi*. In deze staat is de houding van "ik" en "mijn" verdwenen. Dan ben je dienstbaar aan iedereen en niet langer meer een last voor anderen. Een gewoon iemand kan men vergelijken met een kleine stilstaande vijver, terwijl een gerealiseerde ziel als een rivier of een boom is, die troost en koelte geeft aan hen die bij hem komen."

Het was erg laat. Moeder stond op om weg te gaan. Ze zei tegen de jongeman: "Waarom blijf je niet hier tot morgen, zoon?" Als Amma hier nu blijft zitten, blijven deze kinderen hier ook zitten en dan zullen ze morgenochtend hun routine niet volgen. Amma zal je morgen weer zien."

Zaterdag 16 november 1985

De volgende ochtend misten een aantal brahmachari's de archana omdat ze de nacht daarvoor zo laat met Moeder op waren gebleven. Later, toen men op het punt stond de meditatie te beginnen, kwam Moeder eraan en vroeg hen waarom ze niet naar de archana gegaan waren. Ze zei: "Degenen die *vairagya* (onthechting) hebben, zullen hun dagelijkse routine nooit verbreken, hoe moe ze ook zijn. Kinderen, sla de dagelijkse archana niet over. Als je die toevallig toch mist, begin dan pas met je meditatie als je de archana zelf gedaan hebt."

Iedereen hield op met mediteren en begon de *Lalita Sahasranama* te reciteren terwijl Moeder bij hen zat. Toen de archana afgelopen was, stond Moeder op en liep naar de binnenplaats aan de noordkant van de ashram. Er liepen een paar brahmachari's met Haar mee en ook de jongeman die de vorige dag aangekomen was.

Brahmacharya

Jongeman: "Is het celibaat verplicht hier?"

Moeder: "Amma heeft Haar kinderen die hier verblijven, gezegd dat ze hun seksuele energie in *ojas* (subtiele energie) moeten transformeren, want dan kunnen ze hun ware aard leren kennen, wat echt geluk is. Dat is hun levenswijze. Alleen zij die dat kunnen, kunnen hier blijven. De anderen kunnen weggaan en een *grihasthashrama* (spiritueel gericht gezinsleven) gaan leiden. Er is aan de kinderen die hiernaartoe komen, verteld dat ze het celibaat moeten beoefenen. Zij die denken dat ze zullen falen, hebben de vrijheid om hier te allen tijde weg te gaan.

De politie heeft zijn eigen regels en het leger ook. Zo moeten de *brahmachari's* en de *brahmacharini's* hier in de ashram de regels van *brahmacharya* volgen. Voor degenen die gekozen hebben om hier te leven, is het naleven van het celibaat essentieel en dat is niet alleen in seksueel opzicht van toepassing. Ze moeten al hun zintuigen beteugelen: hun ogen, neus, tong en ook hun oren. Amma dwingt hen niet. Ze vertelt hun alleen dat dit de weg is.

In feite heeft Amma ze aangeraden om te trouwen, maar ze willen er niets van weten. Dus heeft Amma ze verteld dat ze hier op een bepaalde manier moeten leven en bepaalde regels moeten volgen en als ze dat niet kunnen, zijn ze vrij om weg te gaan. Niemand wordt gedwongen om op deze manier te leven. Niet iedereen kan dat pad volgen. Amma vertelt ze: 'Onderdruk niets. Je kunt deze levenswijze proberen en als het niets voor jou is, trouw dan.'

Als je je voor een rol verkleedt, moet je die goed spelen, anders hoef je er niet aan te beginnen. Als je het Hoogste Doel wilt bereiken, is brahmacharya essentieel. Wat hebben onze mahatma's daarover gezegd?"

Jongeman: "Naar wie verwijst U?"

Moeder: "Buddha, Ramakrishna, Vivekananda, Ramana, Ramatirtha, Chattampi Swami, Narayana Guru. Wat hebben ze allemaal gezegd? Waarom hebben Buddha, Ramatirtha, Tulsidas en andere mahatma's hun vrouw en huis verlaten? Waarom heeft Shri Shankaracharya[10] op zo'n jonge leeftijd sannyasa genomen? Wijzen hun daden erop dat brahmacharya niet nodig is? Heeft Shri Ramakrishna geen brahmacharya beoefend zelfs nadat hij getrouwd was, om anderen een voorbeeld te geven?

Brahmacharya is niet alleen iets uiterlijks, het betekent niet alleen dat je van trouwen afziet. Elke stap moet in overeenstemming met het hoogste principe genomen worden. Zelfs geen enkele gedachte mag dit principe schenden. Brahmacharya behelst ook dat je anderen op geen enkele manier schade berokkent, niet luistert of kijkt naar iets wat overbodig is en alleen spreekt als het nodig is. Alleen dan kun je het echt brahmacharya noemen. Op het spirituele pad is brahmacharya absoluut onontbeerlijk.

---

[10] Shri Shankaracharya was een groot mahatma en filosoof, die in de achtste eeuw leefde. Hij was een vertegenwoordiger van de Advaita filosofie.

Omdat het in het begin moeilijk kan zijn je gedachten te beheersen, kun je beginnen met brahmacharya uiterlijk te beoefenen. Als je brahmacharya niet in acht neemt, zul je alle kracht die je door je sadhana verkregen hebt, verliezen. Amma bedoelt niet dat je deze dingen met geweld moet onderdrukken. Voor degenen die *lakshya bodha* (constante gerichtheid op het spirituele doel) hebben, is zelfbeheersing niet zo moeilijk. Mensen die in de Perzische Golfstaten gaan werken, keren vaak pas na een aantal jaren terug[11]. Gedurende deze tijd wonen ze ver weg van hun vrouw en kinderen. Als het erom gaat een baan te vinden, laat je je gehechtheid aan je gezin en je land je niet tegenhouden. Op dezelfde manier denk je, als zelfrealisatie je doel is, aan niets anders. Andere gedachten zullen vanzelf verdwijnen zonder dat het nodig is om ze met geweld te beheersen.

Mensen geloven dat geluk gevonden kan worden in uiterlijke dingen en daarom werken ze daar hard voor, waarbij ze al hun energie verspillen. We moeten hierover nadenken en de waarheid begrijpen. Door onze liefde voor God en het doen van doelgerichte tapas zullen we sterk worden. Dit is niet moeilijk voor degenen die begrijpen dat ze slechts energie verspillen door uiterlijk geluk te zoeken.

Bepaalde planten dragen geen vruchten als ze teveel bladeren hebben. Alleen als ze gesnoeid worden, zullen ze bloeien en vruchten dragen. Op dezelfde manier kunnen wij niet de innerlijke Waarheid vinden als we onszelf toestaan om door uiterlijke genoegens meegesleept te worden. We moeten ons bevrijden van onze verlangens naar wereldlijk plezier als we de vrucht van Zelfrealisatie willen oogsten."

Jongeman: "Ontkent de spirituele cultuur van India het wereldlijke leven volledig?"

---

[11] Sedert 1970 zijn een groot aantal mensen uit India, vooral uit Kerala, in de Golfstaten gaan werken.

Moeder: "Neen, niet echt. Er wordt alleen gezegd dat echt geluk daar niet gevonden kan worden."

Jongeman: "Waarom kunnen we het Doel niet bereiken als we tegelijk van het wereldse leven genieten?"

Moeder: "Iemand die echt vurig naar realisatie verlangt, denkt zelfs niet aan een werelds leven of aan lichamelijk plezier. Zij die een gezinsleven leiden, kunnen het Doel ook bereiken, mits ze de beperkingen van het wereldse leven herkennen en volledig onthecht zijn en een leven leiden met japa, meditatie en zelfverloochening."

Jongeman: "Is het dan heel moeilijk om Zelfrealisatie te bereiken terwijl men een werelds leven leidt?"

Moeder: "Hoezeer je het ook probeert, het is niet mogelijk om de gelukzaligheid van het Zelf te ervaren als je tegelijkertijd wereldlijk geluk zoekt. Als je *payasam* (zoete rijstpudding) eet uit een vat dat gebruikt werd om tamarinde in te bewaren, hoe kun je dan de echte smaak van payasam proeven?"

Jongeman: "Kunt U dat nog wat toelichten?"

Moeder: "Als je je overgeeft aan fysieke genoegens, kun je tot op zekere hoogte gelukkig zijn, nietwaar? Zonder hierop controle uit te oefenen kun je niet naar het niveau van gelukzaligheid opstijgen. Je kunt trouwen en met je vrouw en kinderen leven, dat is geen probleem zolang je tegelijkertijd je geest op het Hoogste Zelf gericht kunt houden. Hoe kan iemand die het geluk in de dingen van de wereld zoekt, ooit de vreugde bereiken die niet tot deze wereld behoort?"

Jongeman: "Maar zijn wereldlijke genoegens niet een deel van het leven? Bijvoorbeeld het pure feit dat we hier nu zitten, is het resultaat van anderen die zich ingelaten hebben met fysieke relaties. Hoe zou de wereld eruit zien, als er geen relaties tussen mannen en vrouwen zijn? Dus hoe kunnen we dat ontkennen?

En ook, zal de hoogste gelukzaligheid aan iemand onthouden worden omdat hij een fysieke relatie heeft?"

Moeder: "Amma zegt niet dat wereldse genoegens totaal afgewezen moeten worden, maar je moet begrijpen dat echt geluk niet gevonden kan worden in zulke genoegens. De zoetheid van een vrucht zit niet in de schil maar in de binnenkant. Als je dat weet ken je de schil niet méér belang toe dan die verdient. Als je begrijpt dat zintuiglijk genot niet het echte doel in het leven is, zul je je alleen aangetrokken voelen tot de *Paramatman* (de Hoogste Geest). Ja, het is mogelijk om het Doel te bereiken terwijl je een gezinsleven leidt, mits je totaal onthecht blijft zoals een vis in de modder.[12]

In vroeger tijden volgden de mensen de regels die voorgeschreven waren voor verschillende leden van de samenleving. Ze leefden volgens de leerstellingen van de geschriften. Ze wilden niet alleen zintuiglijke genoegens. God was het doel in hun leven. Nadat er een baby geboren was, behandelde de man zijn vrouw die het leven geschonken had aan zijn evenbeeld in de vorm van het kind, als zijn eigen moeder. Wanneer hun zoon volwassen werd, gaven ze alle verantwoordelijkheden aan hem en gingen weg om een afgezonderd leven in het bos te leiden. In deze fase had het echtpaar door het gezinsleven een bepaalde mate van volwassenheid bereikt. Hun werk, het opvoeden van kinderen en het worstelen met verschillende hindernissen in het leven, had hun karakter tot rijpheid gebracht. In de *vanaprastha* (fase van afzondering in het bos) bleef de vrouw bij haar man. Maar tenslotte werd ook deze band verbroken als ze sannyasi's werden, wat totale verzaking inhield. Uiteindelijk bereikten ze het Doel. Dit was in die dagen de gewoonte. Maar tegenwoordig is dat anders. Door de gehechtheid van de mensen aan hun rijkdom en hun

---

[12] In India zijn er bepaalde vissen die in de modder leven. De vissen zijn als teflon: de modder blijft er niet aan kleven.

familie en door hun egoïsme leeft niemand meer op die manier. Dat moet veranderen. We moeten ons van het echte doel van het leven bewust worden en dienovereenkomstig leven."

Jongeman: "Sommige mensen zeggen dat de vereniging van man en vrouw het hoogste geluk is. En dat zelfs de liefde van een moeder voor haar kinderen van oorsprong seksueel is."

Moeder: "Zo beperkt is hun kennis. Dat is alles wat ze kunnen zien. Zelfs in het huwelijk moet wellust niet de drijvende kracht zijn. Echte liefde moet de basis zijn van de relatie tussen man en vrouw. Liefde ondersteunt alles. Liefde is de basis van het universum. Als er geen liefde was, kon er geen schepping plaatsvinden. De echte bron van deze liefde is God, niet seksuele opwelling.

Sommige echtparen vertellen Amma, 'Onze seksuele verlangens verzwakken onze geest. We kunnen de houding van broer en zus niet volhouden. We weten niet wat we eraan moeten doen.'

Wat is de reden van deze gesteldheid? Tegenwoordig leeft de mens als een slaaf van de lust. Als dat nog verder aangemoedigd wordt, wat zal dan de toestand van de wereld worden? Daarom raadt Amma de mensen aan om naar binnen te kijken en naar de bron van echte gelukzaligheid te zoeken. Wat moeten we doen? Mensen aanmoedigen om door te gaan met hun verkeerde gewoontes op de weg van onbezonnen impulsen, of hun van deze vergissingen afbrengen naar de weg van onderscheid?

Er zijn mensen die in het verleden talloze fouten gemaakt hebben, en er toch door het doen van sadhana in geslaagd zijn om hun geest onder controle te krijgen en die uiteindelijk tot nut van de wereld zijn geworden. Degenen die zelfs met begeerte naar hun eigen zussen keken, hebben geleerd om alle vrouwen als hun zus te zien.

Veronderstel dat er vijf broers in een gezin zijn. De eerste is aan alcohol verslaafd, de tweede broer rent luxe achterna, de derde vecht met iedereen en de vierde broer steelt als de raven. Maar de vijfde broer is anders dan de anderen. Hij leidt een eenvoudig leven. Hij is opgewekt, vol mededogen en vindt het leuk om te geven. Hij is een echte karma yogi. Deze ene broer houdt de harmonie in het gezin in stand. Dus wie van deze vijf moeten we kiezen om na te streven?

Amma kan het niet anders zien. Het is niet zo dat Ze de anderen de rug toekeert. Amma bidt dat zij ook dit pad zullen volgen, want alleen dan zal er vrede en tevredenheid in de wereld zijn."

Jongeman: "Amma, kunt U de gelukzaligheid van het Zelf waar U het over had, wat nader toelichten?"

Moeder: "Dat is iets wat men moet ervaren. Kun je de schoonheid van een bloem uitleggen of de zoete smaak van honing beschrijven? Als iemand je slaat, kun je zeggen dat het pijn doet, maar kun je precies in woorden uitdrukken hoeveel pijn je voelt? Dus hoe kan men de schoonheid van het Oneindige beschrijven?

Spirituele gelukzaligheid kan niet door het verstand ervaren worden. Daarvoor is het hart nodig. Het verstand snijdt de dingen in stukken als een schaar, maar het hart voegt dingen samen als een naald. Amma zegt niet dat we het verstand niet nodig hebben. Zowel het hart als het verstand zijn nodig. Zoals de twee vleugels van een vogel hebben ze allebei hun plaats. Wat te doen als er een dam in een rivier op het punt staat te bezwijken en een heel dorp onder water zal lopen? Dan moet er snel een oplossing gevonden worden. In zulke situaties is het verstand nodig en moet je sterk zijn. Sommige mensen storten in en huilen zelfs als ze met kleine problemen geconfronteerd worden. We moeten in staat zijn om elke hindernis aan te kunnen zonder geestelijk te verzwakken. We moeten onze innerlijke kracht ontdekken. Dit zal door spirituele oefeningen gebeuren."

Als een zachte bries dreven Moeders woorden de wolken van onwetendheid weg uit de geest van de zoekers in de intieme bijeenkomst en zij maakten het hun mogelijk zich in het licht van Haar wijsheid te koesteren.

Dinsdag 7 januari 1986

Om kwart voor tien 's morgens ging Moeder bij de brahmachari's in de meditatieruimte zitten.

Moeder: "Kinderen, als jullie je vastklampen aan Amma in de vorm van deze persoon, zullen jullie niet vooruit kunnen gaan. Je moet van de Moeder van het Universum houden en niet van dit fysieke lichaam. Je moet in staat zijn om het ware principe achter Amma te herkennen en Amma in jezelf, in elk levend wezen en alle dingen te zien. Als je met een bus reist, raak je toch niet aan de bus gehecht, nietwaar? De bus is alleen het middel dat je gebruikt om op je bestemming te komen."

Een jongeman die Jayachandra Babu heette, kwam naar voren en knielde. Hij woonde in Thiruvanantapuram en was de vorige dag voor het eerst naar Moeders darshan gekomen. Nu was hij weer gekomen, nadat hij thuis een briefje had achtergelaten om zijn familie te informeren dat hij voorgoed naar de ashram verhuisde.

Moeder zei tegen hem: "Mijn zoon, als je nu hier blijft, zal je familie herrie schoppen en Amma beschuldigen. Ze zullen zeggen dat Amma jou zonder hun toestemming hier houdt. Dus voorlopig moet je terug naar huis gaan."

Eerst wilde Babu niet weggaan, maar toen Moeder aandrong, stemde hij er uiteindelijk mee in om naar huis te gaan. Hij knielde weer voor Moeder en stond op.

"Zoon, heb je genoeg geld voor de bus?" vroeg Moeder.

"Neen, ik heb niet genoeg meegenomen omdat ik niet van plan was om terug te gaan."

Moeder vroeg brahmachari Kunjumon om hem wat geld te geven voor de bus. Babu vertrok toen met Kunjumon en Moeder vervolgde Haar gesprek met de brahmachari's.[13]

Het aanbidden van een vorm

Moeder: "Sommige mensen zeggen: 'Mediteer niet op een vorm. Brahman heeft geen vorm, daarom moet je op het Vormloze mediteren.' Wat voor logica is dat? Gewoonlijk halen we het voorwerp voor de geest waarop we mediteren, nietwaar? Zelfs als we op een vlam mediteren of op een klank, dan is dat nog steeds op een voorstelling gebaseerd. Wat is het verschil tussen dit soort meditatie en meditatie op een vorm? Zij die op het Vormloze mediteren, maken ook gebruik van een voorstelling. Sommigen denken aan Brahman als pure liefde, oneindigheid of alomtegenwoordigheid. Sommigen herhalen, 'ik ben Brahman' of onderzoeken 'wie ben ik?' Maar dit zijn nog steeds mentale denkbeelden. Dus is het niet echt meditatie op Brahman. Wat is dan het verschil tussen dat en meditatie op een vorm? Om water naar iemand die dorst heeft te brengen is een kopje nodig. Om de vormloze Brahman te realiseren is er een hulpmiddel of steun nodig. Bovendien als we verkiezen om op het Vormloze te mediteren, hoe kunnen we dat dan doen zonder liefde voor Brahman te ontwikkelen? Het is daarom niets anders dan *bhakti* (devotie). De persoonlijke God is niets anders dan een verpersoonlijking van Brahman."

Brahmachari Rao[14]: "Het is die God die we in Amma zien."

Moeder (lachend): "Stel je Brahman voor met een hoofd en twee ogen, neus en ledematen! Hoe ziet dat eruit?"

---

[13] Kort daarna sloot Babu zich bij de ashram aan en werd een brahmachari.

[14] Een paar jaar later, toen hij zijn sannyasa-initiatie ontving, kreeg brahmachari Rao de naam Swami Amritatmananda.

Een brahmachari: "Wat voor nut heeft het om je zo'n wezen voor te stellen?"

Moeder: "Aanbidding wordt gemakkelijk als we een speciale vorm aan Brahman toekennen. Dan kunnen we door onze *prema* (hoogste liefde) gemakkelijk het eeuwige Principe realiseren. Al het water in een tank kan er door één enkele kraan uit stromen, wat het ons makkelijker maakt om onze dorst te lessen."

Brahmachari Venu[15] stelde een andere vraag: "Amma, er wordt gezegd dat Jarasandha zelfs Krishna voor een veldslag deed vluchten. Hoe was dat mogelijk?"

Moeder: "Een avatar als Krishna zou alleen weglopen om ons iets te leren en niet uit angst."

Venu: "Jarasandha was niet voorbestemd om het geluk te hebben om door de handen van de Heer te sterven. Daarom liep de Heer weg. Is het niet zo, Amma?"

Moeder: "Ja, dat klopt. Ook roeide Krishna iemands trots pas uit nadat hij die in volle omvang naar buiten had gebracht. Als een kind een eng gezicht trekt, zal de vader meespelen en doen alsof hij bang is. Maar hij is natuurlijk niet echt bang voor het kind."

Een andere brahmachari stelde een vraag: "Amma, de laatste tijd voel ik me erg slaperig tijdens de meditatie. Wat moet ik doen?"

Moeder: "Ga 's morgens een tijdje hardlopen of doe wat werk dat je in beweging brengt. Laat *rajas* (activiteit) *tamas* (traagheid) verdrijven. Zonder lichamelijk werk te verrichten zullen *vata*, *pitta* en *kapha* in jou uit balans raken[16] en zul je je te slaperig voelen om

---

[15] Swami Pranavamritananda.

[16] Volgens de oude wetenschap van Ayurveda zijn er drie elementaire levenskrachten of biologische vochten die vata, pitta en kapha genoemd worden Zij komen overeen met de elementen lucht, vuur en water. Deze drie elementen bepalen de levensprocessen van groei en afbraak en zijn de oorspronkelijke krachten van het ziekteproces. De overheersing van een of meerdere van deze elementen in het individu bepaalt zijn psychologische en fysieke geaardheid.

te mediteren." Lachend voegde Moeder eraan toe: "Uiteindelijk zal God veel problemen geven aan hen die te lui zijn om te werken."

Moeder met een geleerde

Moeder kwam uit de meditatieruimte tevoorschijn en trof daar een *shastri* (religieuze geleerde) aan, die op Haar wachtte. Toen de oudere man Moeder zag, bond hij uit respect zijn katoenen sjaal om zijn middel, knielde helemaal en legde wat fruit dat hij had meegebracht, aan Moeders voeten. Hij had ook een exemplaar van de *Brahma Sutra's* vast, die hij de laatste veertig jaar overal mee naar toe had genomen en dagelijks had bestudeerd. Moeder zat met hem op de veranda van de meditatieruimte.

Moeder: "Wanneer ben je aangekomen, zoon?"

Shastri: "Ik ben nog niet lang hier. Ik ben op de terugweg van Thiruvanantapuram. Mijn zoon is hier de vorige maand geweest en hij heeft me over Amma verteld. Daarom besloot ik om de reis te onderbreken en U op mijn terugreis te bezoeken."

Moeder sloot Haar ogen en zat een tijdje in meditatie. Toen Ze Haar ogen weer opende, vervolgde de shastri: "Amma, ik heb de laatste veertig jaar de Vedanta bestudeerd en erover gesproken, maar tot de dag van vandaag heb ik geen geestelijke rust gekregen."

Moeder: "Zoon, Vedanta heeft weinig te maken met lezen of lezingen geven. Vedanta is een principe dat we in ons leven moeten aannemen. Je kunt een mooie, kleurrijke schets van een huis op een stuk papier tekenen, maar je kunt niet in dit ontwerp wonen, nietwaar? Zelfs als je maar een klein plekje wilt om je tegen de regen en de zon te beschermen moet je er stenen en hout naar toe brengen en de schuilplaats bouwen. Op dezelfde wijze kun je het Allerhoogste niet ervaren zonder sadhana te doen. Als je geen controle over je geest hebt gekregen, is het zinloos om de

Brahma Sutra's te herhalen. Een papegaai of een bandrecorder kan dat net zo goed."

De geleerde had Moeder niet verteld dat hij de Brahma Sutra's en de *Panchadashi* dagelijks herhaalde. Hij was verbaasd toen hij Haar zinspeling hierop hoorde. Toen stortte hij al zijn moeilijkheden bij Haar uit. Moeder streelde hem en troostte hem met opbeurende woorden. Zij liet hem dicht bij zich zitten en begon toen aan de anderen darshan te geven. De oude man zat heel geconcentreerd naar Moeder te kijken. Plotseling sprongen de tranen in zijn ogen en hij begon te huilen. Moeder wendde zich naar hem toe en streelde hem.

Shastri: "Amma, ik voel een vrede die ik in veertig jaar niet gevonden heb! Ik hoef mijn kennis en geleerdheid niet meer. Ik wil alleen maar dat U mij zegent, zodat ik deze vrede niet meer verlies."

Moeder: "Namah Shivaya! Het is niet genoeg om de Vedanta te lezen en die met de geest proberen op te nemen. Het moet naar het hart gebracht worden. Alleen dan kunnen we de principes van Vedanta ervaren. Als je gehoord hebt dat honing zoet is, kun je er wat van op je hand doen, maar tenzij je het met je tong proeft, kun je de zoetheid niet ervaren. De kennis die je met je verstand verzameld hebt, moet naar je hart gebracht worden, want daar ligt de ervaring. Op een dag zullen je hart en verstand één worden. Dit stadium kan niet met woorden beschreven worden. Het is een directe ervaring, een directe waarneming. Het lezen van alle boeken die er bestaan, zal je deze ervaring niet geven. Je moet ervan overtuigd zijn dat alleen God werkelijk is en dan moet je steeds aan Hem denken. Zuiver je hart. Zie God in alles en houd van alle wezens. Je hoeft niets anders te doen. Je zult alles krijgen wat je nodig hebt."

Shastri: "Amma, ik ben naar veel mahatma's en veel ashrams geweest, maar pas vandaag is mijn hart opengegaan. Ik weet het." Met grote tederheid veegde Moeder zijn tranen af terwijl hij verderging: "Het is Uw genade die mij uiteindelijk naar U toe bracht. Als Amma het goed vindt, zou ik graag een paar dagen hier blijven."

"Zoals je wenst, zoon."

Moeder vroeg aan een brahmachari om het verblijf voor de shastri te regelen en toen ging Ze naar Haar kamer.

Abhyasa Yoga, Yoga van de oefening

Om drie uur 's middags beëindigde Moeder de darshan. Ze ging bij de koeienstal aan de noordkant van de ashram zitten met de shastri en een paar brahmachari's.

Een brahmachari: "Amma, hoe kunnen we onze gedachten steeds op God gericht houden?"

Moeder: "Daarvoor moet je voortdurend oefenen. Het is niet je gewoonte om constant aan God te denken, daarom moet je dat aanleren. Japa is het recept. Houd geen moment op met japa doen, zelfs niet onder het eten of slapen.

Kleine kinderen die erg hun best doen om te leren rekenen, zullen 'één plus één is twee, één plus twee is drie' enzovoort, opdreunen als ze zitten en lopen en naar het toilet gaan. Ze zijn bang dat als ze de sommen niet van buiten leren, ze op school straf krijgen. Dus wat ze ook doen, ze blijven de sommen in hun geest oefenen. Dat is wat je moet doen.

Weet dat er in de wereld niets anders dan God is, dat niets de kracht heeft om zonder Hem te functioneren. Je moet God zien in alles wat je aanraakt. Als je de kleren pakt die je gaat dragen, zie ze dan als God.

Denk aan God bij alles wat je doet. En bid: 'U bent mijn enige toevlucht. Niets anders is eeuwigdurend. De liefde van niemand anders zal er voor altijd zijn. Wereldlijke liefde kan mij me een tijdje goed laten voelen, maar uiteindelijk zal het me alleen maar pijn doen. Het is net alsof iemand je met giftige handen aait, omdat deze liefde mij uiteindelijk alleen maar pijn zal doen. Dat geeft geen verlossing. Alleen U, God, kunt mijn verlangen vervullen.' We moeten voortdurend op deze manier bidden. Zonder dit soort onthechting kunnen we ons spiritueel niet ontwikkelen, noch kunnen we anderen helpen. We moeten er vast van overtuigd zijn dat alleen God eeuwig is.

We moeten ons bevrijden van alle vasana's die we verzameld hebben. Maar het is moeilijk om dat allemaal ineens te doen. We hebben voortdurende oefening nodig. We moeten continu onze mantra herhalen terwijl we zitten, lopen of liggen. Door de mantra te herhalen en ons Gods vorm voor te stellen zullen de andere gedachten afnemen en onze geest zal gezuiverd worden. Om het gevoel van 'ik' weg te wassen moeten we de zeep van 'U' gebruiken. Als we zien dat alles God is, verdwijnt het 'ik', dat wil zeggen het ego, en het hoogste 'Ik' komt helder in ons tevoorschijn."

Brahmachari: "Is het niet moeilijk om ons onze geliefde Godheid voor te stellen bij het herhalen van de mantra?"

Moeder: "Zoon, op dit moment praat je met Amma. Maakt het zien van Amma het je moeilijk om met Haar te praten? Je kunt met Amma praten en Haar tegelijkertijd zien, of niet soms? Op dezelfde manier kunnen we ons de vorm van onze Geliefde Godheid voorstellen en tegelijk japa doen. Maar zelfs dat is niet echt nodig als je kunt huilen en bidden: 'O Moeder, geef me kracht! Vernietig mijn onwetendheid! Til me op Uw schoot! Uw schoot is mijn enige toevlucht. Alleen daar zal ik vrede vinden. Moeder, waarom duwt U me in deze wereld? Ik wil geen moment zonder U zijn. Bent U niet degene die iedereen bescherming biedt? Alstublieft, wees van mij! Maak mijn geest de Uwe!' Huil op deze manier."

Brahmachari: "Maar ik voel geen enkele devotie. En om zo te kunnen bidden moet ik devotie te voelen, nietwaar? Amma, U zegt dat we moeten huilen en om God roepen, maar ik moet eerst kunnen huilen."

Moeder: "Als je niet direct kunt huilen, herhaal dan de woorden steeds opnieuw en maak jezelf aan het huilen. Een kind zal bij zijn moeder blijven zeuren totdat ze koopt wat hij wil. Hij zal haar overal volgen en zal pas ophouden met huilen als hij het gewenste voorwerp in handen heeft. Zo moeten we de Goddelijke Moeder lastig vallen. We moeten zitten en huilen. Gun Haar geen moment rust! We moeten huilen: 'Laat U aan mij zien! Laat U zien!' Zoon, als je zegt dat je niet kunt huilen, betekent dat, dat je geen echt verlangen hebt. Iedereen zal huilen als dat verlangen bij hem opkomt. Als je niet kunt huilen, moet je jezelf aan het huilen maken, zelfs als het wat moeite kost.

Stel dat je honger hebt, maar je hebt geen eten of geld. Dan zul je ergens heen gaan of iets doen om aan eten te komen, nietwaar? Roep de Goddelijke Moeder aan en zeg: 'Waarom geeft U me geen tranen?' Vraag Haar: 'Waarom maakt U me niet aan het huilen?' Betekent dat dat U niet van me houdt? Hoe kan ik leven als U niet van me houdt?' Dan zal Ze je kracht geven en zul je kunnen huilen. Kinderen, dat is wat Amma gewoonlijk deed. Jullie kunnen hetzelfde doen.

Zulke tranen zijn geen tranen van verdriet. Ze zijn een vorm van innerlijke gelukzaligheid. Deze tranen gaan stromen als de *jivatman* (individuele ziel) opgaat in de *Paramatman* (de Allerhoogste Geest). Onze tranen geven een moment van één zijn met God aan. Degenen die ons zien, kunnen het als verdriet interpreteren. Voor ons is het echter gelukzaligheid. Maar je moet wel creatieve verbeelding toepassen om dit punt te bereiken. Probeer het eens, zoon!"

Brahmachari: "Ik mediteerde gewoonlijk op de vorm van Bhagavan (verwijzend naar Krishna). Maar nadat ik Amma ontmoet had, werd dat onmogelijk, want toen kon ik alleen nog maar op Amma's vorm mediteren. Nu lukt dat ook niet meer. Amma, als ik aan U denk, verschijnt de vorm van de Heer voor mijn geest. En als ik aan Hem denk verschijnt Uw vorm weer. Ik ben bedroefd omdat ik niet kan beslissen op wie ik zal mediteren. Dus nu mediteer ik niet meer op een vorm. Ik mediteer op de klank van de mantra."

Moeder: "Richt je aandacht op wat je aanspreekt. Besef dat alles daarin vervat is en niet los van jou is. Begrijp, dat wie of wat je ook tegenkomt, het allemaal verschillende gezichten van die ene vorm zijn."

Het allerbelangrijkste is liefde

Shastri: "Amma, wat moeten we doen om de vorm van onze geliefde Godheid tijdens de meditatie duidelijk te krijgen?"
Moeder: "De vorm wordt alleen duidelijk als je pure liefde voor je Godheid ontwikkelt. Zolang je God niet kunt zien, moet je een aanhoudende zielenpijn voelen."

Een sadhak moet dezelfde houding tegenover God hebben als een minnaar tegenover zijn geliefde. Zijn liefde moet zodanig zijn dat hij het niet kan verdragen om zelfs voor een ogenblik van God gescheiden te zijn. Als een minnaar zijn geliefde de laatste keer in blauw gekleed zag, dan zal hij telkens als hij maar ergens een klein stukje blauw ziet, zijn geliefde zien en aan haar vorm herinnerd worden. Tijdens het eten en zelfs tijdens zijn slaap denkt hij alleen aan haar. Als hij 's morgens opstaat en zijn tanden poetst en zijn koffie drinkt, vraagt hij zich af wat zij op dit moment aan het doen is. Zulke liefde moeten we hebben voor onze geliefde Godheid. We moeten aan niets anders kunnen denken dan aan degene die we aanbidden. Zelfs een bittere meloen zal zijn bitterheid verliezen en zoet worden als hij een tijdje met suiker doordrenkt wordt. Zo zal ook een negatieve geest gezuiverd worden als je die aan God overgeeft en onophoudelijk aan Hem denkt.

Eens zag een *gopi* die door Vrindavan liep, een kleine afdruk in de grond onder een boom. Ze begon zich te verbeelden: 'Krishna moet hier langs gekomen zijn! De gopi die bij Hem was, moet om een bloem van deze boom gevraagd hebben. Hij steunde op haar schouder om in de boom te springen. Dit holletje in de grond moet Zijn voetafdruk zijn toen Hij omhoog sprong.' De gopi riep de andere gopi's en toonde hun de voetafdruk van de Heer. Terwijl ze aan de Heer dachten, vergaten ze al het andere.

In de ogen van deze gopi was iedereen Krishna. Als iemand haar schouder aanraakte, verbeeldde ze zich dat het Krishna was en door haar intense devotie verloor ze alle uiterlijke bewustzijn. Telkens wanneer de andere gopi's aan Krishna dachten, vergaten ook zij de hele buitenwereld en stortten tranen van gelukzaligheid. Wij moeten ook proberen om deze toestand te bereiken door alles wat we zien met God in verband te brengen. Er moet voor ons geen andere wereld bestaan dan die van God. Dan hoeven we geen speciale moeite te doen om God voortdurend in onze meditatie te zien, want er is geen moment dat onze geest niet bij Hem is.

Onze geest moet naar alles wat we zien, uitroepen: 'Lieve bomen en planten, waar is mijn Moeder? O vogels en dieren, hebben jullie Haar gezien? Lieve oceaan, waar is de almachtige Moeder die je de kracht geeft om te bewegen?' Op deze manier kunnen we onze verbeelding gebruiken. Als we op die manier volharden, zal onze geest door alle hindernissen heen breken. Wij zullen de Voeten van het Allerhoogste Wezen bereiken en ons daaraan vasthouden. Gebruik je verbeelding op deze manier. Dan zal de vorm zeker helder in je geest worden."

Brahmachari: "Soms vind ik dat anderen iets verkeerd doen en dat ontneemt mij mijn gemoedsrust. Hoe kunnen we leren om anderen te vergeven?"

Moeder: "Veronderstel dat je per ongeluk met één van je handen in je oog prikt. Dan slaat je andere hand toch niet de hand die je oog heeft bezeerd, of wel? Er is geen sprake van straf. Je vergeeft eenvoudigweg je hand. Als je je voet bezeert doordat je per ongeluk over iets valt, of als je in je hand snijdt, dan verdraag je dat. Je hebt altijd zoveel geduld met je ogen, handen en voeten omdat je weet dat ze een deel van je eigen lichaam zijn. Het doet er niet toe hoeveel pijn ze je af en toe bezorgen, je verdraagt het. Op dezelfde wijze moeten we naar anderen kijken als deel van onszelf. We moeten het begrip hebben: 'Ik ben de oorzaak van alles. Ik ben in alles aanwezig. Niemand is gescheiden van mij.' Dan zullen we niet naar de fouten van anderen kijken en zelfs als we hun fouten wel zien, gaan we ermee om alsof het de onze zijn en we vergeven ze.

We kunnen ook dezelfde houding van overgave aannemen als Kuchela[17], dat alles wat er gebeurt Gods wil is. We moeten

---

[17] Kuchela was een geliefde vriend en medestudent van de jonge Krishna. Later trouwde Kuchela en leidde een eenvoudig leven als een arme maar beheerste en tevreden brahmaan. Op een dag vroeg Kuchela's vrouw die genoeg had van hun armoede, aan haar man om zijn oude vriend Krishna op te zoeken en hem om financiële steun te vragen. Kuchela besloot om Krishna te bezoeken niet om hulp te vragen maar gewoon om zijn geliefde vriend te zien. Krishna begroette Kuchela hartelijk. Kuchela was vol vreugde en vrede en liet geen woord vallen over zijn benarde situatie. Krishna die Kuchela's hart kende, besloot heimelijk om zijn vriend met grote rijkdom te verrassen. Nietsvermoedend begon Kuchela de terugreis naar huis. Hij vond het alleen erg jammer dat hij zijn vrouw moest vertellen dat hij Krishna niet om hulp gevraagd had. Toen hij thuiskwam, was hij sprakeloos. Waar eerst zijn schamele hut stond, stond nu een paleis met een prachtige tuin. Zijn vrouw was versierd met kostbare edelstenen en gewaden en omgeven door dienaren. Kuchela bad dat hij nooit gehecht zou raken aan alle rijkdom die hem gegeven was, maar altijd van de Heer zou houden alleen omwille van de liefde.

onzelf zien als dienaren van God. Dan zullen we niet in staat zijn om op iemand anders boos te worden en we zullen nederigheid ontwikkelen.

Eén weg is om aan iedereen te denken als je eigen Zelf. De andere weg is om iedereen als God te zien en hen te dienen.

Leef elk moment met shraddha. Eet je voedsel pas nadat je je mantra hebt opgezegd met het gebed: 'O God, hebben alle anderen gegeten? Krijgen ze alles wat ze nodig hebben? Zegen alstublieft iedereen zodat ze alles krijgen wat ze nodig hebben.' We moeten mededogen voelen met degenen die het moeilijk hebben in hun leven. Dan zal onze geest zuiver worden. Ons mededogen zal ons dicht bij God brengen."

Zo prees Moeder de universele liefde en besloot daarmee haar uiteenzetting over de beoefening van devotie. De shastri en de brahmachari's die naar Haar honingzoete woorden van advies luisterden, voelden hun hart opengaan.

Woensdag 15 januari 1986.

Moeder met haar toegewijden

Het was 's morgens iets na achten. Moeder zat met de brahmachari's in de meditatieruimte.

Moeder: "Kinderen, als jullie gaan zitten denken: 'Ik ga nu beginnen met mediteren,' dan zal de vorm niet voor je geest verschijnen. Je zult daar alleen met gesloten ogen zitten en na een tijdje herinner je je dan: 'O, ik was van plan om te mediteren!' Dus als je gaat zitten om te mediteren begin dan om God te huilen: 'O God, wilt U niet in mijn hart komen? Zonder Uw hulp kan ik U niet zien. U bent mijn enige toeverlaat!' Zie het beeld van je geliefde Godheid voor je staan. Dan zal Zijn of Haar vorm na een tijdje duidelijk voor je geest verschijnen."

Moeder kwam om half tien uit de meditatieruimte naar buiten. Een getrouwde, vrouwelijke toegewijde ging naar Haar toe. Zij had een paar dagen in de ashram gelogeerd en weigerde nu om naar huis te gaan. Moeder probeerde haar over te halen, maar de vrouw zei dat ze niet bij Moeder weg wilde gaan. Moeder wendde zich tot de omstanders en zei: "Amma heeft haar gezegd dat ze hier kan blijven als ze een brief van haar man meeneemt. Zonder zijn toestemming zou het niet juist zijn om haar te laten blijven. Als hij hiernaartoe komt om zich te beklagen, wat moet Amma dan zeggen? Ook zouden anderen kunnen proberen haar voorbeeld te volgen. Ze zegt al meerdere dagen dat haar man over een paar dagen hier komt, maar hij is niet gekomen. Ze heeft ook een dochter thuis." En zich tot de vrouw richtend zei Moeder: "Amma kan niet langer wachten. Je moet morgen vertrekken."

De vrouw was in tranen. "Amma," zei ze, "als hij zondag niet komt dan beloof ik dat ik maandag vertrek."

Moeders hart smolt door het betraande verzoek van de vrouw en Ze stond haar toe om te blijven.

Toen Moeder naar de darshanhut liep, keek Ze naar binnen bij een Vedantales die bezig was. Ze zag een brahmachari tegen een muur leunen terwijl hij naar de lezing luisterde. Ze zei tegen hem: "Mijn zoon, een spiritueel mens hoort niet zo tegen een muur te leunen in een lesruimte. Je moet rechtop zitten, volledig alert, zonder tegen iets te leunen of je armen en benen te bewegen. Anders zal het je tamas alleen maar vergroten. Een sadhak moet in zichzelf verblijven. Hij moet niet afhankelijk zijn van enige steun van buitenaf. Spiritueel leven betekent niet dat je zit te niksen, waardoor je tamas-kwaliteiten bevordert. Hoe moeilijk het ook is, je moet met je ruggengraat recht zitten."

Moeder liep door naar de darshanhut. Ze ging de hut binnen en ging op een eenvoudige houten bank zitten, die bedekt was met een sprei van boomschors. De mensen die op Haar hadden zitten wachten kwamen één voor één naar voren en knielden voor Haar. Eén van hen had een verwonding aan zijn nek. Dit was de tweede keer dat hij naar Moeder kwam. Bij zijn eerste bezoek kon hij niet eens zijn hoofd rechtop houden en was zijn schouder verlamd. Daarvoor had hij een operatie ondergaan, maar dat had niet geholpen. Moeder had hem wat *bhasma* (heilige as) gegeven en hem gevraagd om wat as van een brandstapel te verzamelen en mee te nemen.

Moeder: "Hoe gaat het nu met je, mijn zoon?"

Toegewijde: "Veel beter, ik kan mijn hoofd rechtop houden. En ik kan zonder moeilijkheden reizen. Dat kon ik eerst niet. Ik moest de hele tijd in bed liggen. Het was heel moeilijk om U de eerste keer te komen bezoeken, maar vandaag had ik er geen moeite mee. Ik heb de as van een brandstapel meegenomen." Hij gaf het pakje aan Moeder.

Moeder maakte het pakje open en nam een beetje as in Haar hand.

Moeder: "Zoon, er zit veel aarde in deze as. Je moet zuivere as meenemen zonder aarde erin. Wees er de volgende keer zorgvuldig mee. Deze keer zal Amma je wat gewone bhasma van hier geven."

Moeder nam wat heilige as van een bord en wreef zijn nek ermee in. Ze vroeg aan een brahmachari om een stuk papier te pakken om de as in te verpakken. Hij bracht een stuk dat hij van een nieuw vel papier had afgescheurd.

Moeder: "Zoon, hoe kun je zulk mooi papier verscheuren? Een stuk krantenpapier zou genoeg geweest zijn om de as in te verpakken. Dit witte papier had gebruikt kunnen worden om op te schrijven. Amma denkt aan de bruikbaarheid van alles. Verkwist nooit iets, want niets verkwisten dat is shraddha en alleen met shraddha kun je vooruitgaan."

Een vrouw uit Zwitserland zat vlak bij Moeder. Ze was net in de ashram aangekomen en ontmoette Moeder voor de eerste keer. Ze had wat cadeautjes voor Moeder meegebracht die ze nu openmaakte om aan Haar te laten zien.

Vrouw: "Ik heb er veel tijd aan besteed om deze dingen uit te zoeken. Ik wist niet wat Moeder leuk zou vinden."

Moeder: "Amma weet hoeveel je aan Haar gedacht hebt toen je deze cadeautjes kocht. Maar Amma heeft deze dingen niet nodig. Zij wil je geest.

Je hebt deze geschenken uit liefde meegebracht, maar het zal niet altijd mogelijk zijn om dergelijke cadeautjes mee te brengen. Als je op een gegeven moment niets mee kunt brengen, dan moet je je er niet verdrietig over voelen en wegblijven alleen omdat je niets aan Amma kunt geven. Al deze dingen zijn vergankelijk. Maar als je jouw geest aanbiedt, zal het voordeel daarvan altijd duren. Je geest zal je in een reine staat teruggegeven worden."

Vrouwelijke toegewijde: "Wordt er niet gezegd dat men niet met lege handen naar de guru moet gaan en dat men altijd iets mee moet nemen?"

Moeder: "Ja, maar niet omdat de guru iets nodig heeft. De toegewijden brengen offergaven mee als symbool van de overgave van hun geest. Op deze manier geven zij hun *prarabdha* (vruchten van vroegere handelingen) over aan de voeten van de guru. Als je niets anders kunt geven, is een citroen ook voldoende. Als ook dat niet mogelijk is, wordt er gezegd dat een stuk brandhout ook genoeg is."

Terwijl Moeder zo sprak kwam er een vrouw naar Haar toe, legde haar hoofd in Haar schoot en barste in tranen uit. Tussen het snikken door zei ze: "Amma, geef mij devotie! U heeft me tot nu toe voor de gek gehouden, maar dat zal niet meer lukken!" Vol liefde probeerde Moeder haar te troosten, maar de vrouw bleef doorgaan. "Deze truc zal niet langer meer werken. Amma, die alles weet, stelt me al die beleefde vragen alleen om me voor de gek te houden. Amma, stel mij niet zulke vragen! Wat kan ik U vertellen? U kent mij beter dan ik mezelf ken!"

De vrouw wilde haar huis aan de ashram schenken, maar Moeder wilde het niet aannemen. De vrouw huilde omdat ze wilde dat Moeder ermee akkoord ging. Maar Moeder gaf niet toe.

Pas om half vier ging Moeder terug naar Haar kamer voor het middageten. Twee brahmachari's wachtten in Haar kamer op Haar. Terwijl Ze at praatte ze met hen.

"Mijn kinderen, jullie moeten de mensen die hier komen, begroeten en hun de hulp geven die ze nodig hebben, maar verspil niet veel tijd door met ze te praten. Het heeft geen zin om te proberen hun geloof door praten te versterken. Als je een jong boompje plant, kunnen er wat bladen aan zitten, maar alleen door de nieuwe bladen die tevoorschijn komen wanneer de plant wortel geschoten heeft, kun je beoordelen hoe de plant werkelijk groeit. Alleen het vertrouwen dat door je eigen ervaring komt, zal blijvend zijn, net als de nieuwe bladen die ontstaan nadat de plant wortel geschoten heeft. Neem meer tijd om alleen met diegenen te praten die het echte verlangen hebben om te weten."

De dag daarvoor had een brahmachari lang gesproken met een toegewijde die voor darshan gekomen was. Door Moeders woorden besefte de brahmachari dat Moeder die in ons allen verblijft en alles weet, zich daarvan bewust was.

Brahmachari: "Amma, wat moeten we doen als mensen ons achternalopen met een heleboel vragen?"

Moeder: "Vertel net genoeg om hun twijfels weg te nemen."

De zorgen van iemand met mededogen

Het was vijf uur 's middags. Een tiener had een paar dagen in de ashram gelogeerd. Zijn familie was nu gekomen om hem mee naar huis te nemen. Ze stonden voor het gebouw aan de noordkant van de ashram lang met hem te praten, maar hij wilde niet meegaan. Zijn moeder was van streek. Uiteindelijk kwam Moeder. Ze nam de vrouw mee naar de veranda van het gebouw, ging samen met haar zitten en praatte een tijdje met haar. De vrouw huilde en vroeg aan Moeder om haar zoon naar huis te sturen. Moeder stemde daarmee in. De jongeman aanvaardde Moeders woorden en vertrok met zijn familie. Daarna zat Moeder met enkele brahmachari's op de drempel van het gebouw.

Moeder: "Wat kan Amma doen? Hoeveel moeders met bittere tranen moet Ze nog zien? Amma voorziet dat er veel brahmachari's hiernaartoe zullen komen. Door de tekenen die we nu zien, ziet het ernaar uit alsof ze binnenkort zullen komen. Een paar dagen geleden kwam er een zoon uit Nagercoil, maar hij werd teruggestuurd om toestemming van zijn vader te krijgen. De laatste keer dat de zoon die net is weggegaan hier was, vertelde Amma hem om pas over een tijdje naar de ashram terug te komen. Zij vertelde hem toen dat hij alleen terug mocht komen met toestemming van zijn ouders, maar hij luisterde niet.

Waar moeten ze allemaal wonen? Amma overweegt om wat regels te maken voor het toelaten van brahmachari's."

Nu ging het gesprek over op een ander onderwerp.

Moeder: "Een dochter uit Pandalam kwam voor *bhava darshan*. Ze nam de *tirtham* (heilig water) die Amma haar gaf, niet aan. Ze heeft al veel geleden, maar haar verdriet is nog niet over. Amma bood haar vol mededogen de tirtham aan, maar wat kan Amma doen als ze die niet aanneemt? Dat meisje gelooft niet in Amma, maar de zoon die met haar gaat trouwen is een toegewijde. Hij nam haar mee in de hoop dat zijn aanstaande vrouw iets van devotie voor Amma zou voelen."

Amma had met hen te doen. Gaat dat meisje niet met Amma's zoon trouwen? Amma's geest en al Haar mededogen stroomden naar hen door de tirtham en de *prasad* (gewijde offergave) die Ze hen gaf. Nadat ze vertrokken waren, riep Amma de broer van die zoon die in de ashram was en Ze zei tegen hem: 'Amma voorziet veel lijden in hun toekomst. Er ligt een vreselijk gevaar in het verschiet. Vraag hen om oprecht te bidden.' Amma zei ook tegen hem: 'Toen zij de tirtham niet aannamen, heeft Amma die niet teruggenomen. In plaats daarvan heeft Ze die op de grond gegoten. Daardoor zullen ze niet zo veel hoeven te lijden.'

Die dochter zal zeker terugkomen. Per slot van rekening wordt ze de vrouw van Amma's zoon. Amma zal niet toelaten dat ze zich op een afstand houdt. Maar alleen door heel hard te werken kan ze aan haar prarabdha ontsnappen. Als ze de tirtham die Amma haar gaf geaccepteerd had, dan zou ze niet veel hoeven lijden."

Echt gelukkig zijn degenen die in staat zijn om Moeders genade te ontvangen en vast te houden, want Moeder is de verpersoonlijking van Mededogen. Maar hoe kunnen we de stralen van Haar genade ontvangen als we verzuimen ons hart te openen? Daarom adviseert Moeder ons om Haar woorden letterlijk op te volgen, niet in Haar belang, maar in het onze.

Vrijdag 17 januari 1986

Moeder, de rivier van mededogen

's Morgens vertrokken Moeder en de brahmachari's naar Ampalappara in het noorden van Kerala. Toen ze bij de oevers van de rivier de Bharata kwamen, besloot Moeder te stoppen om te zwemmen. Het water stond laag en het grootste deel van de zanderige rivierbedding was droog. Er stroomde alleen water in een smal stroompje bij de andere oever. Het busje begon net over de brug te rijden toen Moeder plotseling aan de chauffeur vroeg om te stoppen. Ze zei dat hij terug moest gaan en een smalle weg net voor het begin van de brug in moest draaien. Het weggetje leidde naar de veranda aan de voorkant van een groot huis. Moeder vroeg de chauffeur om dicht bij het huis te stoppen. Iedereen vroeg zich af waarom Moeder hen naar deze plek geleid had, want van hieruit was de rivier niet makkelijk te bereiken.

Zodra het busje stopte, vroeg Moeder om wat hete *kanji* (water van rijstegruwel), maar er was alleen koud water in het busje. Een brahmachari vroeg Moeder of hij voor Haar iets te drinken kon halen bij het nabijgelegen huis. Zij stemde daar meteen mee in. Dat was verrassend omdat Moeder op zulke tochten gewoonlijk nooit iets aannam van de huizen langs de weg. Ze dronken alleen wat ze zelf meegenomen hadden.

De brahmachari haastte zich naar het huis. Een paar minuten later rende een oude vrouw, gevolgd door een kleine jongen, het huis uit naar het busje. De brahmachari kwam erachter aan met een glas kanjiwater. Toen de vrouw het busje naderde, stak Moeder Haar armen door het open raam naar buiten en pakte haar handen vast. De oude grootmoeder huilde en herhaalde steeds maar weer 'Narayana, Narayana…' Maar ze was zo buiten adem van het rennen dat ze de heilige naam niet goed kon uitspreken. Het was ontroerend om haar devotie te zien.

Toen ze uiteindelijk weer kon spreken, zei ze met bevende stem: "Ottūr Unni Nambūdiripad heeft me over Amma verteld. Sindsdien heb ik er steeds naar verlangd om U te zien. Maar ik ben heel oud en kan moeilijk reizen. Het heeft me zo verdrietig gemaakt dat ik U niet kon komen opzoeken. Er gaat geen dag voorbij dat ik niet aan U denk. Ik hoorde dat U de kovilakam[18] in Tripunittura bezocht. Ik ben daar familie van. Ik hoopte dat ik U door Uw genade op de een of andere manier zou ontmoeten in dit leven. Deze wens is vandaag in vervulling gegaan. Ik verwachtte niet dat ik U al zo vlug zou zien! Dat komt allemaal door Uw genade. Een jongeman kwam om wat kanji vragen. Hij

---

[18] Woonoord van leden die tot de koninklijke familie behoren.

zei dat het voor Moeder was. 'Welke Moeder?' vroeg ik. Toen hij Uw naam zei, wist ik dat het dezelfde Moeder was die ik zo graag wilde zien. Ik gaf hem wat kanji en mangopickles en toen rende ik met mijn kleinzoon hier naar toe." Haar stem beefde.

"Helaas, behalve deze kanji heb ik niets anders om U te geven! Vergeef me, Amma!" Tranen liepen over het gezicht van de oude vrouw.

Moeder veegde de tranen van de vrouw met Haar heilige handen af en zei zacht: "Mijn dochter, Amma heeft niets nodig. Ze wil alleen jouw hart."

Moeder dronk bijna al het kanjiwater en at wat van de mangopickles. De oude vrouw vertelde Moeder hoe Ze bij de rivier kon komen en toen Moeder met de anderen langs het pad begon te lopen, zei de vrouw: "Amma, als U klaar bent met zwemmen, zegen mij dan alstublieft met een bezoek aan mijn huis!"

Toen Moeder terugkwam van de rivier, vervulde Ze de wens van de vrouw en ging het huis in, waar de vrouw en haar man wachtten. De oude vrouw leidde Moeder naar een stoel op de veranda en was zo overweldigd door vreugde dat ze alles vergat. Haar man ging naar binnen om water te halen. Samen wasten ze Moeders voeten. Als reactie op hun smetteloze toewijding ging Moeder in een staat van samadhi. Omdat het tijd zou kosten om naar binnen te gaan en een mooie doek te halen, droogde de vrouw Moeders voeten af met een punt van de sari die ze aanhad. Toen ze vooroverboog om dat te doen vielen er tranen uit haar ogen op Moeders voeten.

Nadat Moeder en Haar kinderen nog wat tijd bij hen doorgebracht hadden, vervolgden ze hun reis. Toen ze over de brug reden, wachtte Shashi, één van Moeders toegewijden met een gezin, met een auto op Haar. Op Shashi's aandringen vervolgde Moeder de reis in zijn auto.

Om ongeveer half drie 's middags bereikten Moeder en Haar kinderen het huis van Narayanan Nair in Ampalappara, een klein dorpje ongeveer 250 kilometer ten noordoosten van de ashram. De natuurlijke schoonheid van Kerala's landelijke dorpjes, die op de meeste plaatsen vernield is, was hier nog duidelijk aanwezig. Omgeven door beboste heuvels lag het dorpje met zijn met palmbladeren bedekte hutjes half verscholen in een welige, tropische tuin met kokospalmen en bloeiende bomen en struiken. Veel mensen zaten op Moeders aankomst te wachten.

Toen Moeder het huis binnenging, liet het gezin dat toegewijd was aan Moeder, Haar op een *pitham* (gewijde zetel) zitten. Ze wasten Haar voeten en versierden ze met rode kumkum en sandelpasta. Daarna deden ze *arati* met kamfer. De kamer resoneerde met het geluid van de Vedische mantra's die door de brahmachari's gezongen werden. Iedereen was diep geroerd toen hun ogen zich aan Moeders heilige vorm laafden. Na de *pada puja*[19] ging Moeder naar de aangrenzende kamer, waar ze de toegewijden voor darshan ontving.

Het gezin gaf de brahmachari's kopjes *jappy*. Iedereen vond het hete, zoete melkdrankje lekker.

Moeder zag hoe een vrouwelijke toegewijde een brahmachari hielp bij het zijn wassen van handen door er water over te gieten. Later maakte ze er een opmerking over: "Als sadhak moeten jullie nooit iemands hulp zoeken, want dan verlies je de kracht die je met je tapas hebt verworven. We moeten iemand niet eens een blaadje voor ons laten oprapen. In plaats daarvan moeten wij zelf anderen zoveel mogelijk dienen."

Een brahmachari was bezig de olielampen en wat andere dingen op te stellen op de plaats waar de bhajans gezongen zouden worden. Toen hij op het punt stond om de lampen aan te steken hield Moeder hem tegen en zei: "Zoon, ga met je gezicht naar

---

[19] Het ceremoniële wassen van Moeders voeten.

het noorden staan als je de lampen aansteekt." De brahmachari begreep niet wat Ze bedoelde en dus nam Moeder de kleine lamp die hij gebruikte om de andere lampen aan te steken. Zorgvuldig ordende ze de lampen en bedekte de *kindi*[20] die vol water zat, met een blad. Toen plaatste Ze de kindi voor de lampen, legde bloemblaadjes op het blad en stak de lampen aan. Tegen de brahmachari zei Ze: "Ga met je gezicht niet naar het zuiden staan als je de lampen aansteekt. Als je de lampen aansteekt, ga dan volgens de klok rond net als bij de *pradakshina* (ommegang) in de tempel."

Moeder schenkt veel aandacht aan zulke details vooral als Ze instructies geeft aan de brahmachari's. Ze zegt: "Morgen moeten zij de wereld ingaan en dan moeten ze bij alles wat ze doen, heel alert zijn."

Het bhajan-programma begon. Even later kroop er een klein kind naar Moeder toe. Moeder tilde de peuter op Haar schoot. Ze gaf het een kleine bel om vast te houden. Terwijl ze doorging met het zingen van de kirtan, hielp Ze het kind om de bel te laten klinken op de maat van de muziek door zijn handjes vast te houden: *Gopivallabha Gopalakrishna...*

> *O, Gopala Krishna,*
> *geliefde van de gopi's,*
> *U, die de Govardhana-heuvel optilde,*
> *U met de lotusogen,*
> *die in Radha's geest leeft,*
> *U hebt de kleur van een blauwe lotus.*
>
> *O, Krishna die door Vrindavan rondtrekt,*
> *wiens ogen als de bloembladen*
> *van een rode lotus zijn,*
> *O Zoon van Nanda,*
> *bevrijd me van alle banden.*

---

[20] Een traditionele bronzen of koperen kan met een tuit

O prachtig kind, O Krishna,
Schenker van vrijheid...

Woensdag 22 januari 1986

Twee westerse vrouwen zaten in de meditatieruimte te mediteren. Een klein meisje, de dochter van één van de vrouwen, zat erbij en was bezig in een kleurboek te tekenen. Haar moeder had haar de taak gegeven om te kleuren zodat zij haar meditatie niet zou verstoren. Moeder kwam de kamer in, gevolgd door een paar leerlingen en keek hoe het kleine meisje de plaatjes rustig kleurde.

Toen de meditatie over was, wees Moeder naar het kind en zei tegen de anderen: "We moeten de aandacht van de kinderen op positieve activiteiten zoals tekenen en zingen richten wanneer ze heel jong zijn. Zou dit kind plaatjes kunnen kleuren als ze weinig geduld had? Zij leert geduld te hebben door het schilderen en tekenen en ze zal ook concentratie ontwikkelen. Als we kinderen daarentegen aan hun lot overlaten, gaan ze rondrennen en hun tijd verdoen met kattenkwaad uithalen. Dan zal het moeilijk worden om hun later discipline bij te brengen."

Die dag waren er bijna geen bezoekers in de ashram behalve een kleine groep westerlingen die een paar dagen eerder waren aangekomen. Ze besteedden hun tijd aan het helpen bij ashramkarweitjes en aan het lezen van boeken uit de bibliotheek. Het verlangen naar Waarheid was intens in deze toegewijden, die al bekend waren met materieel comfort en de genoegens van het leven. Ze waren deze vijandige en concurrerende wereld moe en zagen in Moeder de bron van pure, onbaatzuchtige liefde. Ze waren de oceaan overgekomen om van die Liefde te drinken.

Een brahmachari vertelde Moeder dat er een jongeman op haar wachtte. Ze vroeg hem de jongeman te roepen. Ze ging aan de westelijke kant van de meditatieruimte zitten en gaf de jongen te kennen dat hij naast Haar kon komen zitten.

Moeder: "Ben je al lang hier, zoon?"

Jongeman: "Neen, ik ben net aangekomen."

Moeder: "Hoe heb je van de ashram gehoord?"

Jongeman: "Ik ben al een tijdje verschillende ashrams aan het bezoeken. Vorige maand kwam één van mijn vrienden hiernaartoe. Hij vertelde me dat ik zeker Amma moest gaan bezoeken."

Moeder: "Ben je klaar met je studie?"

Jongeman: "Ik heb mijn doctoraal al en ik heb geprobeerd om werk te krijgen. In de tussentijd heb ik een tijdelijk baantje op een privé school en zo verdien ik wat geld. Maar ik heb besloten om niet naar een andere baan te zoeken. Ik heb een zus. Zodra zij getrouwd is wil ik graag in een ashram gaan wonen."[21]

Moeder: "Zal je familie daar geen bezwaar tegen hebben?"

Jongeman: "Waarom zouden ze?"

Moeder: "Zal dat je ouders niet benadelen?"

Jongeman: "Ze krijgen wat ze nodig hebben van hun pensioen en ze hebben ook een stuk land."

Moeder: "Wie zal er voor hen zorgen als ze ouder worden? Ben jij niet degene die dat moet doen?"

Jongeman: "Wat voor garantie is er dat ik ergens bij hen in de buurt zal wonen als ze oud zijn? Ik zou ergens in het buitenland kunnen werken en dan kan ik toch ook niet zomaar terugkomen om hen te helpen, nietwaar? En wat als ik sterf voordat zij sterven?"

Moeder lachte en zei: "Slimme jongeman!"

Jongeman: "Mijn vriend wilde dat ik U vroeg om een baan voor mij te regelen. Maar ik vertelde hem dat als ik Amma zou zien, ik haar alleen om spirituele ondersteuning zou vragen."

---

[21] In India is het traditioneel de verantwoording van de ouders en de oudere broers van het gezin om ervoor te zorgen dat de meisjes uitgehuwelijkt worden om er zo zeker van te zijn dat er voor hun toekomst gezorgd wordt.

De sadhak en de wetenschapper

Jongeman: "Amma, in welk opzicht is het leven van een sadhak boven dat van een wetenschapper verheven? Allebei hebben ze gerichte concentratie nodig: de sadhak om zijn doel te bereiken en de wetenschapper om in zijn onderzoek te slagen. Dus wat is dan het verschil tussen hen? Is het leven van een wetenschapper ook niet een soort sadhana?"

Moeder: "Ja, het is sadhana. Maar een onderzoeker denkt na over een object. Als hij bijvoorbeeld een computer bestudeert, dan is zijn onderwerp om op te mediteren alleen zijn computer. Hij denkt er veel over na en komt er veel over te weten. Maar zijn geest is alleen geconcentreerd zolang hij met zijn onderzoek bezig is. Bij andere gelegenheden gaat zijn geest alle richtingen uit en houdt zich met gewone dingen bezig. Daarom ontwaakt de oneindige kracht niet in hem. Een tapasvi is daarentegen heel anders. Terwijl hij zijn spirituele oefeningen doet, begint hij alles als één waar te nemen. Een sadhak streeft ernaar om 'Dat' te realiseren wat in alles latent aanwezig is. Als hij eenmaal realisatie bereikt heeft, heeft hij alle kracht verworven. Er is voor hem niets meer wat hij niet weet.

Denk aan een plas met brak water. Als je een beetje water aan de ene kant in de plas giet, verminder je voor een tijdje het zoutgehalte in dat gedeelte. Als het echter regent, zal dat de hele plas beïnvloeden. Op dezelfde manier ontwaakt er in de sadhak een oneindige kracht door tapas te doen met een verruimde geest. Dan realiseert hij alles. Dat gebeurt niet met een wetenschapper omdat zijn benadering heel anders is."

Jongeman: "De geschriften zeggen dat alles hetzelfde Zelf is. Moeten in dat geval, als één persoon de staat van realisatie bereikt, alle anderen het op datzelfde moment ook niet bereiken?"

Moeder: "Zoon, als je de hoofdschakelaar aanzet, is er elektriciteit in het hele huis. Maar als je wilt dat het in jouw eigen kamer licht wordt, zul je toch nog de schakelaar in deze specifieke kamer aan moeten doen, nietwaar? Het licht in één kamer aandoen betekent niet dat alle andere kamers automatisch verlicht zijn. Alles is hetzelfde Zelf, maar alleen iemand die zijn geest door sadhana zuivert, realiseert dat Zelf.

Denk aan een meer dat bedekt is met eendenkroos. Als je het kroos aan de ene kant van het meer verwijdert, zal deze kant schoon zijn en kun je het water zien, maar dat betekent niet dat het hele meer schoon is."

Vragen over sadhana

Jongeman: "Veel mensen zeggen dat een zoeker zich strikt aan de *yama's* en *niyama's* (geboden en verboden op het pad van yoga) moet houden. Is dat werkelijk belangrijk? Is het niet voldoende om alleen de principes te kennen? Uiteindelijk is het verkrijgen van kennis toch het belangrijkste, nietwaar?"

Moeder: "Zoon, de aarde trekt alles naar zich toe, nietwaar? Als je op het zwarte zand van het strand slaapt[22], zul je je als je 's morgens wakker wordt, uitgeput voelen omdat het zand je kracht opgezogen heeft. In dit stadium sta je onder de controle van de natuur en dus moet je bepaalde wetten en beperkingen gehoorzamen. Op dit ogenblik zijn deze wetten en beperkingen van wezenlijk belang. Maar als je eenmaal het stadium bereikt hebt waar je boven de controle van de natuur staat, zijn er geen problemen meer. Dan kan je kracht niet verloren gaan, omdat de natuur onder jouw controle staat. Tot dan echter zijn er bepaalde beperkingen en voorschriften nodig.

Als je een zaadje plant, moet je er een hek omheen zetten om het te beschermen zodat het niet door een kip opgegraven en

---

[22] In sommige delen van Kerala, waaronder ook het gebied waar de ashram zich bevindt, is het zand op het strand zwart door een hoog metaalgehalte

opgegeten wordt. Later als het zaadje tot een boom uitgegroeid is, zal het beschutting bieden aan vogels, mensen, enzovoorts. In het begin echter moet het zaadje zelfs tegen een kuiken beschermd worden. Op dezelfde manier hebben wij in het begin voor onze zwakke geest regels en grenzen nodig totdat we genoeg geestelijke kracht verkregen hebben."

Jongeman: "Moet de geest niet de discipline van serieuze sadhana ondergaan om deze kracht te ontwikkelen?"

Moeder: "Ja, je moet net zoveel van discipline houden als van God. Zij die van God houden, houden ook van discipline. We moeten boven alles van discipline houden.

Degenen die de gewoonte hebben om op regelmatige tijden thee te drinken, zullen hoofdpijn krijgen of zich niet lekker voelen als ze hun thee niet krijgen. Zij die regelmatig *ganja* roken, zullen zich rusteloos voelen als ze het niet op de gebruikelijke tijd roken. De gewoonte die ze gisteren hadden, zal zich vandaag automatisch op een bepaalde tijd kenbaar maken. Op deze manier zal ook het schema dat we voor al onze activiteiten maken en waar we ons strikt aan houden, zich tot een gewoonte ontwikkelen. Het zal ons er zelfs op de juiste tijd aan herinneren wat we moeten doen. Het is een grote hulp om zo'n routine in je sadhana te volgen."

Een toegewijde van buiten de ashram die naar Moeder geluisterd had, zei: "Amma, ik mediteer elke dag maar het lijkt alsof ik geen vorderingen maak."

Moeder: "Zoon, je geest is met veel verschillende dingen bezig. Het spirituele leven vereist heel veel discipline en zelfbeheersing en zonder deze is het moeilijk om zoveel van de sadhana te profiteren als je graag zou willen. Het mag waar zijn dat je sadhana doet, maar weet je waar het mee vergeleken kan worden? Het is alsof je een beetje olie neemt en het in honderd vaten giet, de een na de ander. Uiteindelijk is er geen olie meer over, alleen een dun laagje aan de binnenkant van ieder vat. Zoon, je doet je spirituele oefeningen, maar daarna raak je betrokken bij een groot aantal dingen. Alle kracht die je door concentratie hebt verkregen, gaat verloren doordat je door zoveel dingen afgeleid wordt. Als je maar de eenheid in de verscheidenheid kon zien, zou je niet veel verliezen. Als je alles als de essentie van God kunt zien, zul je je spirituele kracht niet verliezen."

Toegewijde: "Thuis is iedereen bang voor mij. Ik word heel boos als anderen niet naar mijn pijpen dansen."

Moeder: "Zoon, je zult niet echt baat bij je sadhana vinden als je je spirituele oefeningen doet en tegelijkertijd boosheid en hoogmoed koestert. Het is alsof je aan de ene kant suiker neerlegt en aan de andere kant mieren neerzet. De mieren zullen alle suiker opeten. En jij merkt niet eens wat er aan de hand is! Alles wat je door sadhana gewonnen hebt, verlies je door je boosheid. Een zaklamp op batterijen verliest al zijn kracht als je die een aantal keren aangedaan hebt, nietwaar? Op dezelfde manier verlies je, elke keer als je boos wordt, je energie door je ogen, neus, mond, oren en door elke opening in je lichaam. Alleen door het beteugelen van de geest kun je de energie die je door sadhana verworven hebt, bewaren."

Toegewijde: "Wilt U daarmee zeggen dat iemand die boos wordt, de gelukzaligheid die uit sadhana voorkomt, niet kan ervaren?"

Moeder: "Veronderstel dat je een emmer in een put laat zakken om water te halen, maar die emmer is vol gaten. Met veel inspanning lukt het je om de emmer naar boven te halen, maar tegen de tijd dat die bovenkomt, zit er geen water meer in. Al het water is door de gaten weggelopen. Zoon, zo ziet jouw sadhana eruit. Jouw geest is verstrikt in boosheid en verlangens. Van tijd tot tijd laat je alles wat je met grote inspanning in je sadhana hebt gewonnen, wegstromen. Hoewel je spirituele oefeningen doet, kun je niet van het resultaat genieten, noch kun je de echte waarde ervan beseffen. Breng af en toe wat tijd in eenzaamheid door, kalmeer je geest en probeer sadhana te doen. Blijf ver weg van situaties die enig gevoel van boosheid of verlangen oproepen. Dan zul je zeker achter de bron van alle kracht komen."

Toegewijde: "Amma, soms kan ik mijn verlangens niet beheersen. Als ik probeer ze te beheersen, worden ze alleen maar sterker."

Moeder: "Verlangens zijn heel moeilijk te beheersen. Toch moeten er bepaalde beperkingen in acht genomen worden, anders is het niet mogelijk om je geest te beteugelen. Voedsel als vlees, eieren en vis produceren veel zaad wat seksuele verlangens versterkt. Dan zullen de zintuigen op een bepaalde manier functioneren om deze verlangens te vervullen en je verliest je energie. Het kan geen kwaad om met mate sattvisch voedsel te eten. Een dieet volgen is van essentieel belang als je sadhana doet, vooral voor iemand wiens geest niet sterk is omdat hij zich makkelijk laat beïnvloeden. Maar voor iemand die veel mentale kracht heeft, zullen veranderingen in het dieet geen merkbaar effect hebben."

Jongeman: "Verandert iemands aard overeenkomstig zijn dieet?"

Moeder: "Ja, zeker. Elk soort voedsel heeft zijn eigen eigenschappen, en elke smaak, zoals scherp, zuur en zoet, heeft zijn eigen invloed. Zelfs sattvisch voedsel moet je met mate eten. Bijvoorbeeld melk en ghi zijn sattvisch, maar je moet er niet te veel van eten. Elk soort voedsel heeft een andere uitwerking op ons. Als je vlees eet, wordt je geest onstandvastig. Voor degenen die sadhana doen met een intens verlangen om energie te sparen en het Zelf te realiseren, is discipline wat het voedsel betreft, in het begin van essentieel belang.

Als je een zaadje plant moet het tegen de zon worden beschermd. Maar als het eenmaal tot een boom uitgegroeid is, zal het de kracht hebben om de zon te weerstaan. Net zoals het voor iemand die van een ziekte herstelt nodig is om een gezond en geschikt dieet te volgen, zo moet iemand die sadhana doet, voorzichtig zijn met het voedsel dat hij eet. Als je later wat vorderingen in je sadhana gemaakt hebt, is het beperken van voedsel niet meer van doorslaggevende betekenis."

Jongeman: "Er wordt vaak gezegd dat een sadhak bescheiden en nederig moet zijn, maar volgens mij zijn dit kenmerken van zwakheid"

Moeder: "Zoon, als je goede samskara wilt ontwikkelen, moet je nederig zijn in relaties met anderen. Nederigheid is geen zwakte. Als je uit een gevoel van zelfingenomenheid boos wordt of tegenover anderen met een hooghartige houding handelt, verlies je je energie en ben je je niet meer bewust van God.

Bijna niemand wil nederig zijn. Mensen hebben geen nederigheid omdat ze trots zijn op iets wat niet echt is. Het lichaam is een vorm die met niets anders dan het ego gevuld is, het gevoel van 'ik'. Het lichaam[23] is vervuild met het ego en met boosheid en verlangens. Om gezuiverd te worden moet je kwaliteiten als nederigheid en bescheidenheid bevorderen. Door het ego te bestendigen wordt de trots in je lichaam groter. Om het ego te verwijderen moet je bereid zijn om een nederige houding aan te nemen en voor anderen te buigen.

Het heeft geen zin om water in een vuile emmer te gieten want al het water zal dan vuil worden. Als je *payasam* met iets zuurs mengt, dan kun je niet van de smaak van payasam genieten. Op dezelfde manier kun je niet, als je je ego handhaaft terwijl je je sadhana doet, je toevlucht helemaal tot God nemen of het resultaat van je sadhana ervaren en ervan genieten. Als je door je nederigheid het gevoel van 'ik' vernietigt, komen je goede eigenschappen naar boven en je jivatman wordt naar de Paramatman opgeheven.

---

[23] Wanneer Moeder hier naar het lichaam verwijst, is de geest hierbij inbegrepen.

Op dit ogenblik ben je net een kleine schemerlamp die net voldoende licht geeft om een boek te lezen als je het dicht bij de lamp houdt. Maar als je tapas doet en het ego weghaalt zul je schijnen als de zon."

Overgave aan de guru

Jongeman: "Amma, tegenwoordig beschouwen veel mensen gehoorzaamheid aan een guru als een zwakheid. Ze denken dat het beneden hun waarde is om voor een grote ziel te buigen."

Moeder: "Vroeger was de voordeur van een huis heel laag. Eén van de redenen was om nederigheid te bevorderen. Om te voorkomen dat ze hun hoofd tegen de deurstijl stootten moesten de mensen hun hoofd buigen als ze naar binnen gingen. Op dezelfde manier vermijden wij de gevaren van het ego en laten we zo het Zelf ontwaken als we het hoofd voor een guru buigen.

Vandaag de dag is ieder van ons een toonbeeld van de acht vormen van trots of het gevoel van 'ik'. Als we willen veranderen en onze echte vorm tevoorschijn willen brengen, moeten we de rol van leerling aannemen en de woorden van de guru nederig gehoorzamen. Als we ons vandaag aan de woorden van de guru houden, dan kunnen we morgen een toevlucht voor de hele wereld zijn. Doordat we dicht bij de guru zijn, zal de *shakti* (goddelijke kracht) in ons ontwaken en zal onze sadhana die tot bloei brengen."

Jongeman: "Amma, zeggen de geschriften niet dat God in ons is en niet gescheiden van ons? Waarvoor hebben we dan een guru nodig?"

Moeder: "Ja zoon, God is beslist binnen in je. Er is een schatkist vol diamanten in je, maar omdat je je hiervan niet bewust was, heb je er buiten jezelf naar gezocht. De sleutel van deze kist is in jouw bezit, maar omdat die zolang niet gebruikt is, is hij gaan roesten. Je moet hem oppoetsen om de roest eraf te krijgen en de schatkist te openen. Hiervoor wenden wij ons tot de guru. Als je God wenst te kennen, moet je je ego verwijderen door je toevlucht te nemen tot een guru en hem nederig en met overgave te gehoorzamen.

Een boom kan vruchten geven aan ontelbare mensen. In dit stadium ben je echter nog een zaadje: je bent nog niet tot een boom uitgegroeid. Door tapas te doen is de guru *purnam* (volledig) geworden. Dus moet je een guru benaderen en sadhana doen volgens zijn of haar instructies.

Als je een put boven op een berg graaft, vind je waarschijnlijk geen water, zelfs als je tientallen meters diep graaft. Maar als je slechts een klein gat graaft naast een rivier, zul je gauw water vinden. Op dezelfde wijze zullen, doordat je dicht bij een satguru bent, je goede eigenschappen vlug tevoorschijn komen en je spirituele oefeningen zullen spoedig vruchten afwerpen. Nu ben je de slaaf van je zintuigen, maar als je in overeenstemming met de wil van de guru leeft, zullen de zintuigen jouw slaven worden.

Zij die bij hun guru leven, hoeven alleen maar naar de genade van de guru te streven. Door deze genade zal de kracht van de tapas van de guru naar hen gaan. Als je iets waar stroom op staat direct aanraakt, zal de elektriciteit door je heen gaan, nietwaar? Als je je toevlucht neemt tot een guru, zal zijn of haar kracht in jou stromen.

De guru is onbaatzuchtig. De guru is een bron van goede eigenschappen, zoals waarheid, dharma, liefde en mededogen. Woorden als 'waarheid 'en 'dharma' zijn op zichzelf levenloos, maar een satguru is de levende belichaming van deze eigenschappen. De wereld ontvangt alleen goedheid van zulke wezens. Als we vrienden worden met iemand die slechte eigenschappen heeft, zal hij een slechte invloed op ons hebben, maar als we een vriend met goede eigenschappen hebben, zal onze aard dienovereenkomstig veranderen. Evenzo worden degenen die bij de guru

zijn, een vruchtbare akker waarin goede eigenschappen geculti-
veerd worden.

Als je het onkruid niet van een akker verwijdert, zal het
onkruid de zaden die je gezaaid hebt vernietigen. Als je sadhana
doet zonder het ego te verwijderen, zal je sadhana ook geen vruchten afwerpen. Als je beton maakt, moeten de gebroken stenen die
ervoor gebruikt worden, eerst gewassen worden. Zo zal ook de
gedachte aan God alleen standvastig worden in een zuivere geest.
Als je onbaatzuchtig je sadhana doet zonder enig egogevoel, zul
je de waarheid ervaren dat jij God bent."

Moeders honingzoete woorden vol wijsheid hielden nu op
met stromen. Ze wendde zich tot enkele bezoekers en zei: "Het
terrein rond de keuken is vuil. Amma kwam naar beneden om
het schoon te maken, maar op weg ernaartoe zag Ze dit kleine
meisje tekenen en Ze stopte om naar haar te kijken. Toen kwam
deze zoon en Amma ging met hem zitten praten. Kinderen, gaan
jullie morgen pas na de darshan weg? Amma zal later met jullie
praten." Toen Ze dit gezegd had, liep ze naar de keuken.

Vrijdag 7 februari 1986

Na de ochtend *puja* en *arati* (rituele eredienst) in de kalari bracht
brahmachari Unnikrishnan[24] de brandende kamfer naar buiten,
waar de toegewijden wachtten. Ze raakten de vlam aan en daarna
hun voorhoofd. Sommigen namen ook een beetje *bhasma* van de
schaal waarop de kamfer brandde en brachten die op hun voorhoofd aan. Een paar minuten later kwam Moeder naar de kalari
en iedereen knielde voor Haar. Ze vervolgden hun meditatie en
ook Rao en Kunjumon kwamen. Zij knielden voor Moeder en
gingen naast Haar zitten.

---

[24] Swami Turiyamritananda

Moeder neemt twijfels weg

Rao: "Amma, U zegt dat we vol verdriet naar God moeten verlangen. Maar U bent hier bij ons, dus als we op Uw vorm mediteren hoe kunnen wij dan bedroefd zijn?"

Moeder: "Jullie moeten de pijn van het gescheiden zijn van God voelen. Dat is het verdriet dat je moet voelen!"

Rao: "Maar als we een echte meester als onze guru hebben, zal Hij ons dit verdriet dan niet geven?"

Moeder: "Namah Shivaya! Het is niet voldoende om een guru met de hoogste kwalificaties te hebben, de leerling moet ook geschikt zijn."

Kunjumon: "Wij zijn bij Amma gekomen, dus wij hoeven ons geen zorgen te maken! Wij zijn gered!"

Moeder: "Dat vertrouwen is goed, kinderen. Maar beperk jezelf niet tot de buitenkant van Amma, die je als dit lichaam ziet. Als je dat doet, zul je je kracht verliezen en gaan wankelen. Probeer de echte Amma te zien, het echte Principe. Probeer deze Amma in iedereen te zien. Kinderen, Amma is gekomen om jullie te helpen dat te doen."

Kunjumon: "Gisteren vroeg iemand met welke bedoeling Amma deze ashram begonnen is."

Moeder: "Om bij de mensen het geloof in God te vergroten, ze te inspireren om goede daden te verrichten en het pad van waarheid en rechtschapenheid te volgen. Dat is ons doel."

Een vrouwelijke toegewijde: "Amma, degenen die om God roepen, lijken veel verdriet te hebben in hun leven."

Moeder: "Kinderen, de tranen die stromen als men met liefde tot God bidt, zijn geen tranen van verdriet. Het zijn tranen van gelukzaligheid. Tegenwoordig bidden mensen alleen tot God in tijden van nood. Als je tot God bidt zowel in tijden van geluk als in tijden van verdriet, dan zul je niet langer hoeven te lijden. Zelfs als er wat leed op je afkomt, zal het niet op leed lijken.

God zal voor je zorgen. Als je met een open hart tot Hem kunt bidden en uit liefde voor Hem een paar tranen kunt storten, dan ben je gered."

Terwijl Ze over de liefde voor God praatte, ging Moeder op in een verheven devotionele stemming. Ze begon de tijd te beschrijven dat Ze verzonken was in *prema bhakti* (hoogste liefde en devotie).

"O, wat een moeilijkheden moest Amma toen doorstaan! Ze kon niet op straat komen zonder dat mensen Haar uitjouwden. Ze was het doelwit van spot. Niemand wilde Haar zelfs maar één maaltijd geven. Ze wilde tenminste één spiritueel boek hebben om te lezen, maar die waren er niet. Ze had ook geen guru. Kinderen, een spiritueel leven zonder guru is als het leven van een kind zonder moeder. Amma groeide op als een kind zonder moeder. De mensen om Haar heen wisten niets van spiritualiteit. Als ze zat te mediteren, kwam er iemand die koud water over Haar heen gooide of ze sloegen Haar. Ze gooiden Haar het huis uit. Op deze manier werd Amma behandeld! Maar toch zag Ze het niet als lijden, want Ze geloofde dat God Haar nooit in de steek zou laten. Ondanks alles wat Ze moest verdragen, vergat Ze het allemaal op het moment dat Ze Devi's naam uitte. Telkens wanneer Ze zich verdrietig voelde, vertelde Ze Haar verdriet alleen aan Devi. Door Haar tranen communiceerde Ze met Devi."

Moeder zat even in stilte. Daarna zong Ze met een bevende stem: *Oru tulli sneham...*

> *O Moeder, geef een druppel van Uw liefde*
> *aan mijn brandende hart,*
> *zodat mijn leven vervuld zal worden.*
> *Waarom geeft U brandend vuur*
> *als meststof voor deze verdorde klimplant?*

Ik blijf in tranen uitbarsten.
Hoeveel hete tranen moet ik geven
als offergave aan U?
Hoort U dan niet het kloppen van mijn hart en mijn
zielenpijn die zich uit in een onderdrukte zucht?

Laat het vuur niet overslaan
op het sandelhoutbos en daar dansen.
Laat deze haard van droefheid
zijn intensiteit niet tonen
en mijn leven vernietigen.

O Devi, door "Durga, Durga" te zingen
is mijn geest alle andere wegen vergeten.
Ik wil nog hemel noch bevrijding,
ik wil alleen pure devotie voor U.
Ik wil noch hemel noch bevrijding,
ik wil alleen pure devotie voor U.

Moeder zong de laatste twee regels telkens weer. Tranen welden op in Haar ogen. Ze veegde Haar tranen af en zei: "In die tijd zong Amma deze regels spontaan telkens als ze door verdriet overmand werd, en Ze huilde bij elke regel die Ze zong. Soms als Ze Gods naam uitte, barstte Ze steeds weer in lachen uit. Sugunacchan (Amma's vader) keek hiernaar en dacht: "Nou is het afgelopen! Dat kind is gek geworden!" Hij rende op Haar af en sloeg Haar op Haar hoofd. Mensen geloofden dat als je Haar in zulke omstandigheden op het hoofd sloeg, Haar geest weer in orde zou komen. Als Ze geen tekenen van verandering gaf, riep hij Haar moeder: "Damayanti, het kind is gek geworden! Haal wat water en giet het over Haar hoofd. Vlug!" Dan begon de *dhara*[25] en ze goten pot na pot met water over Amma's hoofd. Als ze om God huilde, brachten ze Haar medicijnen, omdat ze dachten dat Ze ziek was.

Jongere kinderen kwamen vragen: "Waarom huil je *chechi* (oudere zus)? Heb je hoofdpijn?" Ze zaten dicht bij Haar en begonnen ook te huilen. Na een tijdje kregen ze door waarom chechi huilde: het was omdat chechi 'Moeder Devi' niet kon zien. Dus trokken de kleine meisjes sari's aan en gingen naar Haar toe en deden alsof ze 'Moeder Devi' waren. Amma omarmde hen toen Ze hen zo gekleed zag. Ze zag ze niet als kinderen. Voor Haar waren ze de Godin zelf.

Soms als Amma ongecontroleerd huilde, pakte Haar vader Haar op en hield Haar tegen zijn schouder. Hij troostte Haar door te zeggen: "Huil maar niet, mijn liefje. Ik zal je Devi zo laten zien." Ze was zo argeloos om hem te geloven en hield op met huilen.

Destijds hield Amma er niet van om met iemand te praten. Telkens wanneer er iemand met Haar kwam praten, tekende Ze een driehoek op de grond en stelde zich voor dat Devi daarin zat. Die persoon besefte al gauw dat Ze in een andere wereld was, stond op en ging weg. Ze stelde zich iedereen als Devi voor. Daarom probeerde Ze soms de dorpsmeisjes die langs kwamen, te omhelzen."

Rao: "Waarom ervaren wij dit soort onschuldige devotie niet?"

Moeder: "Is het niet door jouw devotie dat je hiernaartoe gekomen bent en van je huis en familie bent weggegaan?"

Rao: "Amma, wanneer we U voor ons zien, om wie moeten wij dan roepen en om wie moeten wij huilen?"

---

[25] Een constante stroom van vloeistof. Deze term wordt gebruikt om een bepaalde vorm van medische behandeling aan te duiden waarbij doorlopend een medicinale vloeistof over de patiënt gegoten wordt. Het is ook een vorm van ceremonieel baden van het beeld van een godheid.

Moeder lachte en veranderde van onderwerp: "Is het niet tijd om naar je les te gaan? Verdoe je tijd niet door bij Amma te zitten, vooruit!"

Moeder pakte een baby op die naast Haar zat en stond op. Met de baby in Haar armen liep Ze naar de darshanhut en riep: "Kom, mijn kinderen!" De toegewijden volgden Haar naar binnen.

De belichaming van de geschriften

Moeder stond buiten voor Ottūrs kamer. Ze stond een tijdje stil naast de deur verborgen te luisteren. De naam van Heer Krishna was te horen in de donkere kamer en werd met trillende stem geuit.

"Narayana, Narayana, Narayana…"

Tenslotte ging Moeder Ottūrs kamer in. Toen hij Moeders prachtige vorm voor zich zag staan, sprong de oude man op en knielde voor Moeder ondanks Haar bezwaren. Nog voordat Ze op zijn bed ging zitten, knielde hij neer en legde zijn hoofd met de vrijmoedigheid van een kind in Haar schoot.

Moeder: "Mijn zoon, Amma moest daar wel blijven staan toen Ze jou de namen van de Heer met zoveel devotie hoorde reciteren!"

Ottūr: "Ik denk niet dat ik werkelijk devotie voor de Heer heb. Zou de al-meedogende Kanna mij anders niet zijn darshan gegeven hebben?"

Een brahmachari die geluisterd had zei: "Maar zie je Amma nu niet?"

Ottūr: "Het schijnt dat Sharada Devi een keer tegen Rama-krishna Deva zei: 'Weet je, ik heb niet het geduld om zolang te wachten als jij. Ik kan er niet tegen om te zien hoe mijn kinderen lijden.' Ik geloof dat het dezelfde persoon is die mij vandaag darshan gegeven heeft. Amma praat altijd over devotie net als Sharada Devi."

Moeder: "Weet je waarom Amma over devotie praat? Omdat dat Haar eigen ervaring is. Tegenwoordig zijn er zoveel leraren en sannyasi's. Ze praten over *advaita* (non-dualiteit) maar ze leven er niet naar. Hun geest is vol boosheid en verlangens. Over advaita moet je niet praten, dat moet je ervaren.

Er is een verhaal in de *Upanishaden*. Een vader stuurde zijn zoon eropuit om de geschriften te leren. Toen de zoon terugkwam, zag de vader hoe trots hij was en hij besefte dat de jongen de essentie van wat hij geleerd had, niet in zich opgenomen had. Hij besloot om zijn zoon het ware principe te leren. Hij vroeg hem wat melk en suiker te halen. Toen liet hij hem de suiker in de melk oplossen. Daarna gaf hij zijn zoon delen van de melk uit verschillende gedeelten van de kan te drinken en vroeg hem hoe het smaakte. De zoon zei dat het zoet was. 'Hoe zoet?' vroeg de vader. Maar de zoon kon het niet beschrijven. Hij stond daar en zei niets. Plotseling begreep hij de waarheid. De jongeman die zoveel ophef gemaakt had over het Zelf, leerde dat het Zelf iets is wat ervaren moet worden en dat het niet met woorden beschreven kan worden.

Niemand kan Brahman beschrijven. Brahman kan niet door het verstand gekend worden. Het is een ervaring. Iedereen kan zeggen, 'ik ben Brahman', maar ze ervaren nog steeds niets anders dan de pijn en het plezier van het leven. Degenen die Brahman ervaren hebben, zijn anders. Vuur noch water kan hun deren. Gebeurde er iets met Sita toen ze in het vuur sprong? Nee. Sommige mensen zeggen dat ze Brahman zijn, maar als je deze 'Brahman' onder water houdt, zouden ze naar adem snakken en wanhopig voor hun leven vechten. Als je ze in het vuur gooit, zouden ze verbranden. Ze hebben geen ervaring van Brahman behalve wereldse genoegens en lijden. Zonder gedisciplineerde sadhana kun je onmogelijk ervaren dat je Brahman bent."

Moeder wees naar een koe die in de buurt aan het grazen was, en vervolgde, "Zie je die koe daar? Kun je melk krijgen door in haar oren te knijpen? Kun je zeggen dat er in alle delen van haar lichaam melk is? Alleen in haar uier zit melk om te drinken en we krijgen deze alleen als we haar melken.

Het is waar dat God overal is, maar om Hem werkelijk te ervaren moeten we sadhana doen onder de leiding van een guru, met een gerichte geest en met *lakshya bodha*."

Brahmachari: "Amma zegt dat ze de geschriften niet bestudeerd heeft en toch komt alles wat Amma zegt rechtstreeks uit de geschriften!"

Moeder: "Zoon, de geschriften zijn vanuit de ervaring geschreven, nietwaar? Amma praat over dingen die Ze gezien, gehoord en ervaren heeft, dus moet het in de geschriften staan."

Brahmachari: "Amma, zal *Ramarajya* (het koninkrijk van Rama) ooit terugkomen?"

Moeder: "Ramarajya zal komen, maar er zal op zijn minst ook één *Ravana* zijn. *Dvaraka*[26] zal ook terug komen, maar *Kamsa* en *Jarasandha* zullen er ook zijn."

Brahmachari: "Amma, men zegt dat er zoiets als reïncarnatie bestaat. Is dat waar?"

Moeder: "Afgelopen maand hebben sommigen van ons samen een lied geleerd. Als we het ons nu niet meer kunnen herinneren, kunnen we dan zeggen dat we het lied niet geleerd hebben? Er zijn veel getuigen dat we het geleerd hebben. Het mag voor jou misschien onmogelijk zijn om je je vorige levens te herinneren, maar een tapasvi kan dat wel. Het wordt mogelijk als de geest subtiel genoeg wordt door sadhana."

---

[26] Het eiland waar Krishna woonde en zijn koninklijke taken vervulde. Nadat Krishna Zijn lichaam verlaten had verdween Dwaraka in de oceaan.

Later in de middag kwam Puthumana Damodaran Nambū-diri, een beroemde Tantrische priester uit Kerala, begeleid door een groep mensen voor Moeders darshan. Dit was Puthumana's eerste bezoek aan Moeder. Moeder zei niet veel. De meeste tijd zat Ze met gesloten ogen naar binnen gericht. Ze leek in meditatie te zijn.

Puthumana las hardop een gedicht in het Sanskriet voor dat hij over Moeder geschreven had, en hij bood het Haar aan. Hij zei: "Ik weet dat het verkeerd is om rijkdom te wensen, maar de geest verlangt ernaar. Ik weet dat het verkeerd is om naar de vruchten van onze daden te verlangen, maar als we er niet in slagen om zonder verlangen te handelen, wat kunnen we er dan aan doen?"

Moeder gaf geen antwoord. Ze keek alleen naar hem en glimlachte. Haar stilte zegt vaak nog meer dan Haar woorden.

Puthumana (die naar Moeder verwees en naar Ottūr die naast Haar zat): "Ik ben zo gelukkig om jullie twee samen te zien zoals Krishna en Kuchela!"

Ottūr: "Inderdaad! Maar aan de andere kant is zo'n aanblik waarschijnlijk nog nooit eerder vertoond. Duisternis verdwijnt als de zon verschijnt, maar hier kun je met je eigen ogen de duisternis (wijst naar zichzelf) in een vaste vorm zien!"

Iedereen lachte. De toegewijde die in de verpersoonlijking van hulpeloosheid verandert in aanwezigheid van de Moeder van het Universum die de zetel van mededogen is, kan zich gelukkig prijzen! Wat kan Haar stroom van genade dan nog stoppen?

Zondag 16 februari 1986

Haar sankalpa is de waarheid zelf

Moeder kwam deze morgen terug uit Alappuzha. Ze had daar twee dagen met Haar kinderen doorgebracht. Er werd daar een

Ramayana *yajna* gehouden (een lezing over de Ramayana die verscheidene dagen duurt). De meeste brahmachari's zouden pas later die nacht terugkomen, nadat ze deelgenomen hadden aan de optocht van lichtjes aan het einde van de yajna.

Op de terugweg had Moeder tegen een brahmacharini gezegd: "Dochter, kook wat rijst zodra je terug in de ashram bent." Maar toen ze daar aankwamen, waren er al rijst en groenten gekookt. De brahmacharini kon niet beslissen wat ze moest doen. Ze zei tegen de anderen: "Waarom heeft Moeder mij gevraagd om te koken? Alles is al klaar. Als ik meer eten kook, moeten we het weggooien, nietwaar? Er is niet eens de gebruikelijke menigte hier vandaag. Maar als ik niet kook, dan gehoorzaam ik Moeder niet." Hoewel de anderen haar zeiden dat ze niets moest koken omdat het een verspilling zou zijn, besloot ze hun advies te negeren en gewoon Moeders opdracht te gehoorzamen. Dus kookte ze de rijst met de gedachte dat het overgebleven voedsel voor het avondeten die dag gebruikt kon worden.

Tegen de tijd dat het middageten opgediend werd, was het duidelijk dat de berekeningen van iedereen verkeerd geweest waren, behalve die van Moeder. De menigte toegewijden was aanzienlijk toegenomen en toen het middageten voorbij was, was er niets over. Er was maar net genoeg. Als de jonge vrouw Moeders opdracht niet opgevolgd had, dan had iedereen zich rot gevoeld omdat men niet alle toegewijden te eten had kunnen geven. Ieder woord van Moeder is van betekenis. Het mag op het eerste gezicht zinloos of onbelangrijk lijken, maar dat komt alleen door ons onvermogen om het op een dieper niveau te begrijpen.

Toen Moeder 's avonds naar de kalari liep voor de bhajans en bhava darshan, vroeg een brahmachari Haar: "De ashram heeft het geld niet om door te gaan met de bouw van het nieuwe gebouw. Waarom vragen we niet om hulp in de *Matruvani* [27]?"

---

[27] Het maandelijkse tijdschrift van de ashram.

Op een serieuze toon zei Moeder: "Ben jij het echt die dit zegt, mijn zoon? Het lijkt erop dat je tot nu toe niets geleerd hebt van je ervaringen. Zij die zich aan God overgegeven hebben, hoeven zich om niets zorgen te maken. We moeten nooit iemand benaderen met een verlangen in onze geest, want dat geeft ons alleen lijden. Laten we onze toevlucht alleen tot God nemen. Hij zal ons alles geven wat we nodig hebben. Waar tapasvi's zijn, is aan niets gebrek. Alles komt automatisch wanneer het nodig is.

Zijn we met deze bouw begonnen met enig contant geld? Zijn we begonnen met een bepaalde hulpbron in gedachten? Niet echt. We hebben tot nu toe alleen onze toevlucht tot God genomen en daarom heeft Hij niet toegelaten dat het werk op enige manier belemmerd werd. En Hij zal verder voor ons zorgen."

Toen de eerste steen werd gelegd voor het grote gebouw dat nu gebouwd wordt, vroeg iedereen zich dit af. De ashram had geen noemenswaardig kapitaal. Maar de ashram bezat twee huizen in Tiruvannamalai bij de Ramanashram en het idee om die te verkopen kwam op. Maar toen Moeder die plaats had bezocht, waren er zoveel toegewijden voor Haar darshan gekomen dat een aantal mensen het geen leuk idee vonden om de huizen te verkopen. Toen Moeder hierover na Haar terugkomst hoorde zei Ze: "Als we zo dicht bij een andere ashram zijn gevestigd, is er waarschijnlijk enige concurrentie. Laten we daarom geen ashram hebben bij Ramanashram. We verkopen de huizen en zetten hier iets op. Een ashram moet altijd op een plaats zijn waar hij voor anderen van nut kan zijn. Onze ashram is op die plaats niet nodig omdat Ramana Bhagavans ashram daar al is."

De twee huizen in Tiruvannamalai werden verkocht en er werd een datum vastgelegd voor het leggen van de eerste steen van een ashramgebouw in Amritapuri. Tegelijkertijd boden de eigenaren van grond die aan de ashram grenst, hun eigendom te koop aan. De ashram kocht die grond met het geld dat bestemd was voor het nieuwe gebouw. Op dat moment had een brah-machari opgemerkt dat het geen zin had om de eerste steen te leggen van een ashram-hoofdgebouw omdat men geen geld meer had voor de bouw. Moeder had geantwoord: "Laten we niettemin met ons plan doorgaan. God zal voor alles zorgen. Hij zal het laten gebeuren."

De fundering was gelegd zoals gepland en het werk was begonnen. Sindsdien was de bouw steeds doorgegaan zonder enige hindernissen. Op de een of andere manier kwam wat er nodig was, altijd op tijd. En Moeder stond erop dat ze geen hulp zouden vragen wanneer er iets nodig was voor het gebouw.

Moeder zei nu terwijl Ze naar de kalari liep: "Wanneer we alles als Gods wil accepteren, worden al onze lasten weggenomen en we hebben nergens moeilijkheden mee. Er is een klein dochtertje dat erg veel van Amma houdt. Ze noemt Amma 'Mataji.' Op een dag viel ze van een schommel, maar ze werd niet gewond. Ze stond op en zei: 'Door Mataji's kracht zat ik op de schommel. Toen duwde Mataji me van de schommel en Mataji zorgde ervoor dat ik niet gewond raakte.' Zo moeten we zijn. Terwijl anderen hun vreugde of lijden als hun *prarabdha* kunnen zien, moeten wij al onze vreugde en lijden als Gods wil accepteren."

Moeder wendde zich tot een jongeman die het verlangen geuit had om in de ashram te wonen, en zei: "Het spirituele leven is alsof je midden in een vuur staat zonder te verbranden." Moeder kwam bij de kalari en ging zitten om bhajans te zingen. De heilige muziek begon te stromen, geladen met devotie: *Gajanana he Gajanana...*

> *U met het gezicht van een olifant,*
> *Zoon van Parvati,*
> *Zetel van mededogen,*
> *Hoogste oorzaak...*

Dinsdag 25 februari 1986

Zij die ongezien de touwtjes in handen houdt

Een vrouw van middelbare leeftijd uit Bombay en een jonge vrouw die net uit Duitsland was aangekomen, kwamen samen naar Moeder, knielden en boden een bord met fruit aan en plaatsten het aan Haar voeten. Moeder omhelsde hen. Dit was het eerste bezoek van de jonge vrouw aan de ashram. Haar ogen waren vol tranen.

Moeder: "Waar kom je vandaan, dochter?"

Maar de jonge vrouw huilde zo dat ze niet kon antwoorden. Moeder hield haar vast en aaide over haar rug. Haar metgezel vertelde Moeder uiteindelijk over de omstandigheden die de jonge vrouw naar de ashram gebracht hadden.

Ze kwam uit Duitsland en was een toegewijde van Sharada Devi. Ze had veel boeken over Sharada Devi gelezen en haar devotie was geleidelijk gegroeid. Ze kon het verdriet niet verdragen dat ze de Godin die het voorwerp van haar verering was, niet kon zien. Toen ze op een morgen zat te mediteren zag ze duidelijk voor haar geest een glimlachende vrouw die in zuiver wit gekleed was en die haar hoofd bedekt had met het uiteinde van haar kleed. De jonge vrouw vroeg zich af wie dit kon zijn, want ze had haar nog nooit gezien, zelfs niet op een foto. Ze was ervan overtuigd dat dit een andere vorm van Sharada Devi moest zijn, van wie ze zoveel hield. Ze had het gevoel dat ze Sharada Devi persoonlijk zag en was overstelpt door gelukzaligheid.

Drie dagen later ontving ze een brief van een vriend. Daarin zat een foto van dezelfde vrouw die ze in haar meditatie gezien had. Haar vreugde kende geen grenzen. Ze schreef haar vriend en vroeg om meer details over de vrouw op de foto. Maar hij wist niets van haar af. Een vriend van hem was naar India gegaan en had hem vandaar de foto gestuurd. Omdat hij zelf geen spirituele belangstelling had, had hij haar de foto gestuurd omdat hij wist dat zij geïnteresseerd was in spiritualiteit. De enige aanwijzing waar ze de vrouw kon vinden was een adres op de achterkant van de foto.

Ze verspilde geen tijd. Ze nam onmiddellijk stappen om naar India te gaan en vloog toen naar Mumbai (Bombay). In Mumbai stapte ze in een vliegtuig naar Cochin met de foto in haar hand. Zelfs in het vliegtuig bleef ze naar de foto kijken. Een oudere Indiase vrouw die naast haar zat, merkte dit op en vroeg haar over de foto. De jonge vrouw begon met haar te praten. Ze toonde haar het adres op de achterkant van de foto en vertelde haar dat ze net voor de eerste keer in India was aangekomen en dat ze de weg niet wist. Tot haar grote verbazing vertelde de vrouw haar dat zijzelf op weg was naar diezelfde ashram en haar daarheen zou brengen! Zij was één van Moeders toegewijden! Zo bereikte de jonge vrouw de ashram zonder problemen.

Het is goed om hier op te merken dat een mahatma zoekers op het spirituele pad zal helpen door hen aan te trekken op een manier die past bij hun samskara en door hun op de weg te begeleiden. Veel mensen geloven dat Moeder Krishna is, Shiva, Ramakrishna Paramahamsa, Kali, Durga, Mukambika of Ramana Maharshi. Moeder heeft zelfs mensen in hun gedaante darshan gegeven. Maar het is onmogelijk om te raden wat Moeders vorige incarnatie geweest kan zijn.

Moeder gaf een brahmacharini opdracht om ervoor te zorgen dat de twee vrouwen konden blijven. Toen ging Moeder achter de hutten van de brahmachari's waar een hoop afval rondslingerde en begon de plaats schoon te maken. De brahmachari's voelden zich in verlegenheid gebracht en kwamen aanrennen om te helpen. Sommige toegewijden kwamen Moeder ook helpen.

Moeder sprak onder het werk met de toegewijden en suggereerde oplossingen voor hun problemen.

Kinderen opvoeden

Een gezin uit noord Kerala dat de vorige dag in de ashram aangekomen was, werkte naast Moeder. De vader maakte van de gelegenheid gebruik om Moeder over de studie van zijn dochter te vertellen: "Amma, ze studeert helemaal niet. Breng haar alstublieft wat gezond verstand bij. Mijn vrouw verwent haar gewoon."

Vrouw: "Maar Amma, ze is nog een kind! Ik geef haar geen slaag of iets dergelijks omdat mijn man haar straft, en dat is genoeg. Ik wil niet dat wij haar allebei straffen."

Een toegewijde: "Tegenwoordig is het meestal de moeder die de kinderen verwent."

Moeder: "Waarom geven we alleen de moeder de schuld? De vader heeft ook een rol bij het opvoeden van de kinderen. Tegenwoordig denken ouders maar aan één ding: hun kinderen op jonge leeftijd naar school sturen, hen zoveel mogelijk laten studeren en dan een baan voor hen regelen. Zij besteden geen enkele aandacht aan de spirituele ontwikkeling van de kinderen of de zuiverheid van hun karakter. Het eerste waar ouders op moeten letten is het karakter van hun kinderen. Ze moeten hun goed gedrag leren en dit betekent dat ze hun moeten onderwijzen over spirituele zaken. De ouders moeten hun kinderen verhalen vertellen die morele principes leren en ze moeten hen trainen om japa en meditatie te doen. Door sadhana te doen zal de intelligentie en het geheugen van het kind sterk verbeteren. Door gewoon naar een studieboek te kijken zullen zij in staat zijn om zich alles te herinneren wat zij in het jaar geleerd hebben. En wanneer ze een vraag horen zal het antwoord in hun geest verschijnen als in een computer. Zij zullen zich ook goed gedragen. Zij zullen spiritueel vooruitgaan en zullen ook op materieel niveau succes hebben."

Toen het werk klaar was, ging moeder onder een kokospalm vlakbij zitten. De toegewijden verzamelden zich rondom Haar. Eén van hen introduceerde een jongeman die nieuw in de ashram was.

Toegewijde: "Hij komt uit Malappuram. Hij besteedt al zijn tijd aan het werken voor natuurbescherming. Hij en enkele van zijn vrienden proberen tempels en tempelvijvers in stand te houden."

De jongeman glimlachte verlegen en boog met samengevouwen handen voor Moeder.

Moeder: "Alle ashramgrond hier is teruggewonnen op de backwaters. De kinderen hebben overal waar ze konden kokospalmen, bananenbomen en bloeiende planten geplant."

Moeder waste Haar handen en liep naar de kalari met de toegewijden vlak achter Haar.

Waar moeten we geluk zoeken?

Moeder ging op de veranda van de kalari zitten. De toegewijden knielden en gingen bij Haar zitten. De nieuwkomer vroeg: "Hoewel er zoveel materieel comfort is, zijn de mensen ongelukkig. Waarom is dat zo, Amma?"

Moeder: "Ja, dat is waar. Tegenwoordig vinden de meeste mensen geen vrede en tevredenheid. Ze bouwen grote huizen als paleizen en plegen uiteindelijk daarin zelfmoord. Als luxueuze huizen, rijkdom, fysiek comfort en alcohol bronnen van geluk zouden zijn, zou het dan nodig zijn om aan een depressie te sterven? Echt geluk is dus niet in zulke dingen te vinden. Vrede en tevredenheid hangen helemaal van de geest af.

Wat is de geest? Waaruit ontstaat die? En wat is het doel van het leven? Hoe moeten we ons leven leiden? We doen geen moeite om deze zaken te begrijpen. Als we die zouden begrijpen en dienovereenkomstig zouden leven, zouden we nergens rond hoeven dwalen om naar gemoedsrust te zoeken. Maar in plaats daarvan zoekt iedereen naar vrede buiten zichzelf.

Dit herinnert Amma aan een verhaal. Een oude vrouw zocht heel intensief naar iets voor haar huis. Een voorbijganger vroeg: 'Waar zoekt u naar, grootmoedertje?' 'Ik zoek naar een oorring die ik verloren heb,' antwoordde ze. De man zocht met haar mee. Ze zochten en zochten, maar konden de oorring niet vinden. Tenslotte zei de man tegen de oude vrouw: 'Probeer je precies te herinneren waar hij gevallen kan zijn.' Ze zei: 'In feite is hij ergens in huis gevallen.' De man was hierover geërgerd en zei: 'Waarom zoek je er dan in hemelsnaam hier buiten naar, terwijl je de hele tijd wist dat je hem in huis verloren hebt?' De oude vrouw antwoordde: 'Omdat het binnen zo donker is. Ik dacht dat ik er beter hier naar kon zoeken omdat hier wat licht van de straatlantaarn is'.

Kinderen, we zijn als die oude vrouw. Als we vrede in ons leven willen ervaren., moeten we de echte bron ervan zoeken. Daar zullen we het vinden. We zullen nooit enige echte vrede of geluk vinden in de buitenwereld."

Het nut van yagya's

Jongeman: "Onlangs vond er een *yagya* (uitgebreide Vedische offerceremonie) plaats. Veel mensen waren ertegen en klaagden dat er onnodig geld uitgegeven werd."

Moeder: "Ja, de vraag werd gesteld waarom we geld aan God zouden uitgeven. Zoon, God heeft geen yagya's nodig. Het is de mens die er voordeel van heeft. Yagya's zuiveren de atmosfeer. Zoals we het slijm in het lichaam verwijderen door *nasya* (een Ayurvedische behandeling), zuivert de rook van de *homa* (offervuur) de atmosfeer. Amma suggereert niet dat we een overdreven bedrag aan homa's, yagya's en dergelijke moeten uitgeven. Het is niet nodig om goud of zilver in het vuur te offeren. Maar er is een

92

principe achter deze ceremonies. Wanneer we in het offervuur iets gooien waaraan we gehecht zijn, staat dat gelijk met het verbreken van die gehechtheid. Het grootste offer vindt plaats wanneer we ons ego uit liefde voor God opofferen. Daarover gaat echte *jnana* (hoogste wijsheid). We moeten het idee van 'ik' en 'mijn' loslaten en alles als de ene Waarheid, als God zien. We moeten begrijpen dat niets losstaat van onszelf. Door ons ego in het homavuur te offeren, worden we volledig.

Homa's zijn niet alleen van nut voor hen die ze uitvoeren, maar ook voor alle mensen in de omgeving. Als we zulke ceremonies niet kunnen verrichten, moeten we volop bomen en geneeskrachtige planten kweken omdat zij de lucht ook zuiveren. Veel ziekten zullen voorkomen worden als we de lucht inademen die met geneeskrachtige planten in contact gekomen is.

De mens is erg materialistisch geworden. Hij wil graag snel bomen omhakken om ze in geld om te zetten. Hij kapt bossen en maakt er boerderijen van. Deze handelingen hebben de natuur veranderd. De regen valt niet meer op de juiste tijd en de zon schijnt niet meer op de juiste tijd. De atmosfeer is vreselijk verontreinigd. De mens leeft zonder zichzelf te kennen. Hij leeft alleen voor zijn lichaam, terwijl hij het Atman die het lichaam leven schenkt, vergeet.

Mensen vragen: 'Waarom moeten we geld verspillen aan yagya's en homa's? God heeft deze dingen zeker niet nodig.' Maar diezelfde mensen klagen niet over de miljoenen die eraan besteed worden om een handvol grond van de maan hier te brengen. De mensen zelf profiteren feitelijk van ceremonies als yagya's en homa's.

Vandaag de dag lachen de mensen om de gewoonte om thuis een olielamp aan te steken. Maar de rook van de olielamp zuivert de atmosfeer. Tijdens de schemering is de atmosfeer vol onzuivere vibraties. Daarom reciteren we de goddelijke namen of zingen we bhajans op die speciale tijd. Als we op die tijd geen japa doen, zullen onze wereldse neigingen sterker worden. Ook moeten we tijdens zonsondergang niet eten. Als we op die tijd van de dag eten, zal dat tot ziekte leiden omdat tijdens de schemering de atmosfeer giftig is. Er wordt gezegd dat de demonenkoning Hiranyakasipu tijdens *sandhya*, de schemering, gedood werd. Dan domineert het ego het meest. Alleen door onze toevlucht bij God te zoeken kunnen we het ego vernietigen. Maar tegenwoordig kijken de mensen naar de tv of luisteren op die tijd naar filmliederen[28].

Hoeveel huizen hebben een pujakamer? In de dagen van weleer werd er het hoogste belang gehecht aan de pujakamer wanneer er een huis gebouwd werd. Tegenwoordig krijgt God gewoonlijk een plaatsje onder de trap. Aan God, die in ons hart woont, moeten we het hart van het huis geven. Zo brengen we onze relatie met Hem tot uitdrukking. God heeft echter niets nodig.

God heeft niets van ons nodig. Heeft de zon het licht van een kaars nodig? Wij zijn het die in het donker leven, die het licht nodig hebben. Moeten we aan een rivier water geven om zijn dorst te lessen? Wij zijn het die door onze toevlucht bij God te zoeken een zuiver hart krijgen en met een zuiver hart kunnen we voortdurend de toestand van gelukzaligheid ervaren. Wij zijn het die door overgave aan God vrede ontvangen, maar toch hebben we de neiging God te aanbidden op een manier die suggereert dat God iets nodig heeft!

Hoewel God oneindige kracht heeft en overal aanwezig is, kan hij alleen gezien worden door hen die een zuiver hart hebben. Het is moeilijk om de weerkaatsing van de zon in modderig water te zien, maar in helder water kun je het beeld gemakkelijk zien.

---

[28] Het Indiase equivalent van de westerse popmuziek.

Wanneer we God een deel van ons leven maken, zal ons leven en ook het leven van anderen gelouterd worden. We beginnen dan vrede en tevredenheid te ervaren. Denk aan een rivier die vol en zuiver is. Wij zijn degenen die daar voordeel van hebben. Met het water van die rivier kunnen we onze vieze goten en kanalen reinigen. Een stilstaande, stinkende vijver kan gezuiverd worden door hem met de rivier te verbinden. God is als een zuivere rivier. Door een relatie met God te ontwikkelen wordt onze geest zo verruimd dat hij de hele wereld omvat. Op deze manier komen we dichter bij het Zelf en we zijn ook voor anderen van nut.

Nog meer vragen van toegewijden

Een vrouwelijke toegewijde: "Amma, zijn de ashrambewoners hierheen verhuisd omdat U hun dat gevraagd hebt?"

Moeder: "Amma heeft niemand gevraagd om hier te blijven. Iemand met een gezin zorgt slechts voor één gezin, maar een sannyasi moet de last van de hele wereld dragen. We moeten alle problemen in overweging nemen die later kunnen ontstaan als we iedereen die hier komt en sannyasi wil worden, hier laten wonen omdat de meesten van hen hun aanvankelijk gevoel van onthechting niet kunnen handhaven. In feite heeft Amma alle kinderen gezegd dat Ze hen niet hier wilde houden maar ze wilden niet vertrekken. Uiteindelijk heeft Amma hun gezegd dat Ze hen zou laten blijven als ze van huis een bewijs van toestemming kregen. Verscheidenen van hen kwamen terug met de toestemming van hun familie. Zo werden de meeste kinderen vaste bewoners. Men kan zien dat zij echte onthechting hebben.

Sommigen van hen kregen echter geen toestemming maar ze bleven hier toch omdat hun verlangen en onthechting zo sterk waren. Er ontstonden thuis grote problemen. Hun ouders probeerden hen tegen te houden door naar de rechtbank te gaan. Ze kwamen met de politie en sleepten de kinderen weg en brachten hen zelfs naar een psychiatrische inrichting! (Lachend) Weten jullie waarom? Omdat enkele kinderen die alcohol gedronken hadden, ophielden met drinken toen ze Amma ontmoet hadden! Hun ouders weigerden hun kinderen sannyasi te laten worden en de wereld te laten dienen zelfs als dat zou betekenen dat ze hen het graf in moesten sturen.[29]

Jongeman: "Heeft iemand er later spijt van gekregen dat hij voor het ashramleven gekozen heeft?"

Moeder: "Niemand van hen die een echt besef van hun doel hadden, heeft het betreurd dat hij dit leven gekozen heeft. Hun reis is er een van grote gelukzaligheid. Ze zijn zelfs niet bang voor de dood. Als een gloeilamp doorbrandt, betekent dat niet dat er geen elektriciteit is. Hoewel het lichaam sterft, gaat het Atman niet te gronde. Zij weten dat. Zij hebben hun leven aan God overgegeven. Zij denken niet aan het verleden noch denken zij aan morgen of maken zij zich daar zorgen over. Zij zijn niet als iemand die naar een sollicitatiegesprek gaat. Zij zijn als iemand die al een vaste baan gevonden heeft. Iemand die naar een sollicitatiegesprek gaat is zenuwachtig over de uitslag. Hij is ongerust of hij het werk wel of niet zal krijgen. Maar degene die de baan gekregen heeft, gaat in alle rust weg. De meeste kinderen hier hebben absoluut vertrouwen dat hun guru hen naar het Doel zal leiden."

Jongeman: "Amma, waarvoor moet een spiritueel mens bidden?"

Moeder: "Zij moeten bidden: 'God, talloze mensen lijden. Geef mij de kracht om van hen te houden. Laat mij onzelfzuchtig van hen houden!' Dit moet het doel van een spiritueel persoon zijn. Je moet tapas doen om de kracht te verwerven om anderen te redden. Een echte tapasvi is als een wierookstokje dat zichzelf laat opbranden terwijl het zijn geur aan anderen geeft. Een spiritueel

---

[29] Door Moeders genade en door hun vastberadenheid slaagden deze jonge-mannen er uiteindelijk in om te komen en in de ashram te gaan wonen.

iemand ontleent zijn geluk hieraan dat hij voor iedereen liefdevol en meedogend kan zijn zelfs voor degenen die tegen hem zijn. Hij is als een boom die schaduw geeft zelfs aan degenen die bezig zijn hem om te hakken.

Een echte tapasvi wil anderen dienen door zelfopoffering, zoals een kaars anderen licht geeft terwijl hij smelt en opbrandt. Hun doel is om anderen gelukkig te maken waarbij ze hun eigen inspanningen vergeten. Daarvoor bidden ze. Deze houding maakt de liefde voor God in hen wakker. Moeder wacht op zulke individuen. Bevrijding komt naar hen zoeken en zal hen bedienen als een dienstmeisje. Bevrijding komt op hen afgevlogen als bladeren in de luchtverplaatsing van een wervelwind. Anderen wier geest niet zo ruimdenkend is, zullen realisatie niet bereiken hoe lang ze ook tapas doen. Deze ashram is niet voor hen die alleen hun eigen bevrijding komen zoeken.

Kinderen, sadhana betekent niet alleen bidden en japa doen. Echt gebed houdt ook in meedogend en nederig tegenover anderen zijn, naar iemand glimlachen en iets vriendelijks zeggen. We moeten leren om de fouten van anderen te vergeven en sterk meedogend te zijn, net zoals onze ene hand automatisch de andere hand streelt als die pijn heeft. Door liefde, begrip en ruimdenkendheid te ontwikkelen kunnen we de pijn van zoveel mensen verlichten. Onze onbaatzuchtigheid zal ons ook in staat stellen om van de vrede en gelukzaligheid die in ons is, te genieten.

Toen Amma jong was, bad Ze vaak: 'God, alles wat U mij hoeft te geven is Uw hart! Laat mij van de hele wereld houden op dezelfde onzelfzuchtige manier als U!' Dit is wat Amma Haar kinderen nu opdraagt. Ze moeten op deze manier naar God verlangen."

Moeder hield op met praten en zat een tijdje met Haar ogen dicht. Toen opende Ze Haar ogen en vroeg een brahmachari om een kirtan te zingen. Toen hij zong herhaalde iedereen elke regel na hem op de traditionele manier: *Vannalum Ambike, taye manohari...*

Kom Moeder, die de geest betovert!
Ambika, laat mij U zien.
Laat Uw prachtige vorm
in de lotus van mijn hart schijnen.
Wanneer zal die gezegende dag aanbreken
dat mijn hart vol devotie voor U zal zijn?

Moeder bracht in een extatische stemming Haar armen omhoog en ging door met zingen: *Namam japichu samtruptanayennu...*

Wanneer zal ik mij baden in de tranen van vreugde
die komen door het zingen van de goddelijke naam?
Zal de dag ooit aanbreken
dat mijn geest en mijn hart gezuiverd worden?
Zal de dag komen dat ik mijn trots en schaamte opgeef,
mijn rituelen en geploeter?
Wanneer zal ik die dronken makende devotie drinken
en mijn geest in Liefde verliezen?
Wanneer zal ik in huilen uitbarsten
onder gelukzalig gelach?

Moeder zong de regels steeds opnieuw. Toen het gezang ophield, bleef Ze in een verheven stemming met tranen die over Haar wangen druppelden. Iedereen die aanwezig was boog stil in zijn hart voor Haar.

Het was tijd voor de gewone bhajans. Moeder en de anderen gingen naar de kalari en het zingen begon: *Kezhunnen manasam, Amma...*

O Moeder, mijn geest huilt.
Moeder, mijn Moeder, kunt U mij horen?
Met een pijnlijk hart heb over het hele land gezworven, op
zoek naar U.
Wat moet ik nu doen, Moeder?

Wat voor zonde heeft dit hulpeloze kind begaan
dat U haar zo'n onverschilligheid toont?
Moeder, ik zal Uw Voeten die als bloemen zijn,
met mijn hete tranen wassen.

Moeder, ik verzwak door de ondraaglijke last
van daden uit het verleden.
Moeder, talm niet om bescherming te geven
aan deze nederige dienaar, die helemaal uitgeput is.

Moeder die een paar ogenblikken terug dienstverlening omschreven had als synoniem met devotie, huilde nu uit liefde voor de Moeder van het Universum. Wie zou zich niet verwonderen over Moeders ondoorgrondelijke en snel veranderende bhava's als hij dit spel van stemmingen zag?

Woensdag 26 februari 1986

De Moeder die met een stok straft

Manju, een meisje dat in de ashram woonde en dat meerdere dagen niet bij Moeder had kunnen zijn, bleef vandaag thuis en ging niet naar school, omdat ze hoopte wat tijd met Moeder te kunnen doorbrengen. Toen Moeder erachter kwam waarom Manju spijbelde, bedreigde Zij het meisje met een riet en begeleidde haar naar de veerboot. Toen Moeder naar de hut terugkeerde

99

om darshan te geven, werd Ze begroet door een kleine jongen en zijn vader.

De vader van de jongen: "Mijn zoon stond erop om U te zien, Amma. Dus moest ik hem hiernaartoe brengen. Ik liet hem zelfs van school wegblijven. Hij was het er niet mee eens toen ik hem zei tot zondag te wachten wanneer er geen school is."

Moeder: "Zojuist heeft Amma een meisje naar school gejaagd met een riet! Wil je niet naar school gaan, zoon?"

Jongen: "Nee, ik wil bij Amma zijn!"

Moeder (lachend): "Als je hier blijft zal Amma's stemming plotseling veranderen. Ken je die boom aan de voorkant met veel kleine takjes? We laten die boom daar groeien alleen om kinderen een pak slaag te geven! Blijf dus niet van school weg om hier te komen, zoon. Je bent Amma's kind, nietwaar? Ga dan naar school en slaag voor je examens en dan zal Amma je natuurlijk hier laten blijven."

De jongen smolt voor Moeders affectie, vooral toen Ze Haar liefde bezegelde met een kus op zijn wangen.

Sannyasa is alleen voor de dapperen

Een toegewijde kwam naar voren en knielde voor Moeder. Hij vertelde Moeder dat één van zijn vrienden die getrouwd was en twee kinderen had, zijn gezin zojuist verlaten had. Hij had een leven in luxe geleid hoewel hij geen vast inkomen had en hij had zich diep in de schulden gestoken. Toen de crediteuren hem thuis lastig vielen en hij geen uitweg uit zijn problemen kon vinden, was hij thuis weggegaan en zei dat hij *sannyasi* zou worden. De toegewijde vroeg Moeder: "Is het ashramleven voor veel mensen niet een vlucht uit het echte leven? Wanneer mensen ondraaglijke moeilijkheden en problemen onder ogen moeten zien, nemen ze *sannyasa* aan."

Moeder: "Zulke mensen zullen niet in staat zijn om dat vol te houden. Ze zullen in het spirituele leven niet kunnen volharden. Het spirituele leven is voor hen die sterk en dapper zijn. Sommige mensen trekken het oker kleed in een opwelling aan zonder er zorgvuldig over na te denken. Hun leven zal vol teleurstellingen zijn.

Iemand met een gezin zorgt alleen voor zijn vrouw en kinderen. Hij hoeft alleen aan hun problemen aandacht te schenken. Maar een spiritueel iemand moet de last van de hele wereld dragen. In geen enkele situatie mag hij wankelen. Hij moet standvastig zijn in zijn geloof en spirituele wijsheid. Hij mag niet zwak zijn. Zelfs als iemand hem slaat of als een vrouw probeert hem aan te raken, mag hij geen duimbreed wijken. Zijn leven mag nooit beïnvloed worden door de woorden of daden van iemand anders.

Maar tegenwoordig zijn de mensen niet zo. Als iemand uit kwaadheid een paar beledigende woorden uit, is men bereid om die persoon onmiddellijk en ter plaatse te doden. Als zij niet onmiddellijk wraak kunnen nemen, zullen ze voortdurend nadenken over een manier om terug te slaan. Het evenwicht in hun leven is afhankelijk van een paar woorden uit de mond van anderen. Een echt spiritueel iemand is helemaal niet zo. Hij oefent zich om stevig in zichzelf verankerd te blijven. Hij leert waar het in het leven echt om gaat. Een spiritueel leven is onmogelijk zonder echt onderscheid en onthechting.

Er was eens een vrouw die nooit tevreden was met wat haar man verdiende. Ze gaf hem voortdurend op zijn kop. Het enige wat de man ooit van haar hoorde was de roep om meer en meer totdat hij tenslotte het leven moe werd. Hij dacht erover om zelfmoord te plegen maar kon zich er niet toe brengen. Hij besloot om thuis weg te gaan om sannyasi te worden. Hij reisde een tijdje totdat hij een guru vond. Voordat de guru hem als leerling accepteerde vroeg hij hem: 'Ben je thuis weggegaan vanwege onenigheid in je gezin of omdat je echte onthechting bereikt hebt?'

De man zei: 'Ik ben thuis weggegaan in de hoop sannyasi te worden.'

'Heb je geen verlangens?'

'Nee, ik heb geen verlangens.'

'Dus je hebt geen verlangen naar rijkdom en macht?'

'Nee, ik wil niets. Ik ben nergens in geïnteresseerd.'

Nadat de guru nog wat vragen gesteld had, accepteerde hij de man als leerling en gaf hem een *kamandalu*[30] en een staf.

Een paar dagen later gingen de guru en de leerling op pelgrimstocht. Toen zij zich moe voelden, rustten zij aan de oever van een rivier. De leerling legde zijn kamandalu en staf neer en ging zich in de rivier baden. Toen hij terugkwam kon hij zijn kamandalu niet vinden. Hij zocht overal en toen hij hem niet kon vinden, werd hij erg kwaad.

De guru zei: 'Je hebt me gezegd dat je aan niets gehecht bent. Waarom maak je dan zo'n drukte over een kamandalu? Zet het uit je hoofd en laten onze reis voortzetten.'

De leerling zei: Maar zonder dat ding kan ik niets drinken. Ik heb geen kom om water in te bewaren!'

De guru zei: 'Je hoort zonder verlangens te zijn en toch klamp je je vast aan zo'n klein verlangen. Zie alles als Gods wil.'

Maar de leerling bleef bezorgd. Toen de guru dit zag, gaf hij hem zijn kamandalu terug. De guru had hem verborgen om hem te testen.

Ze zetten hun reis voort. Rond de tijd voor het middageten kreeg de leerling erge honger, maar de guru gaf hem niets te eten. Toen de leerling klaagde, zei de guru: 'Een spiritueel iemand heeft geduld en uithoudingsvermogen nodig. Hij moet door kunnen

---

[30] Een kom gemaakt van de buitenkant van een kokosnoot met een handvat en een gebogen tuit die monniken gebruiken om water en voedsel in te verzamelen.

zetten zonder te wankelen zelfs als hij een dag geen eten krijgt. Hoe kun je nu al zo zwak van de honger zijn? Het is pas middag! Zich te goed doen aan eten moet één van de eerste dingen zijn die een spirituele zoeker opgeeft. De maag moet als eerste kleiner worden in een spiritueel leven.'

De guru gaf de leerling een kruidenpoeder dat hij met water moest mengen om zijn honger te onderdrukken. De leerling kon de bittere smaak niet verdragen en hij gaf over. Toen besloot hij dat hij er genoeg van had, dat hij liever thuis de scheldpartijen van zijn vrouw onderging dan het leven van een sannyasi voortzette. Dus vroeg hij de guru toestemming om naar huis te gaan.

De guru zei: 'Wat stond jou voor ogen toen je vertrok om sannyasi te worden?'

De leerling antwoordde: 'Ik had nooit gedacht dat het zoiets zou zijn. Ik dacht dat ik eenvoudig iedere dag een bad zou moeten nemen, heilige as opdoen en ergens zitten met mijn ogen dicht. Ik dacht dat de mensen zouden komen en zouden buigen en me *bhiksha* (aalmoezen) zouden geven en dat ik volop te eten zou hebben op regelmatige tijden zonder ervoor te werken.' En zo ging hij terug naar zijn vrouw.

Dit is wat er zal gebeuren als men aan sannyasa begint vanwege ruzie met anderen, uit wrok of als men eenvoudig probeert voor het leven weg te lopen zonder echte *vairagya* (onthechting) ontwikkeld te hebben.

We moeten niet het leven van iemand die de wereld opgeeft aannemen zonder eerst te leren om onderscheid te maken tussen het eeuwigdurende en het voorbijgaande en zonder eerst onthechting te ontwikkelen. Ons doel op het spirituele pad moet zijn om ons in te leven in hen die ziek en arm zijn en in hen die op enige manier lijden, en een leven van onbaatzuchtige dienstverlening te leiden dat aan het welzijn van anderen gewijd is. Iedere ademhaling van een spiritueel iemand moet een ademhaling zijn met sympathie voor hen die in deze wereld lijden, en niet voor zijn eigen comfort. Tegelijkertijd moet hij voortdurend innerlijke kracht ontwikkelen door onophoudelijk te bidden: 'God, waar bent U? Waar bent U?'

Terwijl een gewoon iemand als een kaars is, schijnt een sannyasi als de zon die aan duizenden licht geeft. Hij is zelfs niet bezorgd over zijn eigen bevrijding. Verzaking betekent dat je bereid bent de wereld alle kracht aan te bieden die je door je sadhana verkregen hebt. Dat is het enige doel van een sannyasi. Een spiritueel mens is iemand die niets anders wil dan een leven van verzaking leiden.

Pas nadat Amma de kinderen die hier kwamen, op verschillende manieren getest had, stond ze hun toe hier te blijven. Ze gaf hun slechts één maal per dag te eten en gaf hun smakeloos voedsel zonder zout of specerijen. Maar zij accepteerden het blij. Ze hadden zelfbeheersing. Amma testte hen om te zien of ze smakelijk voedsel voor zichzelf te pakken probeerden te krijgen nadat ze aan een leven van dienstverlening begonnen waren. Ze hield hen ook in de gaten om te zien of ze alleen maar zaten te mediteren om geen werk te hoeven doen. Hoeveel tapas ze ook doen, ze moeten ook helpen met het noodzakelijke ashramwerk. Als ze niet bereid zijn om dat te doen, zullen ze lui worden en zullen ze de samenleving alleen schade toebrengen.

Amma heeft hun gezegd dat als ze geen speciale taak hebben, ze in ieder geval de grond rond een paar kokospalmen konden bewerken. Ze deden alle soorten werk en ze houden vol ook al hebben ze allerlei tests moeten doorstaan.

Amma heeft diezelfde alertheid gezien in alle kinderen die hier tot nu toe gekomen zijn. Zij die dat niet hebben, zullen niet kunnen blijven en zullen uiteindelijk naar het wereldse leven terug moeten keren."

Het was drie uur toen Moeder naar Haar kamer ging.

Vrijdag 28 februari 1986

Het principe van ahimsa

Het Matruvani-tijdschrift zou de volgende dag verstuurd worden. Er was nog veel werk te doen en het was al laat in de middag. Moeder en de brahmachari's zaten op de veranda voor de meditatieruimte tijdschriften in enveloppen te stoppen en postzegels erop te plakken. Peter die uit Nederland kwam, ging naar de veranda. Op een kwade toon vroeg hij brahmachari Nealu[31]: "Wie heeft er besloten dat er insecticide op de rozenstruiken gespoten moest worden? Die arme weerloze insecten horen niet zo gedood te worden." Nealu vertaalde zijn woorden voor Moeder, maar Moeder ging door met werken zonder commentaar te geven. Ze wierp alleen een blik op Peter.

Met een verdrietige uitdrukking op zijn gezicht stond Peter alleen op een afstand van de groep.

Na een tijdje riep Moeder hem: "Peter, mijn zoon, haal bij Gayatri[32] wat water voor Amma om te drinken."

Peter keek nog steeds verdrietig toen hij Moeder het water gaf. Moeder nam het glas aan en zei: "Dit is gekookt water, nietwaar? Vers water is goed genoeg voor Amma."

Peter: "Ik zal gefilterd water halen, Amma. Of wilt U wat kokoswater?"

Moeder: "Amma wil eenvoudig ongekookt water."

Peter: "Het is beter om geen ongekookt water te drinken, Amma. U zou ziek kunnen worden."

Moeder: "Maar zo veel levende wezens sterven wanneer wij het water koken. Is dat geen zonde, zoon?"

Peter had geen antwoord.

---

[31] Swami Paramatmananda

[32] Swamini Amritaprana

Moeder: "Denk eens na hoeveel levende wezens omkomen wanneer wij lopen omdat ze doodgedrukt worden door onze voeten. Hoeveel organismen sterven er wanneer wij ademen! Hoe kan het vermeden worden?"

Peter: "Ik geef toe dat we hier niets aan kunnen doen, maar we kunnen op zijn minst vermijden om de planten te bespuiten."

Moeder: "Okay. Stel dat jouw kind of Amma ziek wordt. Zou je er niet op staan dat wij medicijnen gebruiken?"

Peter: "Ja, natuurlijk. Het belangrijkste is dat U beter wordt."

Moeder: "Maar bedenk eens hoeveel miljoenen ziektekiemen omkomen wanneer wij de medicijnen innemen"

Opnieuw had Peter geen antwoord.

Moeder: "Het volstaat dus niet om medelijden te voelen voor de ziektekiemen, nietwaar? Aan wie kan de rozenplant zijn verdriet vertellen wanneer hij door de wormen wordt aangevallen? Moeten wij hem niet beschermen omdat wij zijn verzorgers zijn?"

De schaduw was van Peters gezicht verdwenen.

Het gebruik van bhasma, sandelpasta en rudrakshakralen

Een groep jongelui kwam Moeder opzoeken. Zij stonden op een afstand en observeerden Haar een tijdje totdat ze tenslotte dichterbij kwamen en met het werk meededen. Zij schenen Moeder wat vragen te willen stellen, maar iets hield hen tegen. Eén van hen had bhasma over zijn hele voorhoofd gesmeerd en tussen en net boven de wenkbrauwen had hij een teken van sandelhoutpasta aangebracht met een stip van kumkum in het midden. Hij stootte degene die naast hem zat, aan en zei: "Zie je wel, Amma heeft ook bhasma op."

"Waar praten jullie over, kinderen?" vroeg Moeder.

Jongeman: "Amma, mijn vrienden vinden het dwaas dat ik deze tekens opdoe. Ze houden me voor de gek en zeggen dat ik als een tijger geverfd ben."

De andere jongemannen leken in verlegenheid gebracht. Eén van hen vroeg: "Waarom doen mensen al die as en sandelhout-pasta op hun voorhoofd? Wat is de reden?"

Moeder: "Kinderen, we gebruiken sandelpasta en heilige as, maar denken we na over de betekenis daarvan? Wanneer we as in onze handen nemen, moeten we denken aan de vergankelijke aard van dit leven. Vandaag of morgen veranderen we in een handvol as. Om ons hiervan meer bewust te worden gebruiken we bhasma. Wanneer de minnaar zelfs maar de zoom van de sari van zijn geliefde in het oog krijgt, denkt hij aan haar. Op dezelfde manier zijn heilige as, sandelpasta en *rudraksha*-kralen bedoeld om ons aan God te herinneren en om in ons de herinnering van het Zelf wakker te maken. Hoe belangrijk of gewoon we ook zijn, we kunnen ieder moment sterven. Daarom moeten we leven zonder aan iemand anders dan aan God gehecht te zijn. De mensen aan wie we gehecht zijn zullen op het eind niet met ons meegaan."

Jongeman: "En wat vindt U van het gebruik van sandel-pasta?"

Moeder: "Sandelhout heeft geweldige geneeskrachtige eigen-schappen. Door sandelpasta op bepaalde delen van het lichaam te doen koelen de zenuwen en het lichaam af en worden zij gezonder. Er ligt ook een symbolisch principe ten grondslag aan het dragen van sandelpasta. Sandelhout is geurig. Die geur wordt in het hout gevonden en nergens anders. Op dezelfde manier moeten wij ons realiseren dat oneindige gelukzaligheid in onszelf gevonden moet worden en we moeten in overeenstemming met deze waarheid leven.

Als een stuk sandelhout buiten in de modder ligt, zal het buitenste deel ervan rotten en vies ruiken. Maar wat een fantastische geur komt er van datzelfde stuk sandelhout als we het schoonmaken en over een steen wrijven. Op dezelfde manier kunnen wij niet van de geur van het innerlijke Zelf genieten zolang we in wereldse zaken verdiept zijn. We vernietigen het Bewustzijn in ons door achter alledaagse zintuiglijke genoegens aan te rennen. Zonder het ons te realiseren verspillen we ons lichaam en onze zintuigen aan genietingen die slechts een paar momenten duren. Hieraan herinnert sandelpasta ons. Als we dit leven gebruiken om het Zelf te leren kennen, kunnen we voor altijd in gelukzaligheid leven."

Jongeman: "Waarom dragen mensen rudraksha-kralen?"

Moeder: "Het rudraksha-zaad symboliseert totale overgave. De kralen worden aan een draad geregen die een mala vormt. De kralen worden door die draad bij elkaar gehouden. Ieder van ons is een parel die geregen is aan de draad van het Zelf. Een rudraksha-mala herinnert ons aan deze waarheid en leert ons om ons volledig aan God over te geven."

Aanbidding in een tempel

Jongeman: "Als we mensen vertellen dat we naar de ashram gaan, houden ze ons voor de gek. Ze zeggen dat tempels en ashrams bedoeld zijn voor oude mensen."

Moeder: "Tegenwoordig bekritiseren mensen de tempels, maar tempels zijn bedoeld om spirituele gedachten te versterken en om goede eigenschappen in mensen te ontwikkelen.

We zien politiek geëngageerde arbeiders met hun vlaggen marcheren. Stel dat iemand één van die vlaggen kapotscheurt of hem verbrandt of erop spuugt. Ze zullen hem doodslaan! Maar wat is een vlag? Het is gewoon een stuk stof. Als je hem verliest, kun je zoveel nieuwe kopen als je wilt. Maar een vlag is meer dan een stuk materie. Het symboliseert een ideaal en daarom tolereren de mensen het niet als je er geen respect voor toont. Op dezelfde manier is een tempel een symbool voor God. We zien God in de beelden daar. Wanneer we de tempel binnengaan en darshan ontvangen, komen er goede gedachten in onze geest op en we herinneren ons het echte ideaal. De atmosfeer in een tempel verschilt erg van die van een slagerij of een bar. De atmosfeer is gezuiverd door de heilige gedachten van talloze aanbidders. Zo'n plaats van devotie geeft troost aan hen die lijden net als de verkoelende schaduw van een boom in de hete zon of als een warme deken in de kou. We kunnen spiritueel vooruitgaan door God in de tempel te aanbidden en door de goede samskara van zo'n plaats in ons op te nemen.

Er zou minstens één tempel in ieder dorp moeten zijn. Vandaag de dag wordt iedereen door egoïstische gedachten in beslag genomen. De tempel kan de slechte vibraties verwijderen die door deze gedachten gecreëerd worden. De atmosfeer zal gezuiverd worden zelfs door slechts twee seconden concentratie die we ervaren als we in een tempel God aanbidden.

Mensen vragen: 'Hoe kan God in een beeld leven. Moeten we de beeldhouwer die het beeld gemaakt heeft, niet aanbidden?' Maar als je naar een schilderij van je vader kijkt, zie je dan je vader of de schilder? God is overal. Je kunt Hem niet met je ogen zien maar wanneer je het beeld in de tempel ziet, herinner je je God. Die herinnering zal je zegenen en zal je geest zuiveren."

Een jongeman: "Amma U heeft onze twijfels weggenomen. Ik zet gewoonlijk een stip van sandelpasta op mijn voorhoofd, maar ik had geen idee van de betekenis. Mijn ouders deden het, dus deed ik hetzelfde. Steeds wanneer mijn vrienden er iets over vroegen, wist ik niet wat ik moest zeggen. Veel mensen die in God geloofden toen zij nog een kind waren, hebben hun geloof verloren. Zij zijn de slaaf van alcohol en tabak geworden. Als er iemand geweest zou zijn die hun deze dingen logisch uitgelegd had, dan hadden ze zichzelf niet naar de ondergang geholpen. Ik zou misschien ook die weg opgegaan zijn maar ik kon me niet helemaal van God afwenden door een angst die ik voelde. Ik zal hier met een aantal vrienden terugkomen, Amma. Alleen U kunt hen op de juiste weg brengen."

Moeder (lachend): "Namah Shivaya! Zoon, iemand die in God gelooft en de goddelijke principes als zijn ideaal volgt, kan geen slaaf van slechte gewoonten worden. Omdat hij in zichzelf verblijft, zoekt hij zijn geluk in zichzelf en niet buiten zichzelf. Hij ontleent zijn geluk aan God die in hem verblijft. Niets uiterlijks kan hem binden. Amma staat er niet op dat iedereen God in zijn leven accepteert, maar waarom zou je een slaaf van slechte gewoontes worden? Waarom zou je een last worden voor je ouders en de samenleving? Tegenwoordig is het mode om te drinken, te roken en met geld te smijten. Het is jammer dat de politici en andere invloedrijke mensen geen moeite doen om jonge mensen van deze dingen af te houden. Als zij geen voorbeeld geven, hoe zullen anderen dan ooit spirituele idealen leren en in zich opnemen?"

Moeder opende een exemplaar van de Matruvani. Toen Ze zag dat één van de pagina's niet juist gedrukt was omdat er een vouw in zat, zei Ze: "Kinderen, voordat jullie de tijdschriften in de enveloppen doen, moeten jullie de exemplaren doorbladeren en iedere pagina controleren. Vinden jullie niet dat de ashram-bewoners alert moeten zijn en zorgvuldig aandacht aan alles moeten schenken?"

Een brahmachari bracht zakjes met bhasma en snoepjes op een bord. Moeder gebaarde dat de jonge bezoekers dicht bij Haar konden komen. "Kom, mijn kinderen!" zei Ze. De jongelui die Haar voor de eerste keer ontmoetten, ontvingen prasad uit Haar heilige handen en namen toen afscheid van Haar, voldaan dat

sommige twijfels die hen dwarsgezeten hadden, tenslotte opge-
ruimd waren.

Maandag 10 maart 1986

Sadhana doen met de guru

De waterleiding naar de ashram was kapot. Het zou een paar
dagen duren voordat hij gerepareerd was. De afgelopen nachten hadden de bewoners water gehaald aan de overkant van de
backwaters waar één enkele openbare kraan was. De plaatselijke
bewoners gebruikten de kraan overdag en dus gingen de ashrambewoners 's nachts water halen. Nadat de brahmachari's de backwaters in een boot overgestoken waren, vulden zij hun emmers
en keerden dan terug naar de ashramsteiger waar Moeder en de
andere brahmachari's hen hielpen om het water van de boot naar
de ashram te dragen. Het werk ging gewoonlijk door tot vier of
vijf uur 's ochtends.

Het was nu middernacht. Eén lading water was zojuist in de
ashram afgeleverd. De brahmachari's waren het kanaal overgestoken om de volgende lading te halen. Moeder lag in het zand
aan de rand van de backwaters. Iemand had voor Haar een laken
uitgespreid om op te liggen, maar Ze had zich omgedraaid en
lag nu in het zand. In een vuur vlakbij werden droge bladeren en
afval verbrand, wat rook veroorzaakte om de zwermen muggen
weg te jagen.

Terwijl de brahmachari's op de volgende lading water wachtten, zaten zij rondom Moeder te mediteren. Het water aan de
andere kant van het kanaal stroomde zo langzaam uit de kraan
dat het minstens twee uur zou duren voordat de boot met de
volgende lading zou terugkomen. Na een tijdje stond Moeder

uit het zand op en wierp meer bladeren in het vuur dat oplaaide tot een razende vuurzee.

Moeder: "Kinderen, stel je voor dat de vorm van je Geliefde Godheid in dit vuur staat. Mediteer daarop."

Een brahmachari hield het vuur brandend. Het omliggende landschap en de stille backwaters glansden in het maanlicht waardoor het leek alsof het land en het water bedekt waren met een deken die geweven was van glinsterend zilver. Een diepe stilte vulde de nacht. De stilte werd alleen af en toe verbroken door het gejank van een paar honden op de andere oever. Toen klonk Moeders lieve stem door de ruimte. Ze zong: *Ambike Devi Jagannayike Namaskaram...*

O Moeder, Godin van het Universum,
ik buig voor U.
Schenkster van vreugde, ik buig voor U.

O Moeder, wier aard vrede is,
en die almachtig is,
U bent de Grote Misleidster,
zonder begin of einde.
O Moeder die het diepste Zelf is,
ik buig voor U.

Kennis, spraak en intelligentie,
alles is alleen maar U.
O Devi, U bent het die mijn geest beheerst.
Als dit zo is, Goedgezinde,
hoe kan ik dan ooit Uw grootheid omschrijven?
Ik ken de kiemmantra's niet
die nodig zijn om U te aanbidden.
Alles wat ik kan doen is voor U buigen.

O Moeder, U laat uw grote mededogen uitstromen
over de toegewijde die zich U voortdurend herinnert.
Uw glorie is onvoorstelbaar.

Toen de kirtan ophield, herhaalde Moeder drie maal 'Om'. De goddelijke lettergreep weerklonk uit ieders mond.

Moeder: "Kinderen, visualiseer een stil, helder vuur zoals dit in je hart of tussen je wenkbrauwen. De nacht is de ideale tijd voor meditatie."

De boot kwam terug met water en het werk begon opnieuw. Toen de boot weer met lege emmers voor meer water terugging, vroeg Moeder iedereen om weer met mediteren verder te gaan. Zo ging de nacht voorbij met een combinatie van werk en meditatie tot vijf uur 's ochtends. Omdat het een darshandag was, zou de stroom toegewijden spoedig beginnen. Wanneer zou Moeder een beetje rust krijgen? Voor Haar scheen er niet zoiets als rust te bestaan.

Woensdag 12 maart 1986

Werk dat men met shraddha doet, is meditatie

Al het werk dat te maken had met de ashram, werd door de bewoners gedaan en hun taken wisselden vaak. Zoals Moeder vaak zei: "De brahmachari's moeten van alle markten thuis zijn. Ze moeten ieder soort werk kunnen doen."

Deze morgen begon Moeder om zeven uur de ronde te doen over de ashram. Ze pakte stukken papier en snoeppapiertjes op die op de grond lagen. Toen Ze bij de koeienstal aan de noordkant van de ashram kwam, richtten de koeien hun kop op en keken Haar aan. Ze streelde hun voorhoofd met de affectie van een moeder voor haar kinderen. De vloer voor één van de koeien was bedekt met gemorste *pinnak*[33] gemengd met water. De koe had de emmer omgeduwd toen ze eruit dronk. Moeder maakte de emmer schoon en nam toen wat water om de vloer schoon te spoelen. De brahmachari die bij Haar stond wilde helpen, maar Moeder stond het niet toe. De uitdrukking op Moeders gezicht maakte het duidelijk dat het pijnlijk voor Haar was dat de koe haar drinken niet met de juiste aandacht gekregen had. Toen Moeder klaar was met het schoonmaken van de vloer, ging Ze direct naar de hut waar de brahmachari verbleef die verantwoordelijk voor de koeien was.

"Mijn zoon," zei Ze tegen hem, "ben jij niet degene die de koeien iedere morgen te drinken geeft?"

Uit Moeders vraag begreep de brahmachari dat hij iets verkeerd gedaan had, maar hij kon er niet achterkomen wat het was. Hij stond daar zwijgend.

Moeder ging verder: "Zoon, de eerste eigenschap die een sadhak moet hebben is shraddha. Geef je de koeien zo te drinken? Eén van de koeien heeft alles omgestoten zodat het op de vloer ligt. Is dit niet gebeurd door jouw gebrek aan aandacht? We hebben je verteld dat je bij de koeien moet blijven totdat ze klaar zijn met drinken. De koe heeft de pinnak gemorst omdat jij je instructie niet hebt opgevolgd, is het niet? Als je niet bij je werk kunt blijven totdat het klaar is, zal Amma het zelf doen. Je moet de koe als een moeder zien. Voor de koeien zorgen is een manier om God te aanbidden. Zoon, die koe moest hongerlijden door jou onzorgvuldigheid. En omdat je haar zonder begeleiding achterliet, werd er veel pinnak verspild."

De brahmachari realiseerde zich zijn fout. Hij probeerde uit te leggen waarom hij uit de koeienstal was weggegaan: "Ik ben vroeg weggegaan omdat het tijd was om te mediteren."

---

[33] De pulp die overblijft nadat men de olie uit kokosnoten of andere zaden gehaald heeft.

Dit antwoord bevredigde Moeder niet: "Als je werkelijk aan meditatie toegewijd zou zijn, zou je de koeien wat eerder gevoerd hebben zodat je op tijd voor de meditatie klaar zou zijn. Het is een zonde om het arme dier honger te laten lijden omwille van de meditatie. Wat is meditatie? Betekent het alleen dat je met je ogen dicht zit en niets anders? Ieder werk dat je met japa en voortdurend denken aan God doet, is ook meditatie."

Brahmachari: "Amma, een paar dagen geleden hebt U gevast zonder zelfs water te drinken omdat er twee brahmachari's te laat waren voor de meditatie. Ik wilde niet dat dat door mij opnieuw gebeurde." Zijn ogen waren vol tranen toen hij sprak.

Moeder veegde zijn tranen af en zei geruststellend: "Wat heeft Amma gezegd dat jou zo van streek maakt, mijn zoon? Ze wil gewoon dat je er van nu af aandacht aan besteedt. Amma was een paar dagen geleden heel serieus omdat die twee zonen de meditatie met opzet vermeden. Ze hadden later kunnen lezen en schrijven. Maar jouw geval is anders. Jij deed werk dat Amma je gegeven had. Dat verschilt niet van meditatie omdat toewijding aan je werk een vorm van meditatie is. Je inzet voor het werk dat jou is toevertrouwd, toont je niveau van overgave en de intensiteit waarmee je op het Doel gericht bent. Werken alleen om meditatie te vermijden of mediteren om werk te vermijden, beide moeten vermeden worden."

Moeder tolereerde geen enkele overtreding van de ashram-regels. Alles moest op tijd gedaan worden. Men mocht niet wegblijven of te laat komen voor de meditatie of de Vedanta- en Sanskriet lessen. Ze gaf de brahmachari's een paar keer op hun kop en als dat niet hielp, nam Zij de straf op zich door te vasten, waarbij Ze soms zelfs geen water nam. De zwaarste straf voor de brahmachari's was te weten dat Moeder vanwege hun gedrag niet at.

Moeder en de brahmachari's liepen maar de *kalari-manda-pam* waar iedereen zat te mediteren. Moeder ging bij de muur in de lotushouding zitten met het gezicht naar het oosten. De brahmachari die met Haar meegekomen was, zat dicht bij Haar. Na de meditatie kwam iedereen naar Moeder, knielde en verzamelde zich rondom Haar.

Concentratie

Een brahmachari nam van de gelegenheid gebruik om Haar te vertellen over een probleem dat hij had: "Amma, ik kan me niet concentreren als ik mediteer. Ik voel me daar heel rot over," zei hij.

Moeder glimlachte en zei: "Kinderen, jullie bereiken *ekagrata* (concentratie) niet ineens. Daar is voortdurend inspanning voor nodig. Verbreek de discipline van sadhana niet enkel omdat je geest zich niet kan concentreren. Jullie moeten je sadhana met strikte regelmaat doen. Jullie hebben standvastig enthousiasme nodig. Je moet je ieder ogenblik herinneren dat je een spirituele aspirant bent.

Er was eens een man die naar de backwaters ging om te vissen. Hij ontdekte een school grote vissen dicht bij de oever. Hij besloot om een dam van modder rond die plek te bouwen en dan het water achter de dam eruit te halen om de vis te vangen. Hij bouwde de dam en omdat hij geen bakje bij zich had, begon hij het water met zijn handen eruit te scheppen. De dam brak van tijd tot tijd, maar hij gaf het niet op. Hij ging door met het werk met veel geduld en met absoluut vertrouwen in wat hij deed. Hij dacht aan niets anders. Tegen de avond had hij de plas achter de dam leeggemaakt en had volop vis gevangen. Hij ging gelukkig naar huis, ruim beloond voor het werk dat hij met zoveel vertrouwen, geduld en niet aflatende toewijding had uitgevoerd.

Kinderen, wees niet ontmoedigd als jullie geen resultaat zien ondanks al jullie inspanning. Iedere herhaling van de mantra heeft effect. Je bent je er alleen niet van bewust. En zelfs als je geen doelgerichte concentratie bereikt, zul je er toch baat bij vinden dat je op regelmatige tijden mediteert. Door constante japa zullen de onzuiverheden in je geest verdwijnen zonder dat je je daar zelfs bewust van bent en je concentratie zal tijdens de meditatie toenemen.

Het is voor jullie niet moeilijk om aan je ouders te denken, je familie, vrienden of aan je favoriete eten. Je kunt hen voor de geest halen zodra je aan hen denkt en je kunt ze daar vasthouden zolang je wilt. Dit is mogelijk doordat jullie al zo lang met hen omgaan. Je hoeft de geest niet te leren of te trainen om aan wereldse dingen te denken omdat de geest daaraan gewend is. Je moet een zelfde gehechtheid aan God opbouwen. Dat is het doel van japa, meditatie en satsang. Voortdurende inspanning is echter nodig, en door die inspanning zullen de vorm van je Geliefde Godheid en de mantra die op die vorm betrekking heeft, even natuurlijk als wereldse gedachten in je geest opkomen. Wat je ook denkt of ziet, je zult voortdurend je bewustzijn van God behouden. Voor jou zal er geen wereld los van God zijn.

Kinderen, wees niet ontmoedigd als je in het begin geen echte concentratie krijgt. Als je constant probeert, zul je zeker slagen. Jullie moeten altijd de houding hebben: 'Alleen God is eeuwig. Als ik Hem niet leer kennen, is dit leven vergeefs. Ik moet Hem zo snel mogelijk zien!' Dan zul je vanzelf concentratie krijgen. Kinderen, er zijn geen obstakels op de weg van iemand die zich voortdurend van het Doel bewust is. Voor hem beschouwen we alle omstandigheden als gunstig."

Brahmachari: "Ik kan 's morgens niet mediteren omdat ik me dan zo slaperig voel."

Moeder: "Zoon, als je je slaperig voelt onder de meditatie, herhaal dan je mantra terwijl je ondertussen je lippen beweegt. Als je een mala hebt, houd die dan dicht bij je hart en herhaal je mantra. Dit zal je alerter maken. Wanneer je gaat zitten medite-ren, moet je rug recht zijn. Alleen luiheid maakt dat je met een ronde rug wilt zitten. Als je je ondanks dit alles slaperig voelt, sta dan op en herhaal je mantra. En je moet nergens op leunen wanneer je staat. Wanneer je op iets leunt, raakt je geest gehecht aan dat gemak. Als je je slaperigheid nog niet kunt overwinnen, ren dan een tijdje en ga dan verder met je meditatie. Verdrijf de tamas met rajas. Hatha yoga is ook nuttig.

Alleen als je echte lakshya bodha hebt, zal je slaperigheid ver-dwijnen. Sommige mensen die in fabrieken nachtdienst hebben, slapen soms twee of drie nachten achter elkaar niet. Toch vallen ze bij de machines niet in slaap, want als ze hun concentratie zelfs maar een moment verliezen, kunnen hun handen tussen de machines komen. Zij zouden hun handen kunnen verliezen en ook hun werk. Omdat ze dit weten, slagen ze erin om de slaap te verdrijven, hoe sterk die ook mag zijn. Wij moeten dezelfde alert-heid en waakzaamheid hebben wanneer we zitten te mediteren. We moeten begrijpen dat we ons leven verspillen als we ons aan slaap overgeven en de tijd van de meditatie verspillen. Dan zullen we niet aan slaap toegeven."

Het egoïsme van wereldlijke relaties

Moeder kwam uit de meditatieruimte en zag dat enkele toegewij-den erop wachtten om Haar te zien. Zij knielden voor Haar. Ze leidde hen naar de kalari mandapam en ging bij hen zitten. Eén toegewijde bood Moeder een schaal met fruit aan.

Moeder: "Hoe gaat het nu met je, zoon?"

De man liet zijn hoofd zakken zonder iets te zeggen. Zijn vrouw had hem voor een andere man verlaten en uit pure wan-hoop was hij begonnen te drinken. Vier maanden geleden had een vriend hem naar Moeder gebracht. Toen hij voor darshan naar Moeder was gegaan, was hij zo dronken dat hij niet goed bij zijn hoofd was. Moeder had hem niet onmiddellijk laten vertrekken. Ze hield hem drie dagen in de ashram en hij had nooit meer een druppel alcohol aangeraakt. Sindsdien kwam hij steeds wanneer hij vrije tijd had, naar Haar toe. Maar het deed hem duidelijk nog pijn dat zijn vrouw hem verlaten had.

Moeder: "Niemand houdt meer van een ander dan van zichzelf. Achter de liefde van iedereen is een egoïstisch zoeken naar zijn eigen geluk. Wanneer we niet het geluk dat we van een vriend verwachten krijgen, wordt onze vriend onze vijand. Dit kunnen we in de wereld zien. Alleen god houdt onzelfzuchtig van ons. En alleen door van Hem te houden kunnen wij anderen onzelfzuchtig liefhebben en dienen. Alleen Gods wereld is vrij van egoïsme. We moeten al onze liefde en gehechtheid alleen op Hem richten. Dan zullen we niet wanhopen als we door een ander in de steek gelaten worden of onjuist behandeld worden. Houd je aan God vast. Hij is alles wat je nodig hebt. Waarom zou je aan het verleden denken en treuren?"

Toegewijde: "Ik zit niet zo in de problemen als voorheen omdat ik nu Amma heb die me in ieder opzicht beschermt. Amma, Uw mantra is mijn steun steeds wanneer ik me rot voel." Moeder gaf hem wat bhasma en hij stond op om te vertrekken.

Toen hij vertrokken was zei Moeder tegen de anderen: "Kijk naar de ervaringen die mensen hebben! Dat zijn lessen voor ons. Houdt een man werkelijk van zijn vrouw? En is haar liefde voor hem echte liefde? En ook: waarom houden ouders van hun kinderen? Ze houden alleen van hen omdat ze uit hun eigen bloed en zaad voortkomen. Zouden ze anders niet evenveel van alle kinderen houden?

Hoeveel mensen zijn bereid om voor hun kinderen of echtgenoten te sterven? Ook al was die zoon bereid te sterven toen zijn vrouw hem in de steek liet, het was niet uit liefde voor haar maar voor zichzelf. Het kwam door de teleurstelling dat hij zijn eigen geluk verloren had. Als hij echt van zijn vrouw gehouden had, zou hij geaccepteerd hebben dat ze gelukkiger was met een ander. Haar geluk zou voor hem belangrijker geweest zijn dan wat dan ook. Dat is onzelfzuchtige liefde. En als zijn vrouw echt van hem gehouden had, zou ze zelfs niet naar het gezicht van een andere man gekeken hebben.

We zeggen dat we van onze kinderen houden, maar hoeveel mensen zijn bereid om hun leven op te offeren om hun kind van de verdrinkingsdood te redden? Een dochter kwam met haar verhaal naar Amma. Haar kind was in een diepe put gevallen. Ze zag haar kind vallen maar kon niets doen. Tegen de tijd dat er een paar duikers kwamen, was het kind dood. Waarom dacht de moeder er niet aan om in de put te springen om haar kind te redden? Negen en negentig procent van de mensen is zo. Heel zelden zal iemand zijn leven riskeren om een ander te redden. Daarom zegt Amma dat alleen God onzelfzuchtig van je houdt. Houd je stevig aan Hem vast. Dit betekent niet dat je niet van anderen moet houden. Zie God in iedereen en hou van die God. Dan zul je niet aan verdriet ten onder gaan als iemands liefde verdwijnt."

Een jongeman die de ashram voor de eerste keer bezocht, zat achter de anderen naar Moeder te luisteren. Maar hij luisterde zonder enige blijk van respect of eerbied. Toen Moeder ophield met praten, wees hij naar een foto van Moeder in Krishna Bhava en vroeg: "Bent U dat niet die een kroontje draagt en pauwenveren en dat soort dingen? Waarom bent U zo gekleed? Is dit een soort toneelstuk?"

Alle toegewijden draaiden zich om en staarden naar hem toen zij zo'n onverwachte vraag hoorden.

Een rol spelen voor de samenleving

Moeder: "Zoon, hoe weet je dat deze wereld zelf niet een toneelstuk is? Iedereen acteert in een toneelstuk zonder het zich te realiseren. Dit is een toneelstuk dat bedoeld is om mensen wakker te schudden uit een ander toneelstuk, het is een toneelstuk dat bedoeld is om hun onwetendheid te verwijderen.

Zoon, je bent naakt geboren. Waarom draag je kleren als je weet dat je echte vorm naakt is?"

Jongeman: "Ik ben een sociaal wezen. Ik moet de normen van de samenleving gehoorzamen, anders zal de samenleving mij bekritiseren."

Moeder: "Dus je draagt kleren omwille van de samenleving. Amma draagt Haar kostuum ook ter wille van diezelfde samenleving. Degenen die het Doel met het pad van *jnana* bereiken, kun je op de vingers van je hand tellen. Amma kan alle anderen niet negeren die alleen via het pad van devotie vooruit kunnen komen. Shri Shankaracharya die een exponent van Advaita was, richtte ook tempels op, nietwaar? Hij zei dat God bewustzijn was, maar liet hij zo niet zien dat een gewone steen ook God is. En schreef hij de *Saundarya Lahari* niet, waarin hij de vorm van de Goddelijke Moeder beschrijft? Dezelfde *Vyasa* die de *Brahma Sutra's* schreef, schreef ook de *Shrimad Bhagavatam*. Omdat zij zich realiseerden dat de filosofie van non-dualiteit en Vedanta door gewone mensen niet verteerd kunnen worden, probeerden zij de devotie in mensen te versterken.

Zoon, Amma kent Haar eigen aard en werkelijke vorm heel goed, maar de mensen van vandaag hebben wat instrumenten nodig om het Hoogste Principe te realiseren. Beelden van God zijn nodig om het geloof en de devotie van de mensen te laten groeien. Het is gemakkelijker om een kip te vangen door hem voedsel te geven dan door hem achterna te rennen. Wanneer hij het voedsel ziet, zal hij dichterbij komen en dan kun je hem pakken. Om gewone mensen op te tillen naar het spirituele niveau, moeten we eerst naar hun niveau afdalen. Hun geest kan alleen namen en vormen begrijpen, dus alleen door namen en vormen kunnen we hen helpen om hun geest te verheffen. Denk aan het uniform van een advocaat of een politieagent. Wanneer de politieagent in zijn uniform verschijnt, is er orde en discipline. Maar de mensen zullen een heel andere houding hebben als hij zijn vrijetijdskleding draagt, nietwaar? Dit is de betekenis van kostuums en sieraden.

Zij die de steen in het godsbeeld kunnen zien, het goud in de oorring, het riet in de stoel, de Grondslag van alles, de echte Essentie van alles, hebben dit allemaal niet nodig. Zij hebben de visie van Advaita al bereikt. Maar de meeste mensen hebben dat niveau niet bereikt. Daarom hebben ze al die dingen nodig."

De jongeman stelde geen vragen meer. Moeder sloot Haar ogen en mediteerde een poosje.

Het geheim van karma yoga

Toen Moeder Haar ogen weer opende, vroeg een toegewijde: "Zullen de activiteiten van een *karma yogi* die de wereld dient, ophouden wanneer hij spiritueel vordert?"

Moeder: "Dat hoeft zo niet te zijn. Activiteiten kunnen doorgaan tot het laatste einde."

Toegewijde: "Amma, wat is beter: bhakti of karma yoga?"

Moeder: "We kunnen niet echt zeggen dat bhakti yoga en karma yoga van elkaar verschillen, omdat een ware karma yogi een echte toegewijde is en een ware toegewijde een echte karma yogi is.

Niet iedere activiteit is per se karma yoga. Alleen die activiteiten die je onzelfzuchtig verricht, als een offer aan God, kunnen we karma yoga noemen. Evenmin kunnen we het lopen van vier ommegangen, het optillen van je armen en het groeten van de godheid als bhakti kwalificeren. Onze geest moet bij God verblijven en iedere handeling van ons moet een vorm van aanbidding zijn. We moeten onze Geliefde Godheid in iedereen zien en hun onze liefde en diensten aanbieden. We moeten ons met ons hele hart aan God overgeven. Alleen dan kunnen we zeggen dat we bhakti hebben.

Een echte karma yogi houdt zijn geest op God gericht bij iedere activiteit waarmee hij bezig is. We moeten de houding hebben dat alles God is. Dan is het bhakti. Aan de andere kant, als we aan andere dingen denken terwijl we *puja* (rituele aanbidding) doen, kunnen we de puja niet als bhakti yoga beschouwen omdat het slechts een uiterlijke handeling is en geen echte aanbidding. Maar zelfs als ons werk uit het schoonmaken van toiletten bestaat en als we de mantra onder het werk herhalen met de houding dat het Gods werk is, dan is het zowel bhakti yoga als karma yoga.

Er was eens een arme vrouw die vaak de woorden *'Krishnārpanam astu'* (Laat dit een offergave aan Krishna zijn) uitte voordat ze iets deed. Of ze nu haar voortuin schoonmaakte of haar kind in bad deed, ze zei altijd 'Krishnārpanam astu.' Naast haar huis was een tempel. De priester in die tempel had een hekel aan het gebed van de vrouw. Hij kon de gedachte dat ze 'Krishnārpanam astu' zei terwijl ze afval wegwierp, niet verdragen. Hij strafte de vrouw hier regelmatig voor, maar ze gaf nooit antwoord.

Op een dag ruimde ze wat koeienmest op die in haar voortuin lag en gooide die weg. Zoals gewoonlijk vergat ze niet te zeggen 'Krishnārpanam astu'. De koeienmest kwam voor de tempel terecht. De priester zag dit en begon te trillen van woede. Hij sleepte de vrouw naar de tempel en liet haar de koeienmest opruimen. Toen sloeg hij haar en joeg haar weg.

De volgende dag kon de priester zijn arm niet bewegen. Die was volledig verlamd. Hij riep om de Heer. Die nacht kwam de Heer in een droom naar hem toe en zei: 'Ik genoot veel meer van de koeienmest die mijn toegewijde mij offerde, dan van de zoete payasam die jij me gaf. Wat jij doet kan geen aanbidding genoemd worden, terwijl iedere handeling van haar een vorm van aanbidding is. Alleen als je haar voeten aanraakt en haar om vergeving vraagt zul je genezen.' De priester realiseerde zich zijn fout. Hij vroeg de vrouw om vergeving en was spoedig genezen.

Wend je nú tot God

Toegewijde: "Ik heb het heel druk met mijn werk en kan geen tijd om te mediteren vinden. Bovendien kan ik me niet concentreren wanneer ik japa probeer te doen. Amma, zou het niet het beste voor me zijn om met japa en meditatie te wachten totdat ik het niet meer zo druk heb en wat gemoedsrust heb?"

Moeder: "Zoon, je denkt misschien dat je je tot God zult wenden wanneer je werkdruk minder is of nadat je genoeg gehad hebt van wereldse genoegens. Maar dat zal niet gebeuren. Je moet je nú tot Hem richten temidden van al je moeilijkheden. Hij zal je zeker een weg tonen.

Amma zal je een voorbeeld geven. Stel dat een jonge vrouw geestelijk gestoord is. Er komt een jongeman met een huwelijks- aanzoek, maar als hij achter haar ziekte komt, zegt hij dat hij pas met haar zal trouwen wanneer ze genezen is. De mening van de dokter is echter dat ze alleen van haar ziekte zal genezen als ze trouwt. Dus voor haar is het zinloos om te wachten tot ze genezen is voordat ze trouwt.

Of stel dat het water zegt: 'Je mag alleen in mij komen als je geleerd hebt om te zwemmen.' Hoe zou dat kunnen? Je moet in het water gaan om te leren zwemmen. Op dezelfde manier kun je alleen door God je geest zuiver maken. Als je onder je werk aan God denkt, zul je je werk goed kunnen doen. Iedere hindernis zal verdwijnen en boven alles zal je geest gezuiverd worden.

Als je van plan bent om je geest op God te gaan richten wanneer alle moeilijkheden voorbij zijn en je geest rustig is, vergis je je. Dat zal nooit gebeuren. Je zult God op die manier nooit bereiken. Het is zinloos om te wachten totdat je geest beter wordt. Volharding is de enige manier om jezelf te verbeteren. Ieder ogenblik kun je je gezondheid of geestelijke vermogens verliezen en dan is je leven voor niets geweest. Dus laten wij de weg naar God nú volgen. Dat is wat we moeten doen."

Een bezoeker: "Een aantal jonge mensen zijn thuis weggegaan en zijn God hier komen zoeken. Maar zijn zij niet op een leeftijd waarop zij van het leven horen te genieten? Kunnen ze niet later aan God denken en sannyasi worden?"

Moeder: "Zoon, wij hebben dit menselijke lichaam gekregen met het doel om God te realiseren. Iedere dag komen we dichter bij de dood. We verliezen onze kracht door wereldse genoegens. Maar door voortdurend aan God te denken zal onze geest sterker worden. Dit versterkt de positieve *samskara* in ons en we kunnen zelfs de dood transcenderen. Dus moeten we proberen om onze zwakheden te overwinnen terwijl we nog gezond en vol vitaliteit zijn. Dan is er geen reden om bang te zijn voor de toekomst.

Amma herinnert zich een verhaal. In een zeker land kon iedereen koning worden, maar iedere koning kon slechts vijf jaar regeren. Daarna werd hij naar een verlaten eiland gebracht en daar achtergelaten om te sterven. Er waren geen mensen op het eiland. Er waren alleen roofdieren die de koning onmiddellijk doodden en opvraten. Hoewel zij dit wisten, meldden zich veel mensen aan die koning wilden worden omdat ze ernaar verlangden om van de macht en de genoegens van die positie te genieten. Iedereen was vrolijk als hij de troon besteeg, maar vanaf dat ogenblik was er alleen verdriet, want zij vreesden de dag dat ze aan stukken gescheurd en opgegeten zouden worden door de wilde beesten op het eiland. Daardoor was iedere koning verontrust en glimlachte

hij nooit. Hoewel iedere denkbare luxe tot hun beschikking stond
– heerlijk eten, dienaren, dans en muziek –, waren ze er niet in
geïnteresseerd. Ze konden van niets genieten. Vanaf het moment
dat zij de macht overnamen, zagen zij alleen de dood voor zich.
Ze waren voor het geluk gekomen, maar geen moment was vrij
van verdriet.

De tiende koning werd naar het eiland gebracht toen zijn
toegewezen tijd voorbij was en net als alle vorige koningen werd
hij door de wilde beesten opgegeten. De volgende persoon die zich
aanmeldde om tot koning gekroond te worden, was een jongeman. Maar hij was helemaal niet als de andere koningen. Hij was
helemaal niet ongelukkig nadat hij de macht overgenomen had.
Hij lachte met iedereen, danste, ging op jacht en reed vaak rond
om te vragen naar het welzijn van de mensen. Iedereen merkte
op dat hij altijd vrolijk was.

Tenslotte waren de dagen dat hij aan de macht was voorbij,
maar er was geen verandering in zijn houding. Iedereen was
verbaasd. Ze zeiden tegen hem: 'Majesteit, de tijd dat U naar
het eiland moet vertrekken, nadert, maar U lijkt helemaal niet
bedroefd. Gewoonlijk begint de beklemming zodra iemand de
troon bestijgt, maar U bent zelfs nu vrolijk!'

De koning antwoordde: 'Waarom zou ik me droevig voelen?
Ik ben klaar om naar het eiland te gaan. Er zijn daar geen gevaar-
lijke dieren meer. Toen ik net koning geworden was, leerde ik om
te jagen. Ik ben toen met mijn troepen naar het eiland gegaan en
we gingen op jacht en doodden alle roofdieren. Ik heb de bossen
op het eiland omgehakt en tot akkerland gemaakt. Ik heb putten
gegraven en wat huizen gebouwd. Nu ga ik daar wonen. Nu ik
afstand van deze troon gedaan heb, zal ik daar verder leven als
koning omdat alles wat ik nodig heb, op het eiland is.'

Wij moeten als die koning zijn. We moeten de wereld van
gelukzaligheid ontdekken terwijl we in deze fysieke wereld zijn.

In plaats daarvan kan bijna iedereen met die eerdere koningen vergeleken worden. Zij leven geen moment zonder pijn en angst over de toekomst. Hierdoor zijn ze zelfs niet in staat om het werk van vandaag goed te doen. Er is vandaag verdriet en morgen verdriet. Er zijn tranen tot het laatste moment. Maar als we vandaag ieder ogenblik met shraddha doorbrengen, hoeven we morgen niet te lijden. Al onze dagen in de toekomst zullen vol gelukzaligheid zijn

Kinderen, denk niet dat je nu van de wereld van de zintuigen kunt genieten en later aan God kunt denken. De zintuiglijke wereld kan ons nooit echte voldoening geven. Nadat we wat payasam gegeten hebben, kunnen we ons een tijdje voldaan voelen, maar even later willen we twee keer zoveel! Denk er dus nooit over om eerst van de fysieke wereld te genieten en dan later naar God te zoeken! We zullen nooit in staat zijn om onze zintuigen te bevredigen. Verlangens sterven niet zo gemakkelijk. Alleen iemand die van alle verlangens afstand gedaan heeft, is volledig. Kinderen, doe jullie activiteiten waarbij je je geest aan God overgeeft! Dan kun je zelfs de dood overwinnen en je zult voor altijd gelukzaligheid ervaren."

Woensdag 16 april 1986

"Toch ben Ik actief" [34]

Die ochtend begon men met het storten van beton voor het nieuwe gebouw. Omdat het ruw werk was, vroeg iedereen Moeder om niet mee te doen.

Brahmachari Balu[35]: "Amma, we maken beton. U zult cement en grind op uw huid krijgen en het cement geeft brandwonden."

---

[34] Uit de Bhagavad Gita, hoofdstuk 3, vers 22
[35] Swami Amritaswarupananda

Moeder: "Zal het alleen op Amma's lichaam brandwonden geven en niet bij jullie, kinderen?"

Balu: "Maar het is niet nodig dat U helpt. Wij zijn hier om het werk te doen."

Moeder: "Zoon, Amma heeft er geen bezwaar tegen om te werken. Ze is niet opgegroeid door in Haar kamer te zitten. Ze heeft altijd hard gewerkt."

Toen Moeder dit zei, wist iedereen dat ze aan het kortste einde trokken. Moeder voegde zich bij de rij mensen die emmers cement droegen.

Een emmer vol betonmengsel gleed plotseling uit de handen van een brahmachari en viel op de grond. Hij sprong snel terug zodat het niet op zijn voeten terechtkwam maar iets ervan spatte op Moeders gezicht. Ze maakte Haar gezicht schoon met een handdoek die een brahmachari Haar aanbood. Toen bond Ze de doek om Haar hoofd en nam voor de grap een houding aan die golven van gelach creëerde onder het harde werk.

Toen de zon heter werd, begonnen er zweetdruppels langs Moeders voorhoofd naar beneden te lopen. Toen een toegewijde Haar in de hete zon zag zwoegen, kwam hij met een parasol om boven Haar hoofd te houden, maar Ze liet hem die niet eens openen. "Wanneer zo veel kinderen van Amma in de zon zwoegen, moet Amma dan comfort zoeken onder een parasol?"

Terwijl het werk verderging herinnerde Moeder haar kinderen eraan: "Stel je voor dat degene naast je jouw Geliefde Godheid is, en beeld je in dat je de emmer aan Hem of Haar doorgeeft. Dan is het geen verspilling van tijd."

Doordat iedereen verdiept was in Moeders woorden en Haar gelach was niemand zich er bewust van hoe moeilijk het werk was of dat de tijd voorbijging. Steeds wanneer Moeder merkte dat de mantra wegglipte van de geest van Haar kinderen, zong Zij de goddelijke namen.

"Om Namah Shivaya, Om Namah Shivaya..."

Het werk ging door tot de avond. Omdat de meeste brahmachari's zulk zwaar fysiek werk niet gewend waren, kregen zij blaren op hun handen. Maar toen het werk klaar was, was er geen tijd om te rusten. Zij wasten zich en maakten zich klaar om te vertrekken naar Thiruvanantapuram, waar een bhajanprogramma gehouden zou worden.

Eén brahmachari had niet meegedaan met het werk. Hij had de hele dag besteed aan de studie van Sanskriet. Toen Moeder hem bij de veerboot zag, ging Ze naar hem toe en zei: "Mijn zoon, iemand die geen compassie heeft voor het lijden van anderen, is helemaal niet spiritueel. Zo iemand zal God nooit zien. Amma kan niet gewoon op een afstand blijven staan en toekijken hoe Haar kinderen werken. Haar lichaam verzwakt als Ze er zelfs maar aan denkt dat de kinderen helemaal alleen werken. Maar zodra Ze met hen meedoet, vergeet Ze alles. Zelfs als Amma te zwak is om te werken, zal Ze hen gezelschap gaan houden met de gedachte dat Ze minstens hun vermoeidheid op zich kan nemen. Hoe kon je zo'n gebrek aan mededogen hebben, zoon? Als zo veel mensen aan het werk waren, waar haal je dan de geestkracht vandaan om weg te blijven?"

De brahmachari kon geen antwoord geven. Toen Moeder hem daar met hangend hoofd vol spijt zag staan, zei Ze: "Amma heeft dit niet gezegd om je verdrietig te maken, zoon. Het is om er zeker van te zijn dat je er de volgende keer meer oog voor hebt. Het is zinloos om alleen het intellect met kennis vol te proppen, je moet liefdevol en meedogend worden. Je hart moet zich samen met het intellect ontplooien. Daarvoor doe je sadhana. Niemand kan het Zelf ervaren totdat zijn hart vol mededogen is."

De boot kwam eraan. Tegen de tijd dat Moeder en de brahmachari's de overkant bereikten, stond brahmachari

Ramakrishnan[36] klaar met het busje. Hij was 's morgens naar Kollam vertrokken om de bus te laten repareren en was net op tijd teruggekeerd om Moeder en de anderen naar het programma te brengen. Als gevolg daarvan had hij de hele dag geen tijd gehad om iets te eten. Moeder stapte in de bus en riep hem om naast Haar te komen zitten.

Ramakrishnan: "Mijn kleren zijn vies en ik stink naar zweet. Als ik naast U zit, zullen Uw kleren vies worden en U zult ook stinken, Amma."

Moeder: "Dat is voor Amma geen probleem. Kom hier, zoon! Amma roept je. Het is het zweet van één van mijn kinderen, het zweet van hard werken. Het is als rozenwater!"

Omdat Moeder aandrong kwam Ramakrishnan tenslotte en ging naast Haar zitten, terwijl brahmachari Pai[37] reed. Onderweg liet Moeder hen stoppen om bij het huis van een toegewijde wat eten voor Ramakrishnan te halen.

Satsang onderweg

In de groep die met Moeder reisde was een jongeman van ongeveer dezelfde leeftijd als de brahmachari's. Hij was die dag voor het eerst naar de ashram gekomen. Zijn ogen waren vol verwondering over het schouwspel van Moeder en Haar kinderen die samen reisden, lachten en veel vrolijk lawaai maakten.

"Kom hier, zoon," riep Moeder en Zij maakte plaats voor hem naast Haar.

Moeder: "Is het moeilijk voor jou om op deze manier te reizen waarbij je zo samengedrukt wordt?"

---

[36] Swami Ramakrishnananda

[37] Swami Amritamayananda

Jongeman: "Nee, Amma. Toen ik studeerde, reisde ik vaak door op de trede buiten de bus te staan, omdat de bussen zo vol waren. Het is dus geen probleem voor me."

Moeder: "In het begin reisde Amma per bus naar de bhajanprogramma's en om de huizen van toegewijden te bezoeken. Toen nam het aantal kinderen toe en we konden niet altijd in dezelfde bus reizen.[38] Het was ook moeilijk om de tabla en het harmonium in de bus mee te nemen en we konden de bestemming niet altijd op tijd bereiken. Dus probeerde iedereen Amma over te halen om een busje te kopen en uiteindelijk stemde Ze ermee in. Maar nu hebben de reparaties al meer gekost dan de bus zelf, is het niet, Ramakrishnan?"

Iedereen lachte. Er was een luid gesprek achter in de bus. Moeder draaide zich om en riep: "Balu, mijn zoon."

"Ja, Amma!"

"Zing een bhajan!"

Brahmachari Shrikumar tilde het harmonium op zijn schoot.

"Manase bhajare guru charanam..."
(O geest, aanbid de voeten van de guru.)

Moeder en de anderen zongen nog een aantal liederen. Toen was iedereen een paar minuten stil en genoot van de zoetheid van de heilige namen die zij juist bij het zingen geprezen hadden. Moeder leunde op Gayatri's schouder met halfopen ogen.

Toen de nieuwkomer zag dat Moeder naar hem glimlachte, besloot hij om een vraag te stellen: "Amma, wordt er niet gezegd dat sadhaks niet met vrouwen moeten omgaan? Hoe kan een vrouw hen dan als guru leiden?"

Moeder: "Zoon, bestaat er man of vrouw op het niveau van de Waarheid? Voor een man is het veel beter om een vrouw als guru

---

[38] De bussen in India zijn gewoonlijk overvol.

te hebben dan een mannelijke guru. Mijn kinderen boffen hier erg mee. Zij die een man als guru hebben, moeten alle vrouwen transcenderen, maar zij die een vrouw als guru hebben, transcenderen alle vrouwen in de wereld door alleen die ene vrouw in hun guru te transcenderen."

Jongeman: "Schreef Ramakrishna Deva geen strikte beheersing voor aangaande vrouwen en goud?"

Moeder: "Ja, wat hij zei is zeker waar. Een sadhak moet zelfs niet naar de afbeelding van een vrouw kijken. Maar zij die een guru hebben, hebben iemand om hen het juiste pad tonen en hen op dat pad te begeleiden. Alles wat zij moeten doen is de guru volgen.

Het vergif van een slang kan je doden, en toch wordt het tegengif van datzelfde vergif gemaakt, nietwaar? Een echte guru zal allerlei hindernissen op het pad van de leerling leggen omdat de leerling alleen op die manier de kracht kan ontwikkelen om alle hindernissen te transcenderen. Maar zij die niet onder het directe toezicht van een guru staan, moeten zeker erg voorzichtig zijn.

Pai, mijn zoon, kijk recht voor je uit wanneer je rijdt!" Moeder zei lachend: "Hij kijkt naar Amma in de spiegel terwijl hij rijdt!"

Jongeman: "Amma, u schijnt niet moe te zijn ook al heeft u de hele dag gewerkt zonder een ogenblik te rusten. Wij vinden dat het lichaam een hoop lijden met zich meebrengt."

Moeder: "Ja, er wordt gezegd dat het lichaam een hoop lijden met zich meebrengt. En toch zeggen de wijzen die de Waarheid ervaren hebben, dat dit een wereld van gelukzaligheid is. Voor hen die in onwetendheid leven is dit lichaam inderdaad een hoop lijden, maar door voortdurende inspanning kan er een oplossing gevonden worden. Het lijden kunnen we elimineren door te weten wat blijvend is en wat voorbijgaand is.

Kijk naar een zwarte kraai die temidden van een troep witte kraanvogels zit. Het zwarte accentueert de schoonheid van het witte. Alleen omdat er zwart is, kunnen we de schoonheid van het wit waarderen. Op dezelfde manier leert lijden ons de waarde van vreugde. Als we eenmaal lijden ervaren hebben, zullen we voorzichtiger zijn.

Een man wandelde buiten toen hij in een doorn trapte. Daarna liep hij heel voorzichtig verder en zo vermeed hij dat hij in een diepe kuil vlakbij viel. Als hij niet in de doorn getrapt was, zou hij niet met zoveel aandacht gelopen hebben en zou hij in de kuil gevallen zijn. Een klein beetje lijden kan ons dus tegen een groot gevaar beschermen. Zij die met volmaakte aandacht verdergaan, zullen al het lijden transcenderen en blijvende gelukzaligheid bereiken. Zij die het Oneindige kennen, zij die de Waarheid gerealiseerd hebben, lijden niet. Zij ervaren alleen gelukzaligheid. Lijden ontstaat wanneer je denkt dat je het lichaam bent, maar als je hetzelfde lichaam beschouwt als het voertuig dat je gebruikt om eeuwige gelukzaligheid te bereiken, dan is er geen probleem."

Jongeman: "Ook al zegt men dat dit leven zo vreugdevol is, de feitelijke ervaring lijkt vol verdriet te zijn."

Moeder: "Zoon, waarom zou je opzettelijk in een kuil vallen? Waarom doorgaan met lijden wanneer er een manier is om het te vermijden? Zoals de warmte van de zon en de koelte van het water, zijn vreugde en verdriet de aard van het leven. Dus waarom zou je al je kracht verliezen door verdrietig te zijn? Waarom zou je onbetaald werken? Maar als je denkt dat je er baat bij vindt om verdrietig te zijn, wees dan vooral verdrietig!

Als je een wond op je lichaam hebt, dan zit je niet alleen maar te huilen. Je gebruikt medicijnen en verzorgt de wond, anders kan hij ontsteken en je verzwakken. Wanneer je de essentie van het spirituele leven begrijpt, word je niet door onbelangrijke dingen verzwakt. Als je weet dat er ieder ogenblik een voetzoeker kan afgaan, schrik je niet wanneer hij ontploft. Maar als je er niet op voorbereid bent, dan kan het geluid ervan je zo laten schrikken dat het zelfs je gezondheid aantast. De manier om verdriet te vermijden is de geest gericht te houden op het Zelf. Het is waar dat de geest niet gemakkelijk onder controle gebracht kan worden en het kan ook niet onmiddellijk gedaan worden. Het is moeilijk om de oceaan over te steken, maar zij die er moeite voor doen en leren hoe het moet, kunnen de overkant te bereiken.

De mahatma's hebben ons verteld hoe we deze oceaan van *samsara* over kunnen steken. De geschriften zijn de instructies die zij ons gegeven hebben. We hoeven die slechts te volgen. We moeten de essentiële principes in ons opnemen door de geschriften te bestuderen en naar *satsang* te luisteren. We moeten nooit de gelegenheid om bij een mahatma te zijn voorbij laten gaan. We moeten hun advies in ons leven toepassen en regelmatig sadhana doen. We hebben het gezelschap van grote zielen nodig. We moeten een houding van overgave aan de guru hebben. Als we met shraddha vooruitgaan zullen we vrij van alle verdriet zijn."

De bus zwenkte heftig. Pai had op het nippertje een botsing met een vrachtwagen vermeden die recht op hem afkwam.

"Zoon, rij voorzichtig!"

"Amma, die vrachtwagen reed aan de verkeerde kant van de weg!"

Moeder zag dat de handen van één brahmachari in het verband zaten. Met grote tederheid nam Ze zijn handen en legde die in de Hare. "Je handen zijn helemaal kapot. Doet het pijn, zoon?"

Brahmachari: "Nee, Amma. Alleen de huid is eraf. Ik heb het verband erom gedaan om het stof tegen te houden. Dat is alles."

Moeder kuste liefdevol zijn handen die door het werk opengegaan waren.

Het programma was laat afgelopen en zij reden midden in de nacht terug. In het busje botsten slaperige hoofden tegen elkaar.

Moeder lag met Haar hoofd op Gayatri's schoot. Door het open raam streelde een koele wind de haarlokken op Moeders voorhoofd, dat de vorm van een halve maan had. In het licht van de voorbijgaande lantaarns glinsterde Haar neusjuweel als een ster.

Zaterdag 19 april 1986

Advocaten op zoek naar rechtvaardigheid

Het was vier uur 's middags en Moeder was nog niet klaar met het geven van darshan aan de toegewijden. Een advocaat die een regelmatige bezoeker van de ashram was, ging de darshanhut binnen met een vriend die Moeder nooit eerder gezien had. Nadat de twee mannen voor Moeder geknield hadden, gingen zij op een strooien mat zitten.

Advocaat: "Amma, dit is mijn vriend die met mij samenwerkt. Hij heeft problemen met zijn gezin en heeft besloten om van zijn vrouw te scheiden. Maar zij wil niet scheiden. Ze is van plan om hem voor het gerecht te dagen om steun voor haarzelf en hun kind te krijgen."

Moeder: "Zoon, waarom denk je erover om haar in de steek te laten?"

Vriend: "Haar gedrag deugt niet. Verscheidene malen heb ik haar echt verkeerde dingen zien doen."

Moeder: "Heb je het zelf gezien, zoon?"

Vriend: "Ja."

Moeder: "Je moet niets doen zonder dat je het zelf gezien hebt, mijn zoon. Want dat zou een grote zonde zijn. Tranen veroorzaken bij een onschuldig iemand is een grotere zonde dan welke slechte daad ook. Als je haar in de steek laat, zal jullie kind zonder vader moeten opgroeien. En als je vrouw opnieuw trouwt, zal het kind ook geen echte moeder hebben.[39] Als je een kind op deze wereld gezet hebt, zou het dan niet vreselijk zijn als je het leven van dat onschuldige kind tot een ellende zonder einde zou maken? Als het slechte gedrag van je vrouw iets is dat je zou kunnen verdragen, zou het dan niet beter zijn om te proberen met haar in harmonie te leven?"

Vriend: "Nee Amma, dat is niet mogelijk, in ieder geval niet in dit leven. Als ik alleen al aan haar denk, voel ik haat. Mijn vertrouwen is totaal verdwenen."

Moeder: "Standvastigheid komt voort uit vertrouwen. Als dat verdwenen is, is alles verloren. Amma zegt dit alleen omdat je zegt dat jijzelf getuige bent geweest van haar slechte gedrag en dat je niet langer bij haar kunt blijven. Het zou beter geweest zijn als jullie je op de een of andere manier met elkaar konden verzoenen. Maar Amma zal niet proberen om je te dwingen bij je vrouw te blijven. Denk er eens over na en neem dan een beslissing, zoon. Zelfs als jij jullie relatie beëindigt, zul je je vrouw kosten voor levensonderhoud moeten vergoeden. Veel mensen zijn hier met soortgelijke problemen gekomen en in de meeste gevallen was de vrouw onschuldig. Het was de achterdocht van de man die alle problemen veroorzaakte."

Vriend: "Ik heb haar vaak vergeven, Amma. Het is niet meer mogelijk. Ik heb zelfs aan zelfmoord gedacht."

Moeder: "Zo moet je niet denken. Hangt jouw leven van de woorden en daden van iemand anders af? Al je problemen ontstaan doordat je niet stevig in jezelf staat. Zoon, verspil je tijd niet door hierover te piekeren. Lees spirituele boeken steeds wanneer je kunt. Je kunt vermijden dat je je rot voelt als je wat spiritueel inzicht hebt."

---

[39] Hier dienen we op te merken dat Moeder speciaal naar deze vrouw verwijst en niet naar alle vrouwen in die situatie.

Vriend: "We hebben een astroloog geraadpleegd die zei dat het prima was als ik japa deed, maar dat ik niet moest mediteren omdat dat veel kwaad zou doen."

Moeder (lachend): "Dat is interessant! Geen meditatie? Er is natuurlijk één punt: als je een nieuwe auto koopt, moet je in het begin niet te hard rijden. Je moet hem ook wat rust gunnen als je er een tijdje in gereden hebt, anders raakt de motor oververhit. Zo moet je in het begin ook niet te lang mediteren, anders wordt het lichaam te heet. Sommige mensen mediteren te veel in hun eerste opwelling van *vairagya* en dat is niet goed.

Als je japa doet, probeer het dan met concentratie te doen. Zie je Geliefde Godheid voor je als je de mantra herhaalt of concentreer je op de letters van de mantra. Mediteren zal je geen enkele schade berokkenen, zoon. Als je de vorm van je Geliefde Godheid eenmaal duidelijk ziet, concentreer je dan daarop. Zonder concentratie heeft het geen zin."

Vriend: "De astroloog suggereerde dat het dragen van ringen met bepaalde edelstenen de slechte invloed van planetaire posities zou wegnemen."

Moeder: "Het is waar dat er voor iedere planeet bepaalde stenen worden voorgeschreven, maar niets kan je zo ten goede komen als mediteren. Zoon, het herhalen van je mantra zal je net als een wapenrusting tegen alle gevaren beschermen."

De twee mannen knielden en stonden op. De advocaat vroeg zijn vriend om even buiten te wachten. Toen zei hij in vertrouwen tegen Moeder: "Hij is alleen gekomen omdat ik erop aandrong. Als ik aan hun dochtertje denk, bid ik dat het gezin niet uit elkaar valt. Amma, vind alstublieft een manier om ze tot rede te brengen."

Moeder: "In het hart van deze zoon is alleen boosheid naar zijn vrouw. In dit stadium zal er niets van wat we zeggen, tot zijn hart doordringen. Maar Amma zal desondanks een sankalpa maken."

De advocaat wist uit ervaring de betekenis van de woorden "Amma zal een sankalpa maken." Zijn gezicht klaarde op en hij was opgelucht. Hij voelde dat er een grote last van hem was afgevallen. Moeders meedogende blik volgde de twee vrienden, toen ze samen weggingen.

Zaterdag 10 mei 1986

Onverwachte beproevingen

Het was twee uur 's morgens. Men was bezig zand naar het terrein te dragen voor de fundering van het hoofdgebouw van de ashram. Naast de brahmachari's deden ook enkele toegewijden met Moeder mee bij dit late nachtwerk. Iedereen wilde van de zeldzame gelegenheid gebruik maken om samen met Moeder te werken en later Haar prasad[40] te ontvangen.

Veel mensen hadden tevergeefs geprobeerd om Moeder tegen te houden toen Ze na de bhajans met het werk meedeed en zand begon te halen. Ze had gezegd: "Kan Amma gewoon zitten toekijken hoe Haar kinderen werken? Dat zou een dubbel zware last voor Amma zijn! Vroeger bad Amma om de toegewijden van God te mogen dienen. God is de dienaar van degenen die onzelfzuchtig dienen.

Maar laten we er nu mee stoppen, kinderen. Jullie hebben sinds vanmorgen gewerkt."

Moeder riep Gayatri en vroeg: "Dochter, zijn er nog *vada's* (een pikante snack van linzen) om aan de kinderen te geven?"

---

[40] Als Moeder met Haar leerlingen en toegewijden laat in de nacht klaar was met werken, deelde Ze gewoonlijk aan iedereen wat snacks en warm drinken uit als prasad.

Gayatri keek omhoog naar de sterren. Zij leken met een knipoog terug te lachen en zeiden: "Veel succes met het vinden van vada's op deze tijd van de nacht."

Moeder zei: "Ga wat spliterwten malen. We gaan meteen vada's maken."

Gayatri ging het deeg maken en er werd vuur gemaakt. Toen Gayatri even later terugkwam, begon Moeder zelf de vada's te bakken. Ze deed de gefrituurde snacks in een bakje en gaf daarvan wat aan een brahmachari en zei: "Ga deze vada's eerlijk onder de mensen verdelen, zoon." Hij deelde ze uit aan iedereen in de buurt en liep toen weg om ze aan mensen te geven die in een ander gedeelte van de ashram waren. Moeder gaf nog een vada aan iedereen die om haar heen zat. Weldra kwam de brahmachari terug. Nadat hij voor zichzelf een vada genomen had, was er nog één over.

Moeder: "Heeft Amma jou niet gevraagd om aan iedereen evenveel te geven?"

Brahmachari: "Ik heb er iedereen één gegeven. Er is er één over. We kunnen hem in stukjes breken en uitdelen."

Moeder: "Nee, neem jij hem maar. Amma heeft iedereen nog een tweede gegeven en jij hebt er maar één gekregen. Amma wilde kijken of je de laatste zou opeten zonder hem terug te brengen."

Men kan de goedheid van een sadhak zien in zijn bereidheid om aan anderen onzelfzuchtig alles te geven wat hij heeft. Hij bewijst ook zijn rijpheid door te slagen voor tests die onverwacht komen. Op school worden soms proefwerken gegeven zonder een waarschuwing vooraf. Je komt er pas achter als je 's morgens op school komt. Slagen voor deze proefwerken toont de echte bekwaamheid van de student. Iedereen kent de data van de andere proefwerken en heeft de tijd om ervoor te studeren. Wat voor zin heeft het als Amma je van tevoren vertelt dat Ze je aard gaat testen? Als Ze je van tevoren waarschuwt en je dan test, is het alsof je voor een rol oefent en die daarna speelt. Nee, je moet slagen voor de verrassingstests. Dat toont hoe alert je bent.

Elk woord en elke handeling van een echte zoeker gaat gepaard met grote alertheid en onderscheidingsvermogen. De zoeker zal geen enkel onnodig woord uiten. Hij zal elke opdracht van de guru blij uitvoeren, omdat hij weet dat elk woord van zijn guru voor zijn eigen bestwil is. Een leerling moet gelukzaligheid voelen bij het opvolgen van elk woord van de guru. Je moet bereid zijn om ieder soort werk te doen met het inzicht dat het je naar het Doel leidt."

In ieders geest verrees een vastberaden besluit om Moeders woorden in hun leven in de praktijk te brengen.

Brahmacharini Lila[41] stelde een vraag: "Amma, was Ravana een echte persoon of vertegenwoordigt hij alleen een principe?"

Een brahmachari: "Als Ravana geen echte persoon was, maar alleen een symbool, dan zouden we moeten zeggen dat Rama ook alleen een symbool is."

Moeder: "Rama en Ravana waren beide echte personen die echt leefden. Maar de beschrijving van Ravana met tien hoofden had de bedoeling om een menselijk wezen voor te stellen dat een slaaf was van alle tien zintuigen[42]."

Brahmachari Shakti Prasad: "Als geiten en baby's met twee hoofden geboren kunnen worden, waarom dan niet een Ravana met tien hoofden?"

Moeder: "Als het Gods wil is, is niets onmogelijk. Kinderen, ga nu naar bed. Jullie moeten morgen weer vroeg opstaan."

---

[41] Swami Atmaprana

[42] Dit verwijst naar de vijf zintuigen: ogen, neus, oren, huid en tong, en de vijf organen om te handelen: handen, benen, mond, genitaliën en uitscheidingsorganen.

Zondag 18 mei 1986

Meestal is het op zondagen in de ashram erg druk, vooral als er in het weekend een feestdag is. Dit was zo'n zondag en de darshanhut was propvol. De elektriciteit deed het niet en zonder ventilatoren was het in de hut erg heet. Niettemin leek de grote menigte Moeder nog vrolijker te maken. Ze drong erop aan dat de handwaaiers gebruikt werden om de toegewijden koelte toe te wuiven in plaats van Haar. Ze gaf aan de brahmachari's opdracht om de zieken en ouderen stoelen te geven en hun water te geven als dat nodig was. Ze was vooral bezorgd over de mensen die buiten in de zon wachtten. Omdat het zo druk was, was het moeilijk voor Moeder om alles in detail te horen of om op het verdriet en de klachten van de toegewijden te reageren. Dus voordat velen van hen zelfs begonnen te praten over hun problemen, suggereerde Moeder, die hun gedachten kon lezen, oplossingen en troostte hen met de beloften van Haar zegeningen.

"Kinderen, kom vlug! Doe geen moeite om te buigen of zoiets!" zei Ze tegen hen. Want alleen als de mensen in de hut naar buiten gingen, konden degenen die buiten in de zon wachtten, binnen gaan zitten.

Meeleven met de armen

Een vrouwelijke toegewijde bij wie de tranen over haar gezicht stroomden, vertelde Moeder over haar probleem: "Amma, alle kippen in onze omgeving zijn ziek. Onze hen begint ook ziek te worden. Amma, wilt U haar alstublieft redden?"

Een brahmachari die in de buurt stond, voelde minachting voor deze vrouw. In plaats van vlug weg te gaan na het ontvangen van Moeders darshan, viel ze Haar op een drukke dag als deze nog lastig met zulke alledaagse dingen. Maar het volgende moment wierp Moeder zo'n strenge blik naar hem dat hij in elkaar dook.

Moeder troostte de vrouw liefdevol en gaf haar wat bhasma om op de hen te doen. De vrouw ging blij weg.

Toen de vrouw wegging, riep Moeder de brahmachari bij Zich: "Zoon, jij begrijpt haar lijden niet. Weet je hoeveel verdriet er in deze wereld is? Als je dat zou weten, zou je niet zo minachtend naar haar gekeken hebben. Door Gods genade heb jij alles wat je nodig hebt. Jij kunt zonder enige zorgen leven. Het enige inkomen dat deze vrouw heeft, is van de eieren die haar hen legt. Als de kip doodgaat, zal haar gezin verhongeren. Als Amma aan het leven van deze vrouw denkt, vindt Ze haar ellende niet onbelangrijk. Deze vrouw geeft een deel van het magere bedrag, dat ze van de verkoop van de eieren overhoudt, uit om hier te komen. Omdat Amma weet hoe ze worstelt, geeft Ze haar af en toe geld voor de bus. Kijk naar haar houding van overgave, zelfs temidden van zoveel ellende! Amma krijgt tranen in Haar ogen als Ze hieraan denkt! Wie altijd naar hartelust eet, kent de pijn van honger niet. Je moet honger lijden om deze pijn te kennen.

Luister altijd heel aandachtig naar wat iedereen te vertellen heeft. Vergelijk de één niet met de ander. Wij moeten op hun niveau denken. Alleen dan kunnen we hun zorgen begrijpen en op de juiste manier reageren en hen troosten."

Een jongeman had Moeder intens gadegeslagen vanaf het moment dat hij de hut binnenkwam. Hij was leraar aan de universiteit van Nagpur en was enkele dagen eerder aangekomen. Op de dag dat hij aankwam had hij gezegd dat hij meteen nadat hij Moeder gesproken had, terug moest keren, omdat hij dringend naar zijn woonplaats terug moest. Maar dat was enkele dagen geleden. Hij moest nog steeds vertrekken. Moeder zei nu tegen de mensen om Haar heen: "Deze zoon is hier nu al een paar dagen. Amma heeft hem enkele malen gezegd dat hij naar huis moest gaan en later terugkomen, maar hij wil niet luisteren. Hij is tot nu toe niet weggegaan."

De jongeman wist niet wat Moeder zei, omdat hij geen Malayalam verstond. Maar toen iedereen zich omdraaide en naar hem keek, wist hij dat Moeder het over hem had. Een man die naast hem zat, vertaalde Moeders woorden. De jongeman antwoordde: "Op de eerste plaats ga ik niet weg, dus waarom over terugkomen praten?"

Moeder (lachend): "Amma weet wel een trucje om je in beweging te krijgen!"

Iedereen lachte hierom.

Moeder bedelt voor Haar kinderen

O Annapurna, die altijd vol is
met de elementen die het leven ondersteunen,
O geliefde van Shankara,
schenk mij de aalmoezen van wijsheid en verzaking!

– Shri Shankaracharya

De bel voor het middageten had al een tijdje geleden geklonken, maar veel mensen hadden nog niet gegeten, omdat ze zich niet van Moeder los konden rukken. Het werd laat en een ashram-bewoner kwam Moeder vertellen dat degenen die het middag-eten serveerden, wachtten. Op Moeders aandringen gingen nog wat mensen eten. Maar verscheidene toegewijden stonden niet op totdat Moeder klaar was om de darshanhut te verlaten. Ze maakten zich niet druk om eten. Hun vervulling lag erin om geen enkel moment te missen dat zij in Moeders aanwezigheid konden doorbrengen. De ashrambewoners verdroegen het onge-mak hiervan: zij moesten tot drie of vier uur 's middags wachten met het serveren van het eten.

Het was na drieën 's middags toen Moeder eindelijk opstond. De toegewijden verdrongen zich om Haar, knielden voor Haar en blokkeerden op die manier onopzettelijk Haar weg. Moeder pakte hen beet en liet hen opstaan. Ze aaide sommigen van hen en gaf anderen een tikje toen Ze zich naar de keuken begaf.

In de keuken zag Moeder dat degenen die het middageten serveerden een probleem hadden. Zoals op andere bhava darshan dagen was er meer eten gekookt dan in het begin nodig leek en het was allemaal heel vlug op. Er was extra rijst gekookt, maar ook deze was binnen de kortste keren op. De hele namiddag bleven er onverwacht mensen in de ashram aankomen. Voor de derde keer werd er rijst gekookt en ook dat was nu bijna op en nog steeds moesten veel hongerige monden gevoed worden. Op het vuur stond meer rijst te koken, maar er waren geen groenten meer om erbij te doen. Degenen die in de keuken werkten, vroegen zich af wat ze moesten doen toen Moeder binnenkwam.

Moeder was door dat alles niet van de wijs gebracht en opende enkele potten met tamarinde, mosterdzaad en kerrieblaadren. Binnen enkele minuten was er wat *rasam* (tamarinde gekookt met water, zout, chili, uien, enz.) klaar. Een vrouwelijke toegewijde had die morgen een emmertje met yoghurt gebracht. Er werden wat uien, tomaten en groene pepers gesneden en in de yoghurt gedaan. Al gauw was alles klaar inclusief de rijst. Moeder serveerde het eten Zelf aan Haar kinderen. De toegewijden aten de prasad die door Moeders heilige handen bereid was, met meer smaak en voldoening dan wanneer het een uitgebreide maaltijd was geweest.

Nu kwam er een laatste ronde toegewijden voor het middageten en Moeder bediende ook hen. Nadat de ashrambewoners zich ervan verzekerd hadden dat alle toegewijden van buiten de ashram gegeten hadden, gingen zij zitten om te eten. Er was alleen rijst en rasam over. Drie brahmachari's serveerden de anderen en tegen de tijd dat ze klaar waren met serveren was alle rijst op. Moeder kon de gedachte niet verdragen dat drie van Haar kinderen honger moesten lijden nadat ze zoveel uren ononderbroken gewerkt hadden. Er was alleen ongekookte rijst over in de keuken en het zou tijd kosten om die voor hen te koken.

Toen de drie brahmachari's zagen dat Moeder zich zorgen over hen maakte, zeiden ze vastbesloten dat ze geen honger hadden en niets wilden. Maar Moeder was het er niet mee eens. "Kinderen, wacht tien minuten," zei Ze, "Amma komt zo terug!" Daarna ging Ze met een bakje weg. Ging Ze naar Sugunacchans huis? Of misschien was Ze naar Haar kamer gegaan om te zien of daar wat voedsel was dat toegewijden aangeboden hadden. Terwijl de brahmachari's op Haar wachtten, wasten ze alle borden af en maakten de keuken schoon.

Spoedig kwam Moeder terug met een stralende glimlach op Haar gezicht die zo helder was als de volle maan. Ze moest wat eten voor Haar kinderen gevonden hebben. De brahmachari's konden hun nieuwsgierigheid niet onderdrukken. Toen ze in Haar bakje keken, zagen ze dat het vol zat met verschillende soorten gekookte rijst die door elkaar gemengd waren.

De ogen van de brahmachari's vulden zich met tranen. "Amma", riep één van hen. Moeder was langs de hutten van de buren gegaan om voedsel voor Haar kinderen te bedelen. Nu was Ze terug met de *bhiksha*. Dat was de reden van de vreugde op Haar gezicht.

Alle buren waren arme vissers die nauwelijks genoeg te eten hadden. Omdat Moeder dit wist, had Ze uit iedere hut maar een handjevol rijst meegenomen.

De brahmachari's keken naar een afbeelding op de muur van Lord Shiva als bedelmonnik die om eten bedelt bij Devi Annapurneshwari[43] die op een troon zat. Nu had Devi zelf op de deuren van de vissers geklopt om bhiksha voor Haar kinderen te vragen. Moeder ging op de vloer zitten en leunde tegen de deur

---

[43] De Godin van overvloed, een vorm van Durga.

terwijl de brahmachari's om Haar heen zaten. Ze maakte balletjes van de rijst en een beetje *sambar* dat in het bakje zat en voedde Haar kinderen met Haar eigen handen.

"Nog één balletje!" zei Moeder.

"Nee Amma, er blijft niets voor U over."

"Kinderen, als jullie genoeg gegeten hebben, zal Amma's honger over zijn!" Ze voerde één van hen nog een rijstbal. Er waren nauwelijks twee handenvol rijst over en een stukje aardappel van de sambar. Moeder at dat op en stond volledig voldaan op.

Donderdag 25 mei 1986

Ramakrishnan lag met koorts in bed. Moeder zat naast hem. Een brahmachari kwam de hut van Ramakrishnan binnen en bracht koffie gezet van basilicumblaadjes, zwarte peper en gember.

Er hing een oude foto van Moeder aan de muur waarop Ze een gekleurde sari en bloes droeg. Toen Moeder de foto opmerkte, zei Ze: "In die tijd moest Damayanti Amma dwingen om een sari te dragen. Eens toen Amma zich klaar maakte om ergens heen te gaan, kreeg Ze een flink pak slaag omdat Ze geen sari droeg. Dus deed Ze er eentje aan, maar zodra Ze op de boot was, deed Ze hem weer uit en hield hem opgerold in Haar handen." Moeder lachte.

De eerste voeding

Een vrouw had haar baby meegenomen naar Moeders darshan. Jarenlang had ze naar een kind verlangd, maar ze kon niet zwanger worden. Nadat ze Moeder ontmoet had, had ze uiteindelijk door Moeders sankalpa het leven geschonken aan een jongetje. Nu was ze met haar familie gekomen voor de baby's *anna prasana*, het geven van het eerste vaste voedsel. Ze hadden haast om de ceremonie af te maken, omdat ze weer naar huis terug wilden keren.

De vrouw zei: "Ammachi, geef alstublieft mijn baby nu meteen het voedsel. We kunnen hier vannacht niet met de baby blijven, want hij wil niet zonder wieg slapen. Ik heb ook geen melk voor hem meegenomen. Als we nu vertrekken, kunnen we nog voor de avond thuis zijn."

Moeder: "Mijn dochter, zo moet je niet praten! Je hebt deze baby door Gods zegen ontvangen. Je bent naar een plaats van God gekomen. Alleen als mensen naar zo'n plaats gaan, hebben ze opeens haast! Ze willen snel teruggaan zodra ze bij de tempel of de gurukula aankomen. Als je een ziek kind naar het ziekenhuis brengt, zeg je dan tegen de dokter: 'Ik heb haast! Laat mij alstublieft gauw weggaan?' Zeg je: 'Dokter, ik heb het wiegje van de baby en zijn melk niet meegenomen en hij heeft slaap, dus moet u hem nu direct onderzoeken?' Als we naar een tempel of een ashram gaan, moeten we een houding van overgave hebben. Dochter, door goede daden te verrichten, naar tempels en ashrams te gaan en je gedachten op God te houden wordt onze prarabdha veel lichter. Besef je dat niet?

Je hebt haast om hier weg te gaan en als de bus onderweg kapotgaat, bij wie ga je dan klagen? Het doet Amma verdriet dat je zo praat, jij die al jaren hier komt. Je moet nooit zo praten, dochter. Laat het aan Gods wil over. Waarom dacht je niet: 'Amma zal de baby eten geven wanneer Zij het graag wil.' Dat is overgave. Als je nu vertrekt, zul je onderweg veel narigheid hebben, dus laat Amma je nu nog niet teruggaan."

Het was de eerste keer dat de vrouw Moeder op zo'n serieuze manier hoorde praten en haar gezicht werd bleek. Toen Moeder dit zag, wenkte Zij haar om dicht bij Haar te komen en zei: "Amma sprak vanuit het gevoel van vrijheid dat Ze tegenover jou voelt, dochter. Je hoeft je niet rot te voelen!"

Het gezicht van de vrouw klaarde op toen ze dat hoorde. Hoewel Moeder er eerst bezwaar tegen had, gaf Ze zonder uitstel het eerste rijstehapje aan de baby en stuurde hen weg, zodat ze voor het vallen van de avond thuis konden zijn.

Vrijdag 30 mei 1986

Het was bijna middag. Moeder praatte met de toegewijden in de darshanhut. Onder hen was een brahmachari die hier op bezoek was vanuit een andere ashram in Kidangur. Ze zei tegen hem: "Zoon, er is een verschil tussen het kopen van een geneesmiddel voor een wond aan je eigen hand en een geneesmiddel gaan halen voor de pijn van iemand anders. Het laatste toont dat je een liefhebbend hart hebt. Dit heeft een spirituele zoeker nodig. Hiervoor zijn zijn spirituele oefeningen. Sadhana moet je niet voor je eigen bevrijding doen, maar om liefdevol, mededogend en begrijpend genoeg te worden om het lijden van de wereld weg te nemen. We hebben er niets aan als we alleen maar ergens met gesloten ogen zitten en niets anders doen. We moeten zo goedhartig worden dat we het lijden van de anderen ervaren als het onze en eraan werken om hun lijden te verlichten!"

Een behandeling voor Moeder

Sinds de ochtend had Moeder een ernstige hoest. Een brahmachari ging dokter Lila roepen.

De vorige week was er een toegewijde naar de ashram gekomen die aan een erge hoest leed. Het geluid van zijn hoest galmde door de hele ashram. Hij kuchte en hoestte toen hij naar de kalari kwam en voor Moeder knielde. Maar toen hij uit de kleine tempel kwam nadat hij Moeders darshan ontvangen had, was zijn hoest verdwenen. De hoest was verdwenen op het moment dat hij het heilige water dronk dat Moeder hem had gegeven. Hij was een week in de ashram gebleven en was vanmorgen blij naar huis gegaan.

Toen Moeder eens in Tiruvannamalai was, was Ze ziek geworden. Nealu had besloten dat Ze onmiddellijk naar een dokter moest. Hoewel er in Tiruvannamalai een paar artsen waren die aan Moeder toegewijd waren, werd Ze naar een nieuwe dokter gebracht. Zonder op iemands toestemming te wachten was Moeder argeloos direct de spreekkamer van de dokter binnengegaan. De dokter was woedend geworden en had Haar gezegd dat ze weg moest gaan. Moeder herinnerde zich dit lachend en zei: "Er valt hem niets te verwijten. Hij onderzocht iemand anders toen Amma plotseling ongevraagd binnenviel! Hij moet zijn concentratie verloren hebben!" Toen Ze uit het kantoor van de dokter wegliep, riepen zowel de dokter als de zuster Haar terug. Ze hadden geen idee wie Ze was of waarom Ze gekomen was. Naderhand had Moeder gezegd: "Amma gaat nooit meer naar een dokter. Als Ze een dokter nodig heeft, moet één van Haar kinderen die dokter is, naar de ashram komen."

Moeders woorden kwamen uit. De eerste dokter die permanent in de ashram kwam wonen, was brahmacharini Lila. Toen zij Moeder ontmoette, werkte ze in een ziekenhuis dat door de Shri Ramakrishna Math in Thiruvanantapuram geleid werd. In Moeder zag Lila het uiteindelijke doel van haar leven. Kort daarop gaf ze haar baan op en kwam in de ashram wonen. Nu droeg ze de verantwoordelijkheid voor elke behandeling die Moeder nodig had. Omdat Lila wist dat Moeders aandoeningen niet alleen door medicijnen genezen konden worden, was ze niet in het minst van streek als Moeder ziek werd, zelfs als Ze heel zwak leek. Ze zag Moeders ziekte als de *lila* (spel) van de geliefde gemalin van Heer Shiva, die eens de dood van de Heer van de dood zelf teweegbracht. Met andere woorden, ze zag Moeders ziekte puur als het spel van de Goddelijke Moeder.

"Zal ik wat pillen voor U halen, Amma?" vroeg Lila. Terwijl ze haar hand op Moeders voorhoofd legde, zei ze: "U heeft geen koorts. Het is niet ernstig. U zult binnenkort weer beter zijn."

Moeder lachte en zei: "Zelfs als Amma dood is, zal mijn dochter Lila het lichaam onderzoeken en zeggen: 'Het is niet ernstig. U zult binnenkort weer beter zijn!'" Iedereen moest lachen.

Zaterdag 31 mei 1986

Sadhana moet vanuit het hart komen

Een brahmachari kwam naar Moeder toe en vroeg om praktische aanwijzingen voor zijn sadhana. Moeder gaf hem instructies voor zijn meditatie: "Zoon, concentreer je op het punt tussen je wenkbrauwen. Zie daar je Geliefde Godheid net zoals je naar jezelf in de spiegel kijkt." Ze plaatste Haar vinger tussen zijn wenkbrauwen en voegde eraan toe: "Stel je voor dat je hier een altaar hebt en visualiseer dat je Geliefde Godheid daarin zit.

Zij die alleen maar volgens een rooster mediteren alsof het een taak is, zullen God nooit zien. Je moet dag en nacht om God huilen, zonder te denken aan eten of slapen. Alleen zij die dit gedaan hebben, hebben God gerealiseerd. Je moet een dergelijke onthechting ontwikkelen. Stel je eens voor dat iemand chilipasta op je hele lichaam zou smeren, hoeveel moeite je dan zou doen om van het branden af te komen! Met dezelfde intensiteit moet je ernaar smachten om God te zien. Je moet om dat visioen huilen zonder zelfs één ogenblik te verspillen. Alleen dan zullen alle andere gedachten verdwijnen, als in diepe slaap en je zult het niveau van goddelijke ervaring bereiken.

Wanneer vissers met een boot de zee opgaan, doen ze hun ogen dicht en met luid geschreeuw spannen ze zich erg in om voorbij de golven te komen. Iedereen roeit hard zonder ophouden.

Ze maken onder het roeien veel lawaai tot ze voorbij de golven zijn. Daarna kunnen ze de roeiriemen wegleggen en uitrusten. Het is dezelfde oceaan op beide plaatsen, maar één kant is onrustig door de golven, terwijl de andere kant rustig is. In het begin mogen we zelfs geen ogenblik rusten. Wij moeten waakzaam zijn. Alleen dan kunnen we deze stilte daarachter bereiken.

Totapuri[44] was in Advaita gevestigd. Toch stond hij midden in een cirkel van vuur en deed tapas. Ramakrishna Deva bereikte realisatie door onophoudelijk aan God te denken. Om realisatie te bereiken moet je God steeds in gedachten houden. Een echte sadhak doet geen japa en meditatie volgens een bepaald schema. Zijn liefde voor God overstijgt alle regels. In het begin moet een sadhak bepaalde regels aanvaarden, maar de spirituele oefeningen moeten niet alleen als een plicht beschouwd worden. We moeten om God huilen en bidden. Het is geen zwakheid om om God te huilen. We moeten alleen om God huilen en om niets anders. Was dat niet wat Ramakrishna deed? En wat Mira deed?"

Dezelfde waarheid onder verschillende namen

Brahmachari: "Is het verkeerd als iemand die op Krishna mediteert, een Devi mantra of de duizend namen van Devi reciteert?"

Moeder: "Dat is geen probleem. Welke mantra of heilige naam je ook herhaalt, je gedachten moeten op je favoriete godheid gericht zijn."

Brahmachari: "Hoe is dat mogelijk? Zijn er geen speciale *bijakshara's* (kiemletters) voor elke godheid? Hoe kan het dan juist zijn om een andere mantra te herhalen?"

---

[44] Een groot asceet, die het pad van jnana (hoogste wijsheid) volgde. Hij initieerde Shri Ramakrishna in sannyasa.

Moeder: "Wat voor naam je er ook aan geeft, de Goddelijke Kracht is één en dezelfde. Of je een kokosnoot nu 'tenga'[45] of kokosnoot noemt, de identiteit verandert er niet door, nietwaar? Op dezelfde wijze koesteren mensen verschillende beelden van God in hun hart, ieder volgens zijn samskara. Ze kennen God onder verschillende namen, maar het allesdoordringende Bewustzijn is voorbij alle namen. God is niet iemand die alleen reageert als Hij een bepaalde aanroeping hoort. Hij woont in ons hart en Hij kent ons hart. God heeft een oneindig aantal namen. Elke naam is de Zijne.

Als je een puja doet, moet je die richten op de speciale godheid waarop de puja betrekking heeft en je moet het doen met de passende mantra's. Maar als het je doel is om het Zelf te bereiken, doet het er echt niet toe of de vorm waarop je mediteert verschilt van de godheid van de mantra die je herhaalt, omdat we alles als verschillende vormen van het Hoogste Zelf zien. We moeten zien dat 'Dat' alles omvat en dat dit ene Principe in ons allen bestaat. Het is hetzelfde Bewustzijn dat alles doordringt, dat alle vormen doordringt, inclusief onszelf. Hoewel het in het begin beter is om de geest op één speciale naam en vorm te richten, moet je, als je op het pad vordert, het ene Hoogste Principe in alle namen en vormen kunnen zien.

Het doel van mantra-japa is om ons naar de uiteindelijke stilte van het Zelf te leiden waaruit alle geluiden en vormen ontstaan. Als we mantra-japa met het juiste begrip van dit principe doen, zal het ons tenslotte naar de Bron brengen en op dat punt realiseert de zoeker zich dat de vorm waarop hij mediteerde, en ook alle andere vormen, in hemzelf bestaan en de manifestaties van het ene Zelf zijn.

Toen Krishna bij de gopi's in Vrindavan woonde, wilden de gopi's Hem elk moment zien en in Zijn gezelschap vertoeven.

---

[45] Malayalam voor kokosnoot.

Ze aanbaden Hem zo dat ze Hem hun *Hridayesha* noemden, de Heer van hun hart. Toen ging Krishna op een dag weg naar Mathura en hij kwam nooit terug. Sommige mensen gingen naar de gopi's en plaagden hen. Ze zeiden: 'Waar is jullie Hridayesha nu? Het lijkt erop dat Krishna niet Hridayesha is maar *hridayasunya* (harteloos).' De gopi's antwoordden: 'Nee, Hij is nog steeds onze Hridayesha. We zagen Krishna eerst alleen in zijn fysieke vorm en konden Zijn stem alleen met onze oren horen. Maar nu zien we Hem in alle vormen: onze eigen ogen zijn Krishna Zelf geworden. Nu horen we Hem in alle geluiden: onze oren zijn Krishna geworden. Werkelijk, wij zijn zelf Krishna geworden!'

Op dezelfde manier zullen wij, als onze devotie zich ontwikkelt en volledig tot bloei komt, God in alle vormen en namen zien en ook in onszelf, hoewel we Hem in het begin alleen in een speciale godheid zagen en Hem met een speciale naam aanriepen."

De avondbhajans waren voorbij. Er werden *dosha's* bij het avondeten geserveerd. Omdat er een onverwacht grote menigte gekomen was, duurde het maken van de dosha's tot half elf. Iedere verse pannenkoek werd geserveerd zodra die klaar was. Moeder ging de keuken in en stuurde een brahmachari weg om nog een dosha-pan bij Haar ouders te halen. Zodra die er was, zette Zij die op een andere brander en begon dosha's te maken. Wordt er niet gezegd dat God als brood verschijnt voor hen die honger hebben, of die honger nu fysiek of spiritueel is?"

Doe je werk als een vorm van aanbidding

Na het avondeten deed Moeder met de brahmachari's mee die grind droegen dat gebruikt werd voor het maken van beton. Ze vormden een keten en gaven elkaar het grind in ronde stalen pannen door. Zij die onwillig waren om zelfs hun eigen kleren te wassen voordat ze naar de ashram kwamen, namen deel aan dit festival van zwaar werk samen met Moeder. Ze stonden op het punt om praktische lessen over spiritualiteit te leren.

Temidden van het werk zei Moeder: "Kinderen, dit is ook sadhana. Zelfs als je werkt, moeten je gedachten bij God zijn. Elk werk dat je doet terwijl je je geest op God richt, is karma yoga. Als je elkaar het grind doorgeeft, stel je dan voor dat je het aan je Geliefde Godheid doorgeeft en als je het van de persoon naast je aanneemt, stel je dan voor dat je het van je Godheid ontvangt."

Moeder zong een kirtan en iedereen zong mee terwijl ze doorgingen met het werk: *Tirukathakal patam...*

O Godin Durga, O Kali,
neem mijn trieste noodlot weg.
Elke dag smeek ik om een visioen van Uw vorm.

Verleen mij alstublieft een gunst.
Laat mij zingen en Uw heilige daden verheerlijken.
En als ik Uw lof zing,
kom dan alstublieft in mijn hart.

O Essentie van de Veda's,
ik ken de methode van meditatie niet,
en mijn muziek heeft geen melodie.
Ontferm U over mij.
Laat me in gelukzaligheid opgaan.

U bent Gayatri,
U bent roem en Bevrijding,
Kartyayani, Haimavati en Dakshayani.
U bent de Ziel van realisatie,
mijn enige toevlucht.

O Devi, geef mij de kracht
om over de essentiële principes te spreken.

Ik begrijp dat zonder U,
die de verpersoonlijking van het Universum bent,
Shiva, het Oorzakelijke Principe, niet zou bestaan.

Het was al na middernacht. De maan weefde met zilveren licht-draden een verfijnde, glinsterende sluier over de toppen van de kokospalmen die zich tot aan de horizon uitstrekten. In die stille uren van de nacht waren een moeder en haar kinderen verdiept in het werk om een groot huis van vrede op te zetten, een huis dat morgen als toevluchtsoord voor vele duizenden mensen zou dienen. De scène deed denken aan de zoete wijsheid van de *Bhag-avad Gita*: "Wanneer het voor alle wezens nacht is, blijft degene die zichzelf meester is, wakker." Dit werd hier uitgebeeld. Toen de hele wereld sliep, zwoegde de Moeder van het Universum zonder te rusten om een wereld van eeuwig licht te bouwen. De momenten die Haar kinderen deelden met deze grote architect van een nieuw tijdperk, waren kostbare edelstenen die hun leven onmetelijk verrijkten en die zij in de schatkamer van hun hart bewaarden, om die zich later te herinneren.

Maandag 9 juni 1986

De traditionele rituelen om Anish in brahmacharya te initiëren begonnen deze morgen. Er was een priester uit Alappuzha geko-men voor de homa en de andere initiatierituelen. Het heilige vuur laaide op in de kalari en Vedische recitaties weerklonken in de lucht terwijl Moeders goddelijke aanwezigheid iedereen met gelukzaligheid vulde.

Moeder was in een kinderlijke stemming. Al Haar woor-den en handelingen verspreidden vreugde voor iedereen. Ze vermaakte zich bij de aanblik van Anish, die al zijn haar had afgeschoren behalve het traditionele kwastje op zijn achterhoofd als voorbereiding om zijn gele gewaad te ontvangen. Zij nam een hibiscusbloem en bond die vast aan zijn kwastje! De toeschouwers konden hun lachen niet inhouden.

Toen opeens veranderde Haar stemming en Haar gezicht nam een serieuze uitdrukking aan. De sfeer was opeens heel stil. De stilte werd alleen verbroken door het geluid van de Vedische mantra's en het knapperen van het homavuur, dat brandend gehouden werd met stukken hout van de broodvruchtboom. Aan de uitdrukking op ieders gezicht was duidelijk te zien, dat ze allemaal meegenomen werden naar een stemming die niet van deze wereld was.

Moeder gaf Haar zoon zijn nieuwe naam: Brahmachari Satyatma Chaitanya[46]. Na zijn initiatie knielde Satyatma voor Haar en ging naar buiten om bhiksha te ontvangen volgens de traditie[47].

Toegewijden van een moslimgezin waren voor Moeders darshan naar de ashram gekomen. Het was een moslim feestdag en ze waren gekomen om die met Moeder door te brengen. Na de initiatieceremonies ging Moeder met het gezin naar de hut. Ze praatte lang met hen voordat ze naar Haar kamer ging.

Later in de middag zat Moeder met enkele brahmachari's op het dakterras boven Haar kamer. Dagenlang hadden de brahmachari's geprobeerd om Moeders toestemming te krijgen om een groepsfoto met Haar te maken, die in Haar biografie opgenomen zou worden. Ze had herhaaldelijk geweigerd. Nu kwam een brahmachari opnieuw met het verzoek: "Amma, we hebben over veel mahatma's gehoord, maar van de meesten zijn er geen afbeeldingen. We vinden het zo jammer dat we niet weten hoe ze eruit zagen! Als we geen foto van U nemen, zullen we de

---

[46] Later heeft Brahmachari Satyatma Chaitanya initiatie in sannyasa ontvangen en hij heet nu Swami Amritagitananda.

[47] Brahmachari's en sannyasi's horen volgens de traditie alleen het voedsel te eten dat zij als aalmoes ontvangen. Tegenwoordig gaan zij om bhiksha bedelen op de dag van hun initiatie.

volgende generaties tekortdoen. Amma, alleen al om deze reden moet U ons toestaan een foto te nemen."

Moeder: "Als Amma hiermee instemt, zal jullie aandacht vanaf nu alleen nog naar zulke dingen uitgaan en dat zal jullie sadhana benadelen. Bovendien kan ik me niet kleden zoals jullie graag willen. Dat is niet mijn manier. Ik kan niet voor een foto gaan zitten." De ernstige toon van Haar afwijzing maakte de brahmachari's stil en verdrietig. Maar hoe lang kon Moeder Haar kinderen verdrietig zien? "Ga iedereen roepen," zei Ze uiteindelijk.

Alle gezichten klaarden op en ze renden allemaal naar beneden. Alle ashrambewoners verzamelden zich voor de foto op het dakterras. De eerbiedwaardige, oude Ottūr Unni Nambūdiripad, de oudste van Moeders brahmachari-kinderen, was er ook. Toen de foto genomen was, vroeg Moeder aan Ottūr om satsang te geven. De lila's van Krishna kwamen als een ononderbroken stroom uit de mond van deze aardige toegewijde, wiens innerlijke zelf al lang overgegeven was aan het kind van Ambadi[48]. Verrukt luisterden Moeder en de anderen naar de altijd nieuwe verhalen over de fratsen van Krishna, de kleine boterdief. Toen zijn verhaal klaar was, drong Ottūr aan: "Nu willen we satsang van Amma horen!"

Moeder: "Amma weet niet hoe ze satsang moet geven. Wanneer mensen Haar vragen stellen, flapt Ze er iets geks uit wat in Haar geest opkomt. Dat is alles."

Ottūr: "Het mag dan iets geks zijn, maar dat is wat we graag willen horen. Amma, wij hebben niet die intense devotie die U beschrijft. Wat moeten we doen?"

Moeder keek naar Ottūr en glimlachte. Hij legde zijn hoofd in Haar schoot. Ze omhelsde hem met veel genegenheid en noemde hem "Unni Kanna" (Baby Krishna)!'

---

[48] Ambadi is de naam van het dorp waar Krishna opgroeide.

Sadhana doen uit eigenbelang is niet voldoende

Moeder wierp een blik op een brahmachari die achter Haar zat. De brahmachari liet zijn hoofd hangen om Haar blik te ontwijken. Moeder kende zijn gedachten en zei: "Kinderen, weten jullie wat voor verwachtingen Amma van jullie heeft? Jullie moeten als de zon zijn en niet als een vuurvliegje. Vuurvliegjes maken alleen licht voor zich zelf. Zo moeten jullie niet zijn. Onzelfzuchtigheid is alles waar je ooit naar moet verlangen. Jullie moeten degenen zijn die de handen uitsteken om anderen te helpen, zelfs op het moment van je dood."

Deze uiteenzetting raakte in het bijzonder het hart van de brahmachari die achter Moeder zat. De vorige dag was er een bhava darshan geweest waarvoor een grote menigte toegewijden was gekomen. De brahmachari die verantwoordelijk was voor het serveren van het middageten, had dringend hulp nodig en had deze brahmachari die de hut met hem deelde, gevraagd om hem te helpen. Maar hij was gewoon doorgegaan met mediteren zonder een hand uit te steken om hem te helpen. Moeder had dit gehoord en de brahmachari had Haar de hele ochtend ontweken.

Moeder vervolgde: "Kinderen, we moeten er zeker van zijn dat iedere handeling van ons anderen helpt en hun gelukkiger maakt. Als dat niet mogelijk is dan moeten we er in ieder geval voor zorgen dat onze handelingen anderen geen verdriet of ongemak bezorgen. Een echt gebed is bidden tot God dat onze gedachten, woorden of daden nooit iemand zullen schaden, maar dat zij altijd anderen ten goede zullen komen. We moeten bereid zijn om eerder voor het opbeuren van anderen te bidden, dan voor onze eigen vooruitgang. Mijn kinderen, als we zo'n onzelfzuchtige liefde ontwikkelen, is dat de grootste vooruitgang die we kunnen maken. Echte aanbidding is het lijden van anderen zien als ons eigen lijden en hun geluk als ons eigen geluk. Ware toegewijden zien zichzelf in anderen. Zij leven in een wereld van vrede en tevredenheid." Moeder hield op met praten. Haar blik verbleef ergens ver weg.

Spoedig was het tijd voor de bhajans. Moeder leidde iedereen naar de kalari. Toen Ze ging zitten, zette een brahmachari een tambura voor Haar neer. Ze begon op het instrument te spelen en zette de toonhoogte voor het eerste lied. Ze zong een kirtan die voor Haar geschreven en aan Haar opgedragen was door Krishnan Nair, een toegewijde van buiten de ashram. Iedereen zong met Moeder mee en vergat al het overige in Haar aanwezigheid: *Katinnu katyi, kanninnu kannayi…*

O Moeder, die schijnt als het Oor van het oor,
de Geest van de geest,
en het Oog van het oog,
U bent het Leven van het leven,
het Leven van de levenden.

Wat de oceaan is voor de golven,
bent U voor de ziel.
U bent de Ziel van de zielen,
U bent de Nectar van de nectar van wijsheid.

O Moeder, U bent de Parel van het onsterfelijke Zelf,
de Essentie van Gelukzaligheid.
U bent de grote maya.
U bent het Absolute.

Ogen kunnen U niet waarnemen.
De geest kan U niet grijpen.
Woorden verstommen in Uw aanwezigheid, Moeder.
Al wie zegt dat hij U gezien heeft,
heeft U niet gezien,
want U, Grote Godin, bent voorbij het intellect.

De zon, de maan en de sterren
schijnen niet uit zichzelf,
maar worden door Uw schittering verlicht.
Door onderscheidingsvermogen,
kan alleen een moedig iemand het pad betreden
naar het verblijf van Eeuwige Vrede,
de Hoogste Waarheid.

Na de bhajans mediteerde iedereen een tijdje voor het avondeten. De zoete dreun van de tambura bespeeld door Moeder en Haar gezang klonken nog gelukzalig na in hun geest:

Door onderscheidingsvermogen,
kan alleen een moedig iemand het pad betreden
naar het verblijf van Eeuwige Vrede,
de Hoogste Waarheid.

Woensdag 11 juni 1986

Zij beschermt altijd degenen die hun volledige toevlucht tot Haar nemen

Het was net na tweeën 's morgens. Een brahmachari kwam stil van het strand terug, waar hij gemediteerd had. Hij ging naar de lege kalari, deed het licht uit en legde zijn *asana* en sjaal op de veranda. Daarna maakte hij Pai wakker, die op de veranda van de kalari sliep en die aan hem gevraagd had om hem om twee uur te wekken om te mediteren. Pai had ook de taak om om vier uur de klok te luiden om iedereen voor archana te wekken. Toen de brahmachari naar zijn hut liep om naar bed te gaan, zag hij een man en een vrouw voor de Vedantaschool zitten.

"We zijn gekomen om Amma te zien," zeiden ze bescheiden terwijl ze opstonden.

Brahmachari: "Amma is rond middernacht naar Haar kamer gegaan. Ze ging de trap op naar Haar kamer toen ik naar het strand ging."

Bezoekers: "We moeten net na middernacht aangekomen zijn."

Plotseling hoorden ze het geluid van naderende voetstappen. Moeder kwam met een glimlach naar hun toe. De bezoekers vielen aan Haar voeten met een mengsel van eerbied en blije verrassing.

Moeder: "Mijn kinderen, wanneer zijn jullie gekomen?"

Toegewijde: "We zijn aangekomen net nadat U naar Uw kamer gegaan bent, Amma. We zaten hier en voelden ons teleurgesteld omdat we U vannacht niet zouden zien."

Moeder: "Amma had net Haar ogen dichtgedaan toen jullie plotseling voor Haar leken te staan. Zoon, is alles goed met je dochter?"

Toegewijde: "Haar operatie is overmorgen. De doktoren zeggen dat het een gecompliceerd geval is. Onze enige hoop is Uw zegen, Amma. Daarom zijn we hier gekomen."

Moeder: "Waarom waren jullie zo laat, kinderen? Is de auto kapotgegaan?"

Toegewijde: "Ja, Amma. We zijn rond het middaguur vertrokken, maar we hadden onderweg problemen met de auto. Het duurde uren om het te laten maken. Daarom zijn we zo laat gekomen. Anders waren we rond acht uur hier geweest."

Moeder: "Maak je geen zorgen, zoon. Kom, laten we gaan zitten." Ze pakte hun handen en leidde hen naar de veranda van de kalari waar ze allemaal gingen zitten. Ze praatte lang met hen. Ze nam toen wat bhasma van de kalari en gaf het hun als prasad. "Zeg tegen mijn dochter dat ze zich geen zorgen hoeft te maken.

Amma is bij haar." Zij knielden allebei weer voor Haar toen de klok vier uur sloeg. Ze droeg een brahmachari op om hen met de veerboot over te zetten en ging toen terug naar Haar kamer. Toen de bezoekers de ashram verlieten, draaiden ze zich om en keken in Moeders richting. Op dat moment wierp Moeder, die de trap naar Haar kamer opliep, ook een blik terug en glimlachte naar hen, een glimlach die een niet mis te verstaan teken van bescherming was.

Er waaide een frisse wind. Genietend van de uiterlijke koelte van de vroege ochtend en de kalmerende innerlijke koelte van Moeders genade, gingen de bezoekers aan boord van de veerboot en vertrokken. De ochtendster scheen helder en voegde een zwakke gloed toe aan het oppervlak van de backwaters.

Vrijdag 13 juni 1986

Moeder zat op de trap voor het kantoor omringd door een paar mensen. Een brahmachari probeerde Haar de noodzaak uit te leggen om de mensen die verantwoordelijk waren voor één van de plaatselijke ashrams, weg te sturen en de verantwoordelijkheid aan nieuwe mensen te geven. Moeder luisterde naar alles wat hij te vertellen had. Tenslotte zei Ze: "Amma's doel is om ijzer en roest in goud te veranderen. Het is niet nodig om goud weer in goud te veranderen!"
De brahmachari probeerde zijn punt te herhalen.

Moeder: "Zoon, heb het geduld om te luisteren. Het was Amma die hen in dit bestuur gezet heeft, nietwaar? Begrijp dat Amma misschien iets met hen voorhad. Eerst leerde Amma over Zichzelf en daarna leerde Ze over de hele wereld. Pas daarna nam Ze deze rol op zich. Amma weet hoe Ze deze mensen moet begeleiden. Amma heeft het lijden en de moeilijkheden van honderdduizenden mensen gezien, nietwaar? Wie anders heeft zo'n gelegenheid gehad? Ook heeft Amma gezien dat de aard van talrijke mensen een verandering onderging. Als we de leden uit dit bestuur zetten, zullen ze hun leven leiden zonder van enig nut te zijn voor wie dan ook. Maar als we ze aanhouden, dan zullen ze tenminste voor een aantal ashramzaken zorgen. Zo kunnen ze tenminste op een kleine schaal dienen en ze zullen de verdienste ervan krijgen. Is dat niet beter dan ze zonder werk te laten zitten? Amma weet hoe ze hen instructies kan laten opvolgen.

Terwijl ze hun werk doen, wordt hun geest gezuiverd en dat zal hen naar verlossing leiden. We kunnen ze niet halverwege wegsturen. Het is onze plicht om ze te redden. Ons doel is anderen proberen te helpen om devotie voor God te ontwikkelen en innerlijke vrede te ervaren. Als we oprecht dit verlangen hebben, zullen we hun alle fouten die ze maken vergeven en proberen om hen op het juiste pad te brengen.

We kunnen niet verwachten dat iedereen goed is. Sommigen zijn dat niet. Maar als we hen eruit gooien en hen opgeven, zullen ze nog meer fouten in de wereld begaan. Dus wij, die meer weten dan zij, moeten naar hun niveau afdalen. Denk niet dat iemand slecht is en verwijderd moet worden, alleen maar omdat hij één of twee fouten gemaakt heeft.

Amma bedoelt niet, dat wat jij zegt helemaal fout is. Veel mensen innen namens de ashram geld, maar sommigen geven slechts een kwart daarvan aan de ashram. Amma weet dat, maar Ze doet alsof Ze het niet weet. Ze geeft hun nog een kans om hun fouten te herstellen. Als ze nog steeds niets leren of hun gedrag niet willen veranderen, gaan ze gewoonlijk uit eigen beweging weg. Amma heeft niemand hoeven dwingen om weg te gaan. Ze gaan gewoon vanzelf weg.

Zij die fouten maken, zijn ook onze broeders en zusters, nietwaar? Ze hebben misschien nog niet genoeg wijsheid verzameld, maar we kunnen God erom bidden dat ze dat krijgen. Dat zal ons ook ten goede komen, want het zal onze geest verruimen."

De brahmachari knielde voor Haar en trok zich terug.

Een les in shraddha

Moeder merkte een brahmachari op die in gedachten verzonken over zijn snor streek.

Moeder: "Neem je hand weg. Zulke gewoonten zijn niet goed voor een brahmachari. Als je ergens zit, moet je je lichaam of je ledematen niet onnodig bewegen. Gewoontes zoals met je voeten tikken, met je handen bewegen en over je snor strijken horen niet bij een sadhak. Je moet proberen om stil te zitten."

Er kwam een brahmacharini naar Moeder toe en zij vertelde Haar dat er veel borden en bekers zoek waren in de ashram. Moeder zei: "Breng alle borden en bekers hier. Laat er nergens één achter. Breng alles hierheen."

Alle ashrambewoners hadden een bord en een beker gekregen die ze in hun hut bewaarden. Moeder zei tegen degenen die er waren: "Kinderen, jullie moeten allemaal meer aandacht aan deze dingen schenken. Veel borden en bekers zijn kwijtgeraakt omdat men ze overal liet liggen. Toen kreeg iedereen een bord en een beker met zijn naam erop. En nu zijn er ook hiervan veel zoek. Als iemand zijn bord kwijt is, pakt hij gewoon een bord van de kamer naast hem zonder er bij stil te staan dat de man in die kamer het nodig heeft. Hoe moet hij het zonder bord doen? Uiteindelijk wordt Amma erin betrokken om een einde aan de onenigheid te maken." Moeder lachte. "Deze kinderen zijn erger dan kleine baby's!"

De brahmachari's kwamen met hun borden en bekers en Moeder nam een ernstige houding aan.

Moeder: "Vanaf nu mag niemand meer het bord van iemand anders gebruiken. Als je je bord kwijt bent, moet je dat toegeven. Vertel nooit een leugen om je eigen bestwil, zelfs als het je je leven kost. Als jullie je borden en andere dingen weer door nalatigheid kwijtraken, zal Amma niets meer eten. Onthoud dat, kinderen!"

Binnen een paar minuten waren alle borden en bekers voor Moeder geplaatst en Ze telde ze. Er ontbraken er vele.

Moeder: "Kinderen, komt het niet door jullie slordigheid dat we zoveel borden en bekers zijn kwijtgeraakt? Er komen hier allerlei mensen. Als jullie je spulletjes overal laten slingeren nadat je ze gebruikt hebt, zullen zij die ze nodig hebben, ze gewoon meenemen. Waarom anderen de schuld geven als jullie hun de gelegenheid hebben gegeven om te stelen? Jullie zijn er schuldig aan. Als jullie zorgvuldiger geweest waren, zouden die borden niet zoekgeraakt zijn. Niemand van jullie kent de waarde van geld, dus wat maakt het voor jullie uit dat deze dingen kwijtraken?

Amma groeide op met ontberingen. Ze kent de waarde van elke paisa. Ze moest moeite doen om genoeg brandhout te krijgen om thee te zetten. Omdat Ze de ontberingen van de armoede kent, laat Ze zelfs geen splintertje verloren gaan. Als ze een stukje hout ziet, denkt Ze aan de waarde ervan en hoe het gebruikt kan worden. Maar, kinderen, als jullie het op jullie pad zagen liggen, zouden jullie het gewoon wegschoppen. Of als jullie het in de regen zagen liggen, zouden jullie er nooit aan denken om het op te rapen, te drogen en te bewaren. Maar Amma zou het niet als iets waardeloos afdoen. Kinderen, zouden wij een muntje van vijf paisa weggooien? Neen, want het is vijf paisa. Maar voor vijf paisa kunnen we zelfs geen klein stukje brandhout kopen. Hoe kunnen we zonder droog hout iets koken? Zelfs als we honderden roepies in onze handen hebben, dan hebben we nog steeds brandhout nodig om een vuur te maken, nietwaar? We moeten ons bewust zijn van de waarde en de mogelijke bruikbaarheid van alles. Dan zullen we onszelf niet toestaan om iets te verkwisten.

Kijk naar wat er in de ziekenhuizen gebeurt. Ze hebben geen zuiver water voor injecties. Het kost één of twee roepies om het daarbuiten te kopen. Veel patiënten lijden urenlang pijn omdat ze niet zoveel geld hebben. Een injectie zou hun pijn verlichten, maar ze kunnen het zich niet veroorloven en dus vergaan ze van de pijn. Twee roepies zijn voor hen heel veel waard! Kinderen, Amma heeft zoveel zieke mensen zien creperen van de pijn, omdat ze geen geld hadden om één enkele pijnstiller te kopen. Jullie moeten bij al jullie handelingen aan deze mensen denken.

God is in iedereen. Degenen die ondragelijke pijn lijden, zijn ook Gods kinderen. Zij zijn onze broeders en zusters. Door aan hen te denken zullen jullie echte shraddha ontwikkelen. Steeds wanneer jullie achteloos een roepie verkwisten, moet je eraan denken dat iemand door jullie tien uur pijn lijdt. Jullie zijn de oorzaak van de kwelling van die arme man. Jullie onverschilligheid kan vergeleken worden met het gooien van afval in het gemeenschappelijke drinkwater. Jullie gedrag doet Amma aan deze zieke mensen denken, want met het geld dat jullie weggooien, konden jullie in plaats daarvan medicijnen voor hen kopen. En bovenal verspelen jullie door je onverschilligheid de kans om aan het kostbare juweel in jezelf het leven te schenken."

Moeder riep de brahmacharini die Haar over de ontbrekende borden verteld had.

Moeder: "Vanaf vandaag ben jij verantwoordelijk voor het keukengerei. 's Ochtends moet je het vereiste aantal borden en bekers geven aan degenen die het eten serveren, en 's avonds moet je weer evenveel spullen inzamelen als je die ochtend hebt uitgegeven. Wat er tot nu toe is kwijtgeraakt, is weg. Als we nog meer kwijtraken, zul jij je daarvoor moeten verantwoorden.

De aandacht die we aan ieder detail schenken, kan ons dichter bij God brengen. De shraddha waarmee we onze uiterlijke handelingen verrichten, onthult de schat die in ons verborgen is. Dus mijn lieve kinderen, schenk aandacht aan alles terwijl je verdergaat. Door naar de kleine dingen te kijken heeft Amma verstand van de grote dingen."

Van de keuken liep Moeder naar de noordkant van de ashram. Op een bepaald moment spuugde Ze opzij en Haar spuug viel toevallig op een wilde spinazieplant. Het was Haar bedoeling om te spugen waar er geen planten waren, maar door de wind waaide Haar speeksel op de spinaziebladen. Moeder haalde een kan met water en waste zorgvuldig de bladen af. Toen waste Ze haar handen boven dezelfde plant zodat er geen water verspild werd.

Moeder was altijd voorzichtig dat Ze geen water verspilde. Zelfs als er een waterkraan beschikbaar was, waste Moeder Haar handen en gezicht met water uit een kom. Ze zei dat als we een kraan opendraaien, we de neiging hebben om meer water te gebruiken dan we nodig hebben. Iedere overbodige handeling is *adharma* (onjuist). Nalaten om een noodzakelijke handeling te verrichten is ook adharma. Als Moeder gevraagd werd wat dharma is, zei Ze gewoonlijk: "Het is de noodzakelijke handelingen verrichten op de juiste tijd en op de juiste manier."

De brahmachari die naast Moeder liep, dacht op deze wijze en waardeerde Haar voorbeeld. Toch kwam er twijfel in zijn geest op en hij dacht: "Maar was het echt nodig dat Moeder de blaadjes van een plant afwaste alleen omdat er een beetje spuug op viel?"

Terwijl Moeder verder liep, zei Ze alsof Ze de onuitgesproken vraag van de brahmachari beantwoordde: "Die planten leven ook!"

Moeder staarde een ogenblik om zich heen en ging toen de eetzaal binnen. Een aantal brahmachari's waren cassavewortels voor het avondeten aan het schillen en snijden. Ze ging bij hen zitten en deed mee met het werk.

Brahmachari's en familiebanden

Een brahmachari begon met het gesprek: "Er zijn een aantal brieven van thuis gekomen. Ik heb er geen enkele beantwoord. Moet ik schrijven, Amma?"

Moeder: "Zoon, in het begin moet je geen brieven aan je familie schrijven. Als jij schrijft zullen zij erop antwoorden en dan zul jij weer terugschrijven. Als je echt wilt schrijven, bijvoorbeeld als je ouders ziek zijn, schrijf dan slechts een paar regels om ze te troosten. Geef je vader en moeder over aan de Paramatman en schrijf hen met deze houding van overgave. Dan zal het je niet binden. Als je brieven van thuis krijgt, lees ze dan niet steeds opnieuw. Gooi ze weg als je de inhoud ervan begrepen hebt. De brieven zullen nieuws van je familie en vrienden bevatten en als je ze leest, zal je geest ondanks jezelf een beetje wankelen. Kinderen, jullie moeten nooit vergeten waarom jullie hier zijn gekomen.

Stel dat je een zieke op een intensive care afdeling bezoekt en je vertelt hem in detail over het lijden van zijn gezin. Wat zal het resultaat zijn? Zijn gezondheid zal verder achteruitgaan en hij zou zelfs kunnen sterven. Op dezelfde wijze onderga jij nu een behandeling en er is veel voorzichtigheid geboden. Als je geest zich eenmaal zo ontwikkeld heeft dat je onder geen enkele omstandigheid verslapt of bezwijkt, dan zijn er geen problemen meer. Tot dan echter zijn deze beperkingen nodig. Nu zijn jullie allemaal als jonge boompjes die in de schaduw van een boom groeien. Daarom is het voor jullie nodig om je aan bepaalde regels en beperkingen te houden.

Als iemand in je familie niemand heeft die voor hem zorgt en als zijn gezondheid zeer slecht is, dan is het goed om erheen te gaan en hem de hulp en verzorging te geven die hij nodig heeft. Je moet hem als God beschouwen en hem dienen. Maar als je jouw gehechtheid aan hen in je geest levendig blijft houden, dan zul je geen baat hebben bij het leven in de ashram. Noch jij noch je familie zullen ervan profiteren. Als je niet in staat bent om de gehechtheid aan je familie te verbreken, is het het beste dat je thuis woont en voor je ouders te zorgt.

Zelfs als je niet thuis op bezoek gaat, maar via hun brieven al hun nieuws en problemen te weten komt, zullen al je gedachten over deze dingen gaan! De gedachten aan de moeilijkheden thuis zullen zich automatisch in je onderbewustzijn nestelen. Maar jouw sympathie helpt hun niet. Als je door je spirituele oefeningen eenmaal een zeker niveau bereikt hebt, kun je een sankalpa maken die hen ten goede zal komen. Maar dat is in dit stadium niet mogelijk. Door je zorgen over hen te maken zul je uiteindelijk alleen de kracht verliezen die je hebt opgedaan.

Als je familie je schrijft, moedig het dan niet aan. Een kokosnoot kan niet ontspruiten voordat die van de moederboom gevallen is. Als gevolg van je gehechtheid kom je alleen verder van God. Je zult niet vooruitgaan als je probeert sadhana te doen, terwijl je je gehechtheid aan je familie en vrienden in stand houdt. Als je nú in eenzaamheid je sadhana doet zonder dat je je geest bij andere dingen stil laat staan, kun je de kracht ontwikkelen om niet alleen je familie maar de hele wereld te redden."

Brahmachari: "Maar we kunnen er niets aan doen dat we ons bezorgd voelen als we over de problemen thuis horen, nietwaar?"

Moeder: "Zoon, als je eenmaal het spirituele pad gekozen hebt, moet je alles volledig aan de Allerhoogste overgeven en doorgaan. Door een reservoir te vullen voorzie je alle leidingen die ermee verbonden zijn van water. Zo is het ook als we van God houden, dan houden we van iedereen, want Hij woont in iedereen."

Als je familie je bezoekt, kun je hen met een glimlach begroeten, en vol respect voor hen buigen[49] en een paar vriendelijke

---

[49] In India is het gebruikelijk dat jonge mensen zich voor de ouderen in hun familie buigen en hun voeten aanraken.

woorden spreken. Dat is prima. Dat hoor je echt te doen, maar niet meer dan dat. Heb vertrouwen dat God voor al hun behoeften zal zorgen. Je moet die houding van overgave hebben. Ben jij het per slot van rekening, die ze echt beschermt? Heb jij de kracht om dat te doen?"

Brahmachari: "Waarom wordt het opgeven van familiebanden zo belangrijk gevonden?"

Moeder: "Zoon, zoals de aarde alles naar zich toe trekt, zal onze familie onze geest snel naar zich toe trekken. Dat is de speciale eigenschap van bloedverwanten. Een sadhak moet iedereen als gelijke kunnen zien. Alleen door onze gehechtheid aan alles op te geven kunnen we onze ware aard te weten komen. Onze gehechtheid aan 'mijn' vader, 'mijn' moeder, 'mijn' broer of zus is diep in ons geworteld. Als we dat niet verwijderen kunnen we ons niet ontwikkelen en zullen we niet de verwachte effecten van onze sadhana hebben. Als je met een boot roeit die aan de oever is vastgebonden, zul je niet naar de overkant komen."

Brahmachari: "Amma, ik schrijf niemand. Ik wilde alleen weten wat juist is."

Moeder: "Als de omstandigheden zo zijn dat je iemand moet schrijven, schrijf dan niet meer dan twee of drie zinnen. Zorg ervoor dat wat je schrijft over spirituele zaken gaat. Dan zal hun geest door het lezen van deze woorden tenminste een beetje gezuiverd worden. Als iemand zich op het spirituele pad begeeft, kan hij grote invloed op zijn familie hebben, op hun manier van denken. Schrijf altijd alleen over positieve dingen in je brieven aan hen. Sommige familieleden van Ramakrishnan zijn begonnen hem te steunen om hier te blijven. Door hun omgang met hem zijn ze de noodzaak van spiritualiteit in het leven gaan waarderen."

Brahmachari: "U zei dat we niet de houding moeten hebben dat het 'mijn' familie is, maar hoe kunnen we hen dienen zonder die houding? Is het niet zo dat we iets alleen goed kunnen doen als we het met een gevoel van 'mijn' doen?"

Moeder: "De dienstverlening van een spiritueel mens is ook zijn sadhana. Zijn doel is om vrij van alle banden te zijn. Hij smacht naar volledige vrijheid. Hij dient anderen om zijn geest te zuiveren en om onthecht te worden, zodat hij het Hoogste Doel kan verwerkelijken. Als je van God houdt en je aan Hem overgeeft, kun je elke handeling op een volmaakte manier verrichten, zonder enig gevoel van 'mij' of 'mijn'. We doen ons best en laten dan de resultaten aan Zijn wil over, dat moet onze houding zijn. Als we gehecht zijn, zal zelfs het dienen van anderen ons binden.

We moeten anderen helemaal zonder verwachtingen dienen. Wanneer anderen dorens naar ons gooien, moeten we in staat zijn om bloemen naar hen terug te gooien. Als zij ons vergif geven, moeten wij hun payasam geven. Zo'n soort geest moeten we hebben. Het doel van het dienen van de wereld is het ontwikkelen van zo'n geest. Als we anderen dienen moeten we ze als God beschouwen. Iedere handeling van ons moet een manier zijn om God te aanbidden. Elke handeling zal dan in een goddelijke mantra veranderen."

Brahmachari: "Wat is er verkeerd aan om onze familie op deze manier te dienen?"

Moeder: "Als je eenmaal zo'n geest ontwikkeld hebt, is het geen probleem. Maar in deze fase ben je nog steeds aan je familie gehecht. Dus zal het moeilijk voor je zijn om de dingen die je voor hen doet te zien als een manier om God te dienen. In het begin zal het moeilijk voor je zijn om met je familie om te gaan zonder gehechtheid te voelen, zoals je dat met anderen wel kunt. Het is begrijpelijk dat je aan je huis en familie gehecht bent. Dit kun je alleen door veel oefenen overwinnen. Daarom wordt het aanbevolen dat een zoeker zich van zijn familie losmaakt. Wanneer hij echte liefde voor en gehechtheid aan God ontwikkeld heeft, kan hij met niets anders meer een band handhaven.

Het zaad moet volledig in de aarde begraven worden en zijn schil moet openbreken voordat het kan ontspruiten. Een sadhak moet zijn identificatie met het lichaam afbreken en moet zijn houding van 'mijn' vader en 'mijn' moeder loslaten. Hij moet iedereen als God zelf zien."

Toen Moeder opstond, raapte Ze de tapiocaschillen op en vroeg iemand om die in het drinken van de koeien te doen. Gezegend door de nectar van Haar woorden stonden de brahmachari's ook op en gingen naar hun werk.

Zondag 15 juni 1986

Moeder zat met enkele toegewijden in de darshanhut. Omdat het de hele ochtend geregend had, was de groep niet zo groot.

Moeder (lachend): "De ashramkinderen zeggen dat we wat er in de *Bhagavad Gita* geschreven staat, moeten veranderen. De Heer zei: 'Ik ben er voor degenen die hun toevlucht tot Mij nemen en al het andere verzaken.' Ze zeggen dat het hier net andersom is, dat Amma meer van de mensen met een gezin houdt dan van hen die alles verzaken. Maar heeft een brandende lamp licht nodig? Zij die in het donker zitten, hebben licht nodig. Degene die vanuit de hitte binnenkomt, heeft koud water nodig.

Amma vertelt de kinderen die hier wonen: 'De mensen met een gezin gaan gebukt onder de hitte van het wereldse leven, terwijl jullie voortdurend van de koelte hier genieten. Omdat Amma dichtbij is, kunnen jullie naar Haar toe rennen met alle problemen die jullie hebben. Voor de anderen ligt dat echter niet zo. Tussen al hun bezigheden lukt het hun om een dag te vinden om naar Amma te komen. Als Amma hun niet genoeg aandacht geeft als ze komen, zullen ze instorten. Terwijl jullie het wereldlijke leven verzaakt hebben en hier zijn gekomen om het Zelf te realiseren, moeten zij nog steeds voor hun huis, kinderen en baan zorgen. Zij zijn aan hun verantwoordelijkheden gebonden en toch zoeken ze temidden van dat alles naar spiritualiteit. Het is voor hun niet mogelijk om al deze banden onmiddellijk te verbreken. Alleen door voortdurend sadhana te doen zullen ze de vereiste onthechting ontwikkelen. Zij moeten in het vuur staan zonder zich te verbranden. Zo is het leven van mensen met een gezin. Zonder schoenen moeten zij over dorens lopen zonder gewond te raken, waarbij schoenen de vrijheid van wereldlijke banden voorstellen. Deze mensen hebben die vrijheid niet. Het is daarom onze plicht om hen te troosten.' Als de kinderen dit alles horen, houden ze zich rustig," besloot Moeder lachend.

Een jongeman, Sudhir genaamd, zat dicht bij Moeder. Hij had vijf jaar geleden zijn doctoraal gehaald, maar omdat er niemand anders was om voor zijn bejaarde moeder te zorgen, had hij haar verzorgd in plaats van een vaste baan te nemen. Om de kost te verdienen gaf hij privé-les aan de kinderen in de omgeving waar hij woonde. Na de dood van zijn moeder begon hij een spiritueel leven te leiden, bracht zijn tijd door met het dienen van anderen en hield zich bezig met sadhana. Maar al snel vond hij dat hij niet door kon gaan zonder een guru die hem de juiste leiding gaf die hij nodig had. In feite begon hij een afkeer te voelen voor spirituele activiteiten. Tegelijkertijd nam zijn interesse voor wereldse zaken ook af.

Omdat Sudhir zich rusteloos voelde, was hij drie dagen geleden naar de ashram gekomen om Moeder voor de eerste keer te ontmoeten. Hij had Moeder gevraagd of hij een tijdje in de ashram kon blijven en Moeder vond het goed. Op de tweede dag was zijn verdriet verdwenen. Hij nam met veel enthousiasme en shraddha deel aan het werk in de ashram. Sudhir zong ook goed en had al verscheidene kirtans leren zingen.

Sudhir: "Amma, is onzelfzuchtig helpen alleen mogelijk als men in God gelooft?"

Moeder: "Zoon, alleen iemand met vertrouwen in God kan werkelijk onbaatzuchtig anderen dienen. Maar als iemand die geen religieus vertrouwen heeft, in staat is om anderen werkelijk onzelfzuchtig te helpen en anderen hun fouten en tekortkomingen te vergeven, dan maakt het niet uit of hij wel of niet enig vertrouwen heeft. Zij die in staat zijn om echt onbaatzuchtig te helpen zonder in God te geloven, verdienen ons diepste respect."

Sudhir: "Wat is het doel van meditatie?"

Moeder: "Onze geest wordt onzuiver door de vele verschillende gedachten die voortdurend opkomen. Meditatie richt al die gedachten op één punt.

Wij zijn als zuiver regenwater dat in de goot gevallen is en daardoor onzuiver is geworden. Het water in de goot moet gezuiverd worden door het met een rivier te verbinden en dat is wat sadhana doet. Hoewel we in werkelijkheid de onbesmette Atman zijn, bevinden er zich onzuivere vasana's in ons omdat we aan de grove, fysieke wereld gebonden zijn. We moeten onze geest zuiveren door onderscheid te maken tussen het eeuwige en het tijdelijke en door meditatie. En naarmate we door meditatie gezuiverd worden, worden we sterker."

Moeder vroeg Sudhir om een lied te zingen. Hij zong: *Karunya murte, kayampu varna...*

O Zetel van mededogen,
donker gekleurde,
wees zo goed om Uw ogen te openen.
O Vernietiger van alle verdriet,
verwijder alstublieft mijn lijden.

O helder stralende,
met ogen als de bloembladen van een rode lotus,

U bent mijn bescherming in deze wereld.
O Krishna, ik zal U altijd aanbidden
met de bloemen van mijn tranen.

O Gopala, die onze geest betovert,
ik tast rond in het donker.
O Shridhara, die alle veertien werelden doordringt,
open Uw ogen en bevrijd mij van mijn verdriet.

Een jonge vrouw zat bij Moeder te mediteren. Moeder wees naar haar en zei: "Deze dochter wil ook in de ashram komen wonen. Ze weigert om naar huis te gaan, hoewel ze getrouwd is. Ze is naar haar ouders teruggegaan en de familie van haar man staat haar niet toe dat ze haar eigen kind ziet. Nu wil ze haar man en haar kind niet meer. Amma heeft aan haar gevraagd om even te wachten. Haar huidige onthechting komt door haar teleurstelling en niet door echt inzicht. Ze heeft onthechting nodig die uit echt begrip van de spirituele principes voortkomt. Anders zal ze het ashramleven niet vol kunnen houden."

Een toegewijde test Devi

De bel voor het middageten luidde. Nadat Moeder aan de paar overgebleven mensen darshan had gegeven, liep Ze vergezeld van de toegewijden naar de eetruimte. Moeder serveerde zelf aan iedereen het middageten en bleef in de eetzaal tot bijna iedereen klaar was met eten. Toen verliet Ze de zaal, maar na een paar stappen keerde Ze zich plotseling om en ging terug naar binnen. Ze ging naar een man toe die nog steeds voor zijn bord zat, pakte een rijstbal die hij aan de rand van zijn bord had bewaard en stopte die in Haar mond. Toen werd hij helemaal overmand door emoties. Tranen liepen over zijn gezicht en hij bleef maar zeggen: "Kali, Kali, Kali..." Moeder ging naast hem zitten en

175

aaide liefdevol over zijn hoofd en zijn rug. Tenslotte stond Ze op en ging naar Haar kamer.

Voor deze man had Moeders ongewone gedrag veel betekenis. Hij was op zakenreis van Calcutta naar Cochin gegaan en had van een vriend over Moeder gehoord. Omdat hij, zoals veel Bengali's, de Goddelijke Moeder aanbad, had de beschrijving van zijn vriend over Moeders Devi bhava hem geïntrigeerd en had hij besloten om Haar op te zoeken, voordat hij naar Calcutta terugging. Die morgen was hij dus met zijn vriend naar de ashram gegaan en had Moeders darshan in de hut ontvangen. Toen Moeder even later het middageten serveerde, had hij een rijstbal gemaakt en die aan de rand van zijn bord gelegd met de gedachte: "Als Moeder echt Kali is, zal Ze deze rijstbal pakken en opeten. Als Ze dat doet, blijf ik vannacht hier om Devi bhava te zien. Anders ga ik na het middageten meteen weg." Toen Moeder na het serveren van het eten uit de zaal wegliep, verloor hij alle moed en een gevoel van wanhoop bekroop hem. Maar toen Ze een ogenblik later terugkwam en de rijstbal opat, die hij voor Kali opzij had gelegd, verloor hij alle controle over zichzelf. De wolken die zich in hem verzameld hadden, stortten hun tranen uit. Hij bleef voor bhava darshan terwijl zijn vriend die middag terugging.

Instructies voor de leerlingen

Het regende 's middags. Om vier uur ging Moeder naar de voorraadkamer en begon die geholpen door enkele brahmachari's schoon te maken. Buiten in de regen maakten Nilakantan en Kunjumon een omheining aan de noordkant van de ashram.

"Blijf niet in de regen, kinderen!" riep Moeder naar hen.

"Het is goed Amma, we zijn bijna klaar met het werk!" antwoordden ze en ze begonnen nog harder te werken.

Toen Moeder dat zag, zei Ze: "Omdat jullie je werk als een offer aan Amma doen en omdat jullie het met zo veel vreugde, oprechtheid en toewijding doen, zullen jullie geen koorts krijgen. Maar het is anders voor hen die halfslachtig voor iemand anders werken."

Een paar brahmachari's die uit de regen gebleven waren, wisselden beschaamde blikken uit.

De brahmacharini die verantwoordelijk was voor het verzamelen van brandhout voor de keuken, was haar plicht niet nagekomen. Eén van de bewoners klaagde bij Moeder dat het koken door gebrek aan brandhout moeilijk geworden was.

Moeder: "Amma heeft deze dochter er onlangs nog aan herinnerd dat er brandhout nodig was, maar ze heeft nog steeds niets gebracht. Waar is haar respect en devotie? Amma zegt niet dat iedereen Amma moet respecteren of eerbied voor Haar moet hebben. Maar als je een kano maakt, verwarm je het hout om het te buigen. Alleen als het hout buigt, kun je de kano vormen. Zo veranderen wij ook ten goede, als we ons 'buigen' uit ontzag en devotie voor de guru. Anders zal alleen het ego groeien en we zullen ons spiritueel helemaal niet ontwikkelen. Nederigheid en gehoorzaamheid zijn essentieel voor de ontwikkeling van een sadhak."

Toen Moeder klaar was met het straffen van de brahmacharini, begon een andere bewoonster nog meer over haar te klagen.

Moeder: "Dochter, dit kind was ongehoorzaam, maar we moeten niet boos op haar zijn. We moeten nooit iemand uit vijandschap berispen of bekritiseren, maar alleen ter wille van zijn vooruitgang. Als we iemand uit boosheid of jaloezie berispen of bekritiseren, begaan we een veel grotere fout dan zij en het zal onze geest alleen onzuiverder maken. Een sadhak moet dit nooit doen. Een belangrijk aspect van sadhana is om alleen het goede in anderen te zien, want alleen dan zal de negativiteit in ons sterven.

Als we anderen met liefde bekritiseren en alleen hun vooruitgang in gedachten hebben, zal het hen van het verkeerde naar het juiste leiden. Maar als we iets aan te merken hebben alleen om aanmerkingen te kunnen maken, zal het onze eigen geest vervuilen en ook de vijandigheid in de ander versterken en hem aanmoedigen om nog meer fouten te maken. Kinderen, kijk niet naar de fouten van anderen! Als iemand met jou over de fouten van een ander praat, wijs dan op zijn goede eigenschappen, zonder bij zijn fouten stil te staan. Zeg tegen degene die kritiek levert: 'Je hebt van alles op hem aan te merken, maar heeft hij niet die en die goede eigenschappen?' Dan zal hij vanzelf ophouden met zijn kritiek en zal hij je niet meer benaderen om over anderen kwaad te spreken. Zo verbeteren we onszelf en we helpen ook de ander om van zijn gewoonte van het bekritiseren af te komen. Is het niet zo dat slagers en slijterijen alleen kunnen blijven bestaan omdat mensen daar hun waren kopen? Mopperaars zullen hun aard veranderen als er niemand is die naar hen luistert."

Het was tijd voor de bhajans. Moeder ging naar de kalari en het zingen begon. Tijdens de bhajans brak er een onweer los en het regende hevig. De donderslagen klonken als trommelslagen die de *tandava*-dans van Heer Shiva begeleidden.

Woensdag 18 juni 1986

De Moeder die haar kinderen wil zien huilen

Het was elf uur 's ochtends. Moeder was met alle brahmachari's in de meditatieruimte. Ze gaf hen op hun kop voor het gebrek aan aandacht voor hun sadhana. Tenslotte zei Ze:

"Mijn lieve kinderen, huil om God! Amma geeft jullie niet uit boosheid op je kop. Haar hart is vol liefde voor jullie, maar als Ze alleen Haar liefde toont, zullen jullie niet groeien. Als Amma jullie berispt, zullen bovendien jullie zonden op Haar overgaan.

Kinderen, raak niet gehecht aan uiterlijke liefde. Zij die een wereldlijk leven leiden, moeten hun liefde naar buiten tonen, want alleen dan weten de anderen dat je van hen houdt. In het wereldse leven hangt ieders gemoedsrust af van uiterlijke liefde. Zonder dat zal er onenigheid zijn en geen vrede. In het spirituele leven daarentegen vinden we gelukzaligheid in onszelf.

Als je gehecht bent aan het idee om alleen naar uiterlijke liefde te zoeken, zul je de Goddelijke Essentie niet in jezelf kunnen vinden. Alleen door 'Dat' te verwerkelijken zul je echte tevredenheid vinden. Als je een eigen huis bezit, kun je in vrijheid wonen. Anders komen, als je de huur niet op tijd betaalt, de huisbaas en zijn mensen het je lastig maken.

Amma is gelukkig als Ze ziet dat jullie je gelukzaligheid in jezelf vinden. Amma voelt zich ongelukkig als Ze ziet dat jullie van Amma's uiterlijke liefde en van uiterlijke dingen afhankelijk zijn, want als jullie daarvan afhankelijk zijn, zullen jullie morgen moeten lijden.

Als Amma teveel liefde toont, zal dat problemen geven, want in plaats van naar binnen te kijken zullen jullie alleen maar op deze uiterlijke Moeder gericht zijn. Maar als Amma wat boosheid laat zien, zullen jullie je naar binnen keren en denken: 'O God, wat heb ik verkeerd gedaan? Geef me de kracht om volgens Amma's wensen te handelen.' En zo keren jullie je naar je eigen innerlijke Zelf. Amma luistert naar de ellende van duizenden mensen die lijden omdat ze door uiterlijke liefde voor de gek gehouden zijn. Niemand houdt meer van iemand anders dan van zichzelf.

Bovendien heeft Amma miljoenen kinderen. Als jullie alleen van Haar uiterlijke liefde afhankelijk zijn, zullen jullie steeds jaloers worden als Ze voor iemand anders lief is. De uiterlijke Amma die jullie nu zien, is als een weerspiegeling van een bloem in een bak water. Jullie kunnen je deze bloem nooit eigen maken omdat het slechts een beeld is. Om de waarheid te realiseren moeten jullie zoeken naar 'Dat' wat waar is. Je toevlucht nemen tot een weerspiegeling is niet voldoende. Jullie moeten je toevlucht nemen tot het echte. Als jullie van Amma houden, moeten jullie dat doen met het bewustzijn van het Echte Principe. Als jullie het Echte Principe volledig begrijpen, zal de geest zich niet meer aan uiterlijke dingen hechten. Dus kinderen, probeer zolang jullie onder Amma's bescherming zijn, naar binnen te kijken. Alleen op deze manier zullen jullie voor altijd van de toestand van gelukzaligheid kunnen ervaren.

Amma voelt Zich verdrietig omdat Haar kinderen niet hard genoeg proberen om hun geest op één punt te richten. Huil om God! Alleen als je om Hem huilt, zal je geest zich op één punt richten. Er is niets mogelijk zonder devotie voor God. Een echte toegewijde verlangt zelfs niet naar bevrijding. Devotie is zelfs hoger dan bevrijding. Een toegewijde ervaart steeds de gelukzaligheid van zijn liefde voor God. Waar is dan de noodzaak van bevrijding? De toegewijde is in voortdurende gelukzaligheid terwijl hij in deze wereld is, dus waarom zou hij aan een andere wereld willen denken?"

Moeder toonde de top van een van Haar vingers. "Vergeleken met bhakti is *mukti* (bevrijding) niet meer dan dit."

Moeder nam een slok van een kop koffie die een brahmachari voor Haar had neergezet. Ze stond op met het kopje in Haar hand en schonk een beetje koffie in ieders mond. Terwijl Ze de koffie inschonk, fluisterde Ze in ieders oor: "Mijn kind, roep en huil om God! Huil om God, mijn kind!"

Toen Moeder aan iedereen prasad had gegeven, ging Ze weer zitten en begon aanwijzingen voor meditatie te geven: "Kinderen, bid met pijn in je hart. Bind de geest vast aan de Paramatman en laat hem niet dolen. Bid, 'O, Hoogste Zelf, verwijder het laagje op de spiegel in mij! Laat mij helder mijn ware gezicht in deze spiegel zien!' Telkens als de geest afdwaalt, breng hem dan terug en bind hem vast aan de heilige voeten van je Geliefde Godheid."

De brahmachari's begonnen te mediteren. Omdat Moeders aanwijzingen nog in hun geest weerklonken, was het makkelijk om te mediteren. Hun geest werd stil want ze hoefden met hun innerlijke ogen alleen de vorm van de Goddelijke Essentie te ervaren, wiens fysieke belichaming ze net met hun uiterlijke ogen hadden gezien.

Woensdag 25 juni 1986

Kortstondige onthechting

Een maand geleden kwam er een jongeman naar de ashram met de wens om daar te wonen. Aanvankelijk gaf Moeder hem geen toestemming. Toen de jongeman er sterker op aandrong, zei Ze hem: "Zoon, het spirituele leven is niet zo gemakkelijk. Het is moeilijk om in het spirituele leven vol te houden zonder echt onderscheidingsvermogen en zonder onthechting. Alleen zij die nooit, onder geen enkele voorwaarde, het Doel uit het oog verliezen, zullen slagen. Zoon, in je hart ben je nog steeds aan je familie gehecht en daarom is Amma er niet zeker van hoe lang je hier zult kunnen blijven. Maar als je er zo'n uitgesproken mening over hebt, probeer het dan maar, zoon. Amma zal geen bezwaar maken."

Zo was de jongeman in de ashram gaan wonen. Hij stal ieders hart doordat hij de ashramregels strikt volgde en door de intense onthechting waarmee hij zijn sadhana deed. Toen een brahmachari het met Moeder over zijn onthechting had, zei Ze: "Als we een stekje van een boom planten, verschijnen er eerst een paar nieuwe blaadjes. Concludeer hieruit niet dat de nieuwe plant wortel heeft geschoten, want deze blaadjes zullen snel afvallen.

Je moet kijken of er daarna nog nieuwe blaadjes verschijnen. Als die opkomen, mag je aannemen dat de plant begonnen is met groeien. Deze blaadjes verschijnen alleen nadat de plant wortel geschoten heeft."

Toen kwamen op een dag de vader en de broer van de jongeman naar de ashram. De vader had tegen hem gezegd: "Zoon, je moeder is erg ongelukkig dat ze je niet kan zien. Ze eet niet goed en praat de hele tijd over jou."

Tranen welden op in de ogen van de jongen en hij had Moeder gevraagd: "Mag ik voor één keer naar huis gaan om mijn moeder te zien?"

"Zoals je wenst, zoon," had Moeder geantwoord. Moeder had er nog bij gezegd, net als een dokter die aan een patiënt die weigert om in het ziekenhuis te blijven, medicijnen voor thuis meegeeft: "Je moet thuis ook wat japa doen, zoon."

Een week later, toen de jongeman nog steeds niet teruggekomen was, vroeg een brahmachari die bij Moeder zat: "Amma, waarom verliezen zoveel mensen hun aanvankelijke onthechting?"

Moeder: "De meeste mensen beginnen met een golf van enthousiasme. Velen van hen voelen aanvankelijk wat onthechting, maar het succes komt door het handhaven van die onthechting. Als de opwinding van het begin eenmaal afneemt, beginnen de latente vasana's van talloze vorige levens één voor één hun kop op te steken. Dan keert de aandacht van de sadhak zich naar uiterlijke dingen. Het vereist intense inspanning en grote opoffering om de vasana's te transcenderen. De meeste mensen worden ontmoedigd als ze met meer moeilijkheden geconfronteerd worden dan ze verwacht hadden. Het komt ook veel voor dat de vooruitgang in hun sadhana minder wordt en dat veroorzaakt teleurstelling. Maar zij die de echte *lakshya bodha* hebben, geven het niet op. Zij zullen het telkens opnieuw proberen en hun hindernissen en mislukkingen negeren. Alleen zij die zo'n sterk besef van het uiteindelijke doel hebben, kunnen hun onthechting tot het einde vasthouden."

Moeder stond op en liep in de richting van de keuken, waar Ze een buitenlandse toegewijde zag die zijn kleren probeerde te wassen. Omdat hij niet gewend was om zijn kleren met de hand te wassen, probeerde hij eerst om een heel stuk zeep op de grote wassteen te wrijven. Moeder sloeg hem een tijdje gade, ging toen naar hem toe en liet hem zien hoe hij het moest doen. Een brahmachari vertaalde Moeders aanwijzingen in het Engels. De man was blij dat Moeder hem de techniek om zijn kleren te wassen leerde.

Vervolgens liep Moeder naar de darshanhut. Onderweg merkte Ze een brahmachari op die okerkleurige kleren droeg.

Moeder: "Zoon, je moet dat niet dragen. Je bent daar nog niet klaar voor. Toon eerbied voor de oker kleur overal waar je die ziet, maar draag het niet. Oker is het symbool dat men zijn lichaam in het vuur verbrand heeft![50] Als we deze kleur zien moeten we ons de afkomst van de *rishi's* herinneren. Wanneer we iemand eren die oker draagt, eren we die afstamming."

Een toegewijde uit het buitenland luisterde naar dit gesprek. Toen hij er via een brahmachari achterkwam dat Moeder het over oker kleren had, vroeg hij Haar of hij ook oker kon krijgen. Als antwoord glimlachte Moeder eenvoudig. Maar hij bracht zijn verzoek opnieuw heel serieus naar voren.

Moeder: "Zoon, dit is niet het soort kleren dat je in een winkel koopt. Je moet eerst de rijpheid bereiken die hiervoor nodig is."

Nog steeds was de toegewijde niet tevreden: "Anderen dragen het ook, dus waarom kan ik het dan niet hebben?"

Moeder: "Zoon, zul je een vrouw worden door vrouwenkleren te dragen? Zal een vrouw een man worden als zij zich als een man

---

[50] Dat verwijst naar het verbranden van het lichaamsbewustzijn in het vuur van kennis.

kleedt? Niemand wordt een sannyasi door een stuk oker doek te pakken en om zich heen te wikkelen. Het eerste vereiste is om je geest in oker te dopen. Als je dat gedaan hebt, zal Amma je oker kleren geven." De toegewijde was stil.

Brahmachari: "Sommige mensen lopen weg na ruzie met hun familie en doen oker kleren aan, nietwaar?"

Moeder: "Sommige mensen gaan thuis met ruzie weg en als ze geconfronteerd worden met verhongering, doen ze okerkleurige kleren aan, alleen om iets te eten te krijgen. Je ziet anderen oker dragen uit wanhoop als hun vrouw hen verlaat. Het gevoel van onthechting is goed, maar men moet het echte doel ervan begrijpen, anders heeft het geen zin om okerkleren te dragen. Tegenwoordig is het moeilijk om echte sannyasi's te vinden. We moeten erachter komen of ze het oker gewaad van een gurukula volgens de gevestigde rituelen gekregen hebben. Echte gurus geven het oker niet zomaar weg. Ze kijken naar de rijpheid van de ontvanger."

Verwachten dat je zult slagen zonder te studeren

Toen Moeder bij de darshanhut aankwam, knielde iedereen en ging zitten. Er was een gezin uit Pattambi gekomen. Rajendran, de man, was leraar en Sarojam, zijn vrouw, was naaister. Ze hadden twee kinderen, een zoon die in de achtste klas zat en een dochter in de derde klas.

Rajendran: "Amma, onze dochter studeert helemaal niet!"

Sarojam: "Ze zegt dat ze niet hoeft te studeren, omdat Amma haar zal laten slagen!"

Moeder trok het meisje dichter naar zich toe en streelde het liefdevol.

Moeder: "Mijn dochter, zal iedereen Amma niet de schuld geven als jij niets leert? Hoe kun je slagen als je niets leert?"

Met een lief, onschuldig stemmetje zei het meisje: "Maar mijn broer is ook geslaagd zonder te studeren!"

Iedereen lachte.

Moeder: "Wie heeft je dat verteld, dochter?"

Meisje: "Hijzelf."

Sarojam: "Amma, dit zegt ze steeds als we haar zeggen dat ze moet studeren. Zij zegt dat toen haar broer ging zitten om het examen af te leggen, U aan hem verscheen. U kwam naast hem zitten en vertelde hem alle antwoorden. Toen hij thuiskwam, zei hij: 'Ik heb helemaal niet gestudeerd. Ammachi heeft me alles verteld.'"

Rajendran: "Wat hij zei is waar, Amma. Hij studeert nooit. Hij speelt altijd. Maar hij kreeg hoge cijfers voor het examen. De onderwijzer verbaasde zich over zijn cijfers."

Sarojam: "Nu zegt dit meisje dat Amma haar ook zal laten slagen." Moeder lachte en gaf het meisje een hartelijke kus. "Dochter, als jij niet studeert, zal Amma niet met je praten. Beloof me dat je zal studeren!"

Het meisje beloofde het en Moeder gaf haar een appel uit een pak dat naast Haar lag. Het lieve gezicht van het meisje straalde van vreugde.

Spiritualiteit en wereldlijkheid

Een toegewijde van Moeder, Damodara Menon, kwam naar voren en knielde voor Haar.

Moeder: "Oh, wie is dat? Mijn zoon Damu?" Mijnheer Menon glimlachte en legde zijn hoofd in Moeders handen.

Moeder: "Ben je een paar dagen weggeweest, zoon?"

Damu: "Ik was op reis, Amma. Ik ben net terug uit Bangalore. Ik ben nog niet eens thuis geweest. Ik ben in Kayamkulam uit de trein gestapt omdat ik eerst Amma wilde zien."

Moeder: "Gaat het goed met de kleintjes, zoon?"

Damu: "Dankzij Amma's genade zijn er geen problemen. Maar ik ontmoette net een vriend over wie ik me zorgen maak."

Moeder: "Waarom dat, zoon?"

Damu: "Ik zag hem in Bangalore. We waren eens collega's. Op een gegeven moment gaf hij zijn werk op en ging thuis weg om sannyasi te worden. Toen hij vijf jaar geleden terugkwam, droeg hij oker."

Moeder: "Waar woont deze zoon?"

Damu: "Hij verbleef in een ashram in Rishikesh, maar toen ik hem deze keer zag, was hij totaal veranderd. Het oker kleed, de rudrakshakralen, het lange haar en de baard waren allemaal verdwenen. Hij zag er knap uit. Hij heeft zijn sannyasa vier jaar geleden opgegeven. Hij is verliefd geworden op een meisje dat regelmatig naar de ashram kwam en is met haar getrouwd. Hij heeft daar een baan, maar uit wat hij zei begreep ik dat hij diep teleurgesteld is."

Moeder: "Als je het spirituele leven verlaat en teruggaat naar het wereldse leven, zal het resultaat zijn dat je zowel uiterlijk als innerlijk lijdt. Een geest die overgegaan is op spirituele gedachten, kan geen geluk meer vinden in wereldse dingen. Het zal alleen in rusteloosheid resulteren. De subtiele aura rondom het lichaam die door je spirituele oefeningen geschapen wordt, zal een hindernis zijn om van fysieke genoegens te genieten. Uit mededogen zullen de Geliefde Godheid van de sadhak en de goden die deze Godheid omringen, de dubbele hoeveelheid hindernissen en lijden scheppen, want ze willen dat hij teruggaat naar het spirituele leven. Deze strijd is niet het resultaat van Gods ongenoegen, het is Zijn zegen! Als een sadhak meer rijkdom en geluk ontvangt, zal zijn ego groeien en zal hij fouten maken. Hij zal steeds opnieuw geboren moeten worden. Om dit te voorkomen en zijn geest van de wereld af te keren, geeft God hem lijden.

De geest die de smaak van zelfs maar een beetje echte spiritualiteit geproefd heeft, kan geen geluk vinden in wereldse dingen. Als een man met iemand anders trouwt dan met het meisje van wie hij houdt, zal hij met zijn vrouw ongelukkig zijn, omdat zijn geest bij degene is van wie hij houdt. Op dezelfde manier kan de geest die zich op spiritualiteit heeft gericht, niet langer voldoening vinden op het materiële gebied.

Omdat het huwelijk al is voltrokken, moet je vriend ervoor zorgen dat hij met zijn sadhana doorgaat. Als iemand het dharma van gezinshoofd goed volgt, kan hij een zinvol leven leiden. Door zonder onderbreking door te gaan met spirituele oefeningen kan men in dit leven van spirituele gelukzaligheid genieten. Als je echt van God begint te houden, zal je geest zich van fysiek plezier terugtrekken. Je verlangens zullen dan afnemen en dat zal vanzelf tot innerlijke vrede leiden. Verlangen betekent lijden en verdriet. Waar vuur is, is ook rook en waar verlangen is, is lijden. Maar het is onmogelijk om zonder verlangens te leven. Laat al je verlangens daarom naar God uitgaan.

Als sadhana regelmatig gedaan wordt, kunnen de spirituele en de wereldlijke aspecten van het leven naast elkaar in perfecte harmonie gehandhaafd worden. Om dat te bereiken moet je handelen met het bewustzijn dat het doel van het leven het bereiken van bevrijding is. Dat zal je redden.

Toch is de grootsheid van sannyasa iets bijzonders. Een sannyasi kan over God nadenken en gelukzaligheid ervaren zonder door wereldlijke zorgen belast te zijn. Zelfs als hij met een bepaalde activiteit bezig is als een vorm van dienstbaarheid, zal hij zich niet belast voelen omdat hij niet aan deze activiteit gehecht is.

Er liep eens een sannyasi op straat toen een man hem inhaalde en vroeg: 'Swami, wat is sannyasa?' De sannyasi draaide zich niet eens om om hem aan te kijken, maar de man bleef zijn vraag herhalen. Plotseling stond de sannyasi stil, zette het bundeltje dat hij droeg neer en liep weer verder. Hij had nog geen drie meter gelopen toen de man weer vroeg: 'Wat is sannyasa?' De sannyasi draaide zich naar hem om en zei: 'Heb je niet gezien dat ik mijn bundeltje neerzette? Sannyasa betekent het denkbeeld van 'ik' en 'mijn' opgeven en alles wat je bezit weggooien.'

De sannyasi liep verder, maar de man bleef hem volgen en vroeg: 'Wat doet men daarna?' Nu draaide de sannyasi zich om en liep terug naar waar zijn bundel lag. Hij tilde die weer over zijn schouder en ging verder. De man begreep de betekenis hiervan ook niet en dus herhaalde hij zijn vraag. Terwijl de sannyasi verder liep, zei hij: 'Zie je dit? Draag zo de last van de wereld. Maar alleen door alles te verzaken kun je de wereld op je schouders nemen.'

Als je voor een wild dier zorgt, moet je het de hele tijd in de gaten houden om er zeker van te zijn dat het niet wegloopt. Als je het loslaat, moet je het overal volgen anders zou het kunnen ontsnappen. Als je het voert, moet je erbij blijven tot het klaar is met eten. Je bent nooit zonder werk. Maar de bewaker van een tuin hoeft alleen bij de poort op uitkijk te staan om ervoor te zorgen dat niemand de bloemen steelt. Hij kan ook van de geur genieten. Op dezelfde manier zal je geest je voortdurend storen als je achter het wereldse leven aangaat. Hij zal nooit kalm blijven. Spiritualiteit laat je daarentegen van de schoonheid en de geur van het leven genieten. Er is geen opschudding noch last. Zelfs als er lijden uit je prarabdha voortkomt, zal het door je overgave niet als lijden ervaren worden. Zelfs dat lijden is een vorm van goddelijke genade, die je een handje helpt om je naar een staat van vrede te verheffen."

Iedereen luisterde met onverdeelde aandacht naar Moeders gedetailleerde beschrijving van de aard van het spirituele en materiële leven. Toen ze opstonden straalden hun gezichten met een nieuw inzicht hoe ze hun leven vorm konden geven.

Zaterdag 28 juni 1986

Was Krishna een dief?

Moeder was in één van de hutten verwikkeld in een discussie met een brahmachari, die een toegewijde van Krishna was.

Moeder: "Jouw Krishna is een grote dief! Kwam diefstal niet in de wereld doordat Hij boter stal? Denk aan alle kattenkwaad dat Hij uithaalde!"

De brahmachari kon niet verdragen wat Moeder zei. Tranen biggelden over zijn wangen toen hij protesteerde: "Krishna is helemaal niet zo, Amma!"

Hij bleef huilen als een klein kind. Moeder veegde zijn tranen af en zei: "Wat ben je toch een klein kind! Amma probeerde alleen te kijken hoe sterk je gehechtheid aan de Heer is. Hij was geen dief. Hij was de belichaming van eerlijkheid. Hij stal boter en haalde kattenkwaad uit om anderen blij te maken. Door de boter te stelen stal Hij hun hart. Alleen de Heer kon dat doen. Hij deed nooit iets voor zichzelf. Hij stal de boter niet voor zichzelf, maar voor de arme, jonge koeienherders die zijn kameraden waren. Tegelijkertijd slaagde Hij erin om het hart van de gopi's aan God te binden.

Voorheen was de geest van de gopi's aan hun werk gebonden. Ze gingen helemaal op in het verdienen van de kost door melk, boter en yoghurt te verkopen. Door deze dingen te stelen bevrijdde de Heer hun geest van deze gehechtheid en richtte hun geest op Hem. Hoewel Hij de boter stal, at Hij er Zelf niet van, maar gaf hem aan de koeienjongens als ze honger kregen tijdens het hoeden van de koeien. Zo bereikte Hij twee dingen tegelijkertijd: Hij voedde zijn hongerige kameraden en bevrijdde de geest van de gopi's van hun gebondenheid.

De Heer was een echte revolutionair. De moderne revolutionairen willen van de rijken nemen om het aan de armen te geven. Maar om dat te bereiken willen ze één groep mensen uitschakelen. Dat is de materialistische manier. De spirituele manier is anders. Heer Krishna onderwees de manier om iedereen te redden, zowel de rijken als de armen, zowel de rechtvaardigen als de onrechtvaardigen. Vandaag zeggen de mensen dat we 'de hond moeten doden als hij hondsdol is.' Maar de Heer zegt dat we de 'dolle' geest moeten transformeren. Dit was Zijn type revolutie. De oplossing ligt niet in doden. Wat nodig is, is om de geest van de mensen te transformeren en te verlichten. De verandering moet in het individu plaatsvinden. De beperkte, zelfzuchtige geest moet getransformeerd worden in een verruimde, allesomvattende geest vol van liefde en mededogen. Dit is wat Krishna ons leerde.

Zelfs Krishna's huwelijk was niet Zijn eigen keuze. Hij stemde ermee in om te trouwen om hen die Hem dierbaar waren, gelukkig te maken. Zijn doel was om iedereen de gelukzaligheid van het Zelf te laten ervaren en Hij gebruikte veel verschillende methoden om dit te bereiken. Een gewone geest kan dat niet begrijpen. Alleen een subtiele geest die met contemplatie bezig is, kan een beetje van de innerlijke betekenis van Zijn leven begrijpen.

Zing nu een kirtan, zoon!"

Op het gezicht van de brahmachari kwam een glimlach en toen hij begon te zingen, kreeg de liefde in zijn hart vleugels: *Nilanjana miri nirada varna...*

> *U, met de gelaatskleur van een regenwolk,*
> *die blauwe ogen met een collyriumrand heeft,*
> *U bent mijn enige toevlucht, door de eeuwen heen.*
> *Dit is de waarheid, Krishna,*
> *want er is niemand behalve U om mij te beschermen.*

O donkere, knappe Krishna,
speels als een kind dat ons hart steelt,
die door het geluid van Narada's tambura aangetrokken
wordt.

O altijd schitterende Krishna,
die op devotionele liederen danst,
die alle hebzucht vernietigt,
en de Eeuwige Getuige is,
geef mij een helder visioen van U.

O Schenker van bevrijding,
die door maya betovert,
wiens Lotusvoeten door de mensheid
gediend worden,
O Heer Krishna,
verlos mij van dit wereldse bestaan.

Terwijl hij zong, kwamen er meer brahmachari's aan met een harmonium, ganjira, belletjes en andere muziekinstrumenten. De hut was weldra vol en anderen zaten buiten. Allen zongen in antwoord op de brahmachari die de kirtan leidde.

Moeder kon het lied niet afmaken. Haar ogen stroomden over van tranen. Geleidelijk sloot Ze Haar ogen vol tranen en zat stil. Met Haar hand vormde Ze een *mudra*. Er straalden golven van onmetelijke kracht uit van de goddelijke staat waarin Zij verkeerde. Dit maakte de harten van hen die aanwezig waren, wakker. Na een poosje opende Ze Haar ogen en sloot Ze toen weer. Het leek alsof Moeder worstelde om Zich van Haar verheven staat terug te trekken en weer naar beneden te komen. Bij een eerdere gelegenheid was Moeder tijdens de bhajans in samadhi gegaan en was pas na verscheidene uren teruggekeerd naar Haar normale staat. Toen had Ze gezegd: "Als dit gebeurt, kinderen, moeten jullie kirtans zingen. Anders zou Amma maandenlang zo kunnen zitten of Ze zou in een *avadhuta* kunnen veranderen." Toen de brahmachari's zich dat incident herinnerden, gingen ze door met kirtans zingen totdat Moeder uit Haar bhava kwam. Het duurde lang voordat Ze zich weer volledig van Haar omgeving bewust was.

Bhava darshan

Die avond zat een toegewijde uit Madras, Subrahmanian genaamd, naast Moeder. Hij vroeg Haar om de betekenis van Bhava darshan uit te leggen.

Moeder: "Zoon, de mensen leven in een wereld van namen en vormen. Om hen naar de waarheid te leiden neemt Amma deze rol op zich.

Zonder geest is er geen wereld. Zolang je een geest hebt, zijn er namen en vormen. Als de geest eenmaal verdwenen is, is er niets meer. Zij die deze staat bereikt hebben, hoeven niet te bidden of japa te doen. In die staat ken je noch slaap noch waakzaamheid. Je bent je niet bewust van enig objectief bestaan. Er is alleen volmaakte stilte, gelukzaligheid en vrede. Maar men moet vooruitgang boeken om deze staat te bereiken en daarom zijn er methodes zoals bhava darshan nodig."

Subrahmanian: "Er zijn mensen die kritiek op Amma hebben omdat Ze Haar kinderen omhelst."

Moeder: "Zoon, je moet hun vragen: 'Heb jij op jouw leeftijd het lef om je moeder, die je het leven geschonken heeft, te omhelzen? Zelfs als je het thuis kunt doen, zou je haar dan midden op straat een omhelzing kunnen geven?' In feite kunnen ze dat niet vanwege hun remmingen.[51] Maar Amma heeft zulke gevoelens niet.

---

[51] In India omhelzen mensen elkaar zelden in het openbaar.

192

Een moeder voelt grote liefde, tederheid en affectie voor haar baby, maar geen fysieke verlangens. Amma ziet iedereen als Haar baby. Dit mag een soort gekte zijn en je kunt Amma daarvoor opsluiten als je dat graag wilt, maar dit is Haar manier. Als je vraagt waarom Ze mensen omhelst, is het antwoord dat het de uiterlijke stroom van Haar ingewortelde mededogen is. Deze stroom komt vanzelf op gang als je bij Haar komt, zoals blaren ronddwarrelen als er wind komt. Net zoals een zoete smaak de inherente aard van fruit is, zo is het moederlijke gevoel, de stroom van mededogen, Amma's inherente aard. Wat kan Ze eraan doen? Het is erg echt voor Haar. Een koe kan zwart of wit of rood zijn, maar de melk is altijd wit. Zo is er ook maar één Zelf, niet meerdere. Het verschijnt alleen in vele vormen aan degenen die zichzelf als individuele ziel zien. Dat is alles. Amma voelt dit onderscheid niet en daarom ziet Ze mannen en vrouwen niet als verschillend van elkaar.

Wat het meest ontbreekt in de wereld van vandaag is onzelf-zuchtige liefde. De vrouw heeft geen tijd om naar de zorgen van haar man te luisteren of hem te troosten en de man troost zijn vrouw niet en luistert niet naar haar als ze behoefte heeft om hem over haar moeilijkheden te vertellen. Mensen houden van elkaar vanwege hun eigen geluk. Niemand stijgt daarboven uit en houdt zo veel van iemand dat hij zijn eigen comfort opoffert. We zien niemand met deze houding van opoffering die hem klaarmaakt om voor anderen te sterven. In plaats van de houding: 'Ik ben hier voor jou,' is er alleen de houding: 'Jij bent hier voor mij.' Maar Amma kan zo'n houding niet hebben.

Mensen die dit vanaf hun niveau bekijken, denken misschien dat dit vreemd is. Maar dat is niet Amma's fout. Zij mogen hun eigen soort gekte hebben, dit is Amma's gekte. Een koeienherder beschouwt gras als voedsel voor het vee. Een rondtrekkende genezer ziet hetzelfde gras als een medicijn. Iedereen ziet de dingen volgens zijn eigen samskara.

Een guru en zijn leerling gingen eens op een pelgrimstocht. Onderweg weg moesten ze een rivier oversteken. Aan de oever van de rivier stond een meisje te huilen. Ze moest de rivier oversteken, maar kon dat niet omdat het water te diep voor haar was. De guru aarzelde niet. Hij tilde het meisje op zijn schouders, stak de rivier over en zette haar aan de overkant neer. De guru en de leerling vervolgden hun reis. Toen ze 's avonds zaten te eten, was er een bezorgde uitdrukking op het gezicht van de leerling. De guru merkte dat en vroeg: 'Wat is er met jou aan de hand?'

De leerling zei: 'Ik heb een twijfel. Was het wel juist dat u een meisje zo op uw schouder droeg?'

De guru lachte en zei: 'Nou, ik heb haar aan de overkant van de rivier neergezet. Draag jij haar nog steeds?'"

Subrahmanian : "Ik heb zo veel jaren sadhana gedaan en toch heb ik geen bijzondere ervaringen gehad. Hoe komt dat?"

Moeder: "Als je tien gerechten door elkaar mengt, kun je dan de smaak van één ervan proeven? Ga slechts met één verlangen verder, het verlangen om God te zien. Dan zul je ervaringen hebben."

Er kwamen verschillende jongeren voor Moeders darshan. Moeder zat een tijdje bij hen en praatte met hen over spirituele dingen. Tenslotte knielden ze voor Haar en stonden op. Voordat ze vertrokken zei één van de jongemannen: "Amma, geef me Uw zegen zodat mijn vertrouwen in U sterker wordt!"

Moeder: "Vertrouwen moet niet blind zijn, zoon. Je moet zorgvuldig onderzoeken voordat je besluit waar je je vertrouwen aan geeft. Jullie zijn allemaal jong. Begin niet onmiddellijk te geloven. Wat je ziet is niet Amma's echte aard. Zij is een gekke vrouw. Geloof niet blindelings dat Ze goed is!"

Jongeman: "Het is aan het kind om te beslissen of de Moeder goed is!"

Zijn woorden veroorzaakten golven van gelach. Hij had Moeder net ontmoet en toch voelde hij zich al zo verbonden met Haar! Maar wie kon de golven van tederheid ontvluchten die uit Moeder, de Oceaan van Liefde, opkwamen?"

Dinsdag 1 juli 1986

Zij die fouten maken zijn ook Haar kinderen

Moeder en de brahmachari's waren naar Ernakulam gegaan. Zij kwamen rond het middaguur naar de ashram terug. Veel toegewijden die op Moeder wachtten, knielden toen Ze naar de ashram liep. Zonder naar Haar kamer te gaan om te rusten ging Moeder op de veranda van de Vedantaschool zitten en begon darshan te geven aan de toegewijden.

Tijdens de receptie die de vorige dag ter ere van Moeder in Ernakulam gehouden was, hadden de organisatoren verhinderd dat een man Moeder een bloemenkrans omhing. Naar dit voorval verwijzend zei een brahmachari: "Die man was gisteren kapot. Pas toen Amma hem riep en hem wat prasad gaf, voelde hij zich een beetje beter. Hij zou ingestort zijn, als Amma dat niet gedaan had. De organisatoren dachten dat de mensen Amma zouden bekritiseren, als men iemand met zo'n slechte reputatie in Haar buurt liet komen."

Moeder: "Tot nu toe mag deze zoon dan veel fouten gemaakt hebben, maar gisteren kwam hij voor de eerste keer naar Amma. Hoe hij vanaf nu zal zijn is waar we naar moeten kijken. Licht heeft geen licht nodig. Het is de duisternis die licht nodig heeft. Als Amma dit kind afwijst, hoe zal dan zijn situatie worden? Hij heeft uit onwetendheid een aantal vreselijke fouten begaan, maar wat Amma betreft is hij nog steeds één van Haar zonen. Is er hier iemand die nog nooit iets fout heeft gedaan? De grootste fout is doen wat verkeerd is, hoewel je weet wat juist is. We beoefenen spiritualiteit om te leren hoe we anderen hun fouten kunnen vergeven en van ze kunnen houden, niet hoe we ze af kunnen wijzen. Iedereen kan anderen afwijzen, maar om iedereen te accepteren, dat is moeilijk. Alleen door liefde kunnen we anderen van het verkeerde naar het juiste leiden. Als we iemand om zijn fouten afwijzen, zal hij alleen maar doorgaan met fouten maken.

De wijze Valmiki was een bosbewoner, die een leven vol roof en moord leidde. Op een dag stond hij op het punt om een paar heiligen die door het bos kwamen te beroven en te vermoorden. Zij reageerden door hem te vergeven en hem met veel liefde te behandelen. Als deze wijzen hem niet dit mededogen hadden getoond, zou er nu geen Valmiki[52] en geen Ramayana zijn, die de duisterheid in zoveel mensen verdrijft. Het mededogen van deze wijzen schiep zowel Valmiki als de Ramayana. Daarom kinderen, moeten jullie de fouten van anderen vergeven en hen liefdevol het juiste pad tonen. Verwijs niet steeds opnieuw naar de fouten die iemand in zijn verleden misschien gemaakt heeft, want dat zal hem er alleen maar toe brengen om meer fouten te begaan.

Gisteren zei die zoon tegen Amma: 'Voordat ik U ontmoette, kon ik alleen aan zelfmoord denken. Maar vandaag is dat allemaal verdwenen. Nu voel ik opeens dat ik wil leven. Afgelopen nacht heb ik zelfs goed geslapen! Ik had gedacht dat mijn familie mij altijd zou steunen, wat er ook gebeurde. Maar toen ik door moeilijke tijden ging, lieten ze me allemaal, één voor één, in de steek. Enkelen verstootten me zelfs. Nu weet ik dat alleen God

---

[52] Ratnadasan, zoals Valmiki in zijn jeugd als rover genoemd werd, werd later de grote wijze Valmiki, die de belichaming van liefde en mededogen was. Hij schreef de Ramayana dat het eerste epische gedicht in het Sanskriet was en dat zelfs vandaag nog de Indiase cultuur blijft inspireren en beïnvloeden.

waar en eeuwig is. Als ik vanaf het eerste begin met God vriend-
schap gesloten had, had ik niet zoveel hoeven lijden.'

Kinderen, laten wij onze toevlucht tot God nemen. Iedereen,
zelfs een zakenman met een drukke agenda, kan er één uur per
dag aan besteden om zijn geest op God te richten. God zorgt
voor degenen die op Hem vertrouwen. In moeilijke tijden zal
onze Geliefde Godheid ons te hulp komen. God zal zelfs de geest
van onze vijand ten gunste van ons veranderen. Maar wie heeft
vandaag de dag God nog nodig?"

Een toegewijde: "Ik heb horen zeggen dat uiteindelijk de hele
wereld hindoeïstisch wordt."

Moeder: "Dat is niet waarschijnlijk, maar de meerderheid van
de mensen zal de principes van de *Sanatana Dharma* (de Eeuwige
Religie) in zich opnemen."

Een andere toegewijde: "Dat zal zeker gebeuren omdat de
mensen in het westen, die nooit iets aannemen zonder het eerst
te onderzoeken, de Sanatana Dharma die op de meest logische
principes gebaseerd is, wel moeten aanvaarden."

Moeder: "Maar onderzoek heeft zijn grenzen. Het heeft
geen zin om te zeggen dat we iets pas zullen geloven als we het
onderzocht hebben. Vertrouwen en ervaring zijn de fundamentele
vereisten."

Toegewijde: "Tegenwoordig hebben de mensen over het
algemeen niet veel respect voor mahatma's. Hun geloof is tot
tempels beperkt."

Moeder: "Dat komt doordat er geen waardering is voor de
geschriften en spirituele principes. Mensen bouwen de tempel en
maken en installeren het godenbeeld. Het zijn ook de mensen
die het godenbeeld aanbidden en ervoor buigen. De kracht van
elke tempel komt van de toegewijden die daar bidden. En wanneer een mahatma een tempel met leven bezielt, heeft die zelfs
een grotere kracht, een veel grotere kracht, omdat de mahatma

volledig de Goddelijkheid in zich heeft gerealiseerd. Maar toch hebben mensen geen vertrouwen in de goddelijke kracht in de mens. Wat voor een kracht heeft een tempel als een mahatma er geen leven aan geeft of als de mensen er niet bidden?"

Toen de menigte met toegewijden groeide, ging Moeder de darshanhut binnen. Een toegewijde bracht een tros met jonge kokosnoten. Hij zette de tros buiten de hut neer, ging naar binnen en knielde voor Moeder.

Toegewijde: "Dit is de eerste tros van onze nieuwe kokospalm. Vanaf het begin had ik me voorgenomen om die aan Amma te geven."

Moeder: "Lachten de mensen je niet uit toen je daarmee de bus inging, zoon?"

Toegewijde: "En wat dan nog? Voor Ammachi ben ik bereid om iedere hoeveelheid spot op me te nemen! Mag ik één van die kokosnoten voor U openmaken, Amma?"

Moeder stemde toe. De toegewijde ging met de kokosnoot naar de keuken en Moeder vervolgde Haar gesprek met de andere toegewijden.

Je huis moet een ashram worden

Toegewijde: "Kan men God realiseren als men een grihasthashrami[53] blijft?"

Moeder: "Ja, dat is mogelijk. Maar dan moet je een echte grihasthashrami zijn en je huis als een ashram zien. Maar hoeveel grihasthashrami's bestaan er tegenwoordig? Een echte grihasthashrami heeft zijn leven aan God overgegeven en is aan niets gehecht. Hij is niet zijn activiteiten gehecht. Dharma is het belangrijkste in zijn leven. Hoewel hij bij zijn gezin woont, is

---

[53] Een grihasthashrami is iemand met een gezin die in de wereld leeft en zijn verantwoordelijkheden draagt, terwijl hij tegelijkertijd een echt spiritueel leven leidt.

zijn geest altijd op God gericht. Hij verzuimt nooit om voor zijn vrouw en kinderen te zorgen of de wereld te dienen, want hij ziet het als een taak die God hem heeft toevertrouwd en hij vervult deze taak met veel aandacht. Maar hij hecht zich niet aan zijn handelingen, zoals de mensen nu over het algemeen doen.

Als je de spirituele principes begrijpt, kun je voortdurend met sadhana bezig zijn, zelfs thuis. Maar het is niet zo makkelijk als je misschien denkt. Als we de televisie aan hebben terwijl we proberen te werken, zullen we uiteindelijk naar het scherm gaan kijken. Onze onthechting moet uitzonderlijk sterk zijn om daar weerstand aan te bieden en om deze vasana te overwinnen. Het is iets groots om temidden van alle familie-prarabdha, God te kunnen aanroepen. Veel van Amma's kinderen met een gezin mediteren regelmatig thuis en doen japa en archana. Velen van hen hebben een gelofte afgelegd dat ze niet zullen eten of slapen voordat ze de archana gedaan hebben. Amma's hart stroomt over van liefde als Ze aan hen denkt."

Moeder wendde zich tot de brahmachari's en vervolgde: "Jullie, brahmachari's, zijn hier om je volledig in dienst van de wereld te stellen. Jullie moeten je geest helemaal aan God binden. Laat geen ruimte over voor andere gedachten. Denken aan je familie en vrienden zal alleen maar meer vasana's scheppen. Je hoeft maar in een kamer met kolen te zitten en je lichaam wordt bedekt met kolenstof. Zo ook zullen genegenheid voor en gehechtheid aan zijn familie de geest van de sadhak naar beneden trekken."

Moeders Devi bhava darshan was aan de gang. De brahmachari's zaten in de kalari mandapam en zongen kirtans. Het leek wel alsof zelfs de natuur de slaap opgegeven had en in vervoering gebracht werd door de bhajans. De stroom met toegewijden was sinds de darshan uren geleden begonnen was, niet geworden.

De mannen gingen de kleine kalari binnen aan de linkerkant van de open ingang en de vrouwen aan de rechterkant. Ze knielden voor Moeder die op een pitham[54] zat en bevrijdden zich aan Haar heilige voeten van hun verdriet. Iedereen knielde voor Moeder en legde zijn hoofd in Haar moederschoot en werd door Haar omhelsd. Nadat zij heilig water en prasad uit Haar handen ontvangen hadden, verlieten ze de tempel met een gevoel van diepe vervulling. Aan Haar voeten ontving Moeder de ontelbare stapels prarabdha van Haar toegewijden. Zoals de heilige rivier de Ganga de zondaars verheft, zo waste Zij hun zonden weg in de stroom van Haar liefde. Zoals de alverterende vuurgod Agni zuiverde Zij hen in Haar heilige vuur en verbrandde hun vasana's.

Zoals gewoonlijk was Moeder niet uit het veld geslagen door de omvang van de menigte. In feite werd Haar gezicht stralender, naarmate de menigte toegewijden groter werd. Door Haar scheen de onoverwinnelijke aanwezigheid van het Allerhoogste, die de ontelbare kosmische gebieden beschermt. En toch lachte Zij tegelijkertijd met de onschuld van een kind waarbij Ze anderen ook aan het lachen bracht.

Een toegewijde kwam met zijn vierjarig zoontje de kalari binnen. De vader knielde voor Moeder. Net op dat moment begon het zoontje kattenkwaad uit te halen door op zijn vaders rug te slaan en aan zijn hemd te trekken. Terwijl de vader nederig voor Moeder bleef knielen, nam de kleine jongen dit als een uitnodiging aan om op zijn vaders rug te springen en hem als een olifant te berijden!

Moeder genoot van het spel van de jongen. Ze plaagde hem door heilig water over zijn gezicht en lichaam te gieten. Het kind sprong achteruit om het water te ontwijken. Moeder deed net alsof Ze de waterpot wegzette en de jongen kwam weer naar voren. Nog een keer goot Ze water over hem heen en weer sprong hij achteruit. Dit spel duurde een tijdje en maakte iedereen blij. Tegen

---

[54] Heilige stoel.

de tijd dat het speelse kind met zijn vader de kalari uitging, was hij helemaal doorweekt.

Ieder volgens zijn samskara

Devi bhava eindigde om één uur 's nachts. De meeste toegewijden gingen naar bed. Maar Moeder, de brahmachari's en een paar toegewijden bleven op om de bakstenen te verplaatsen die de volgende dag voor de bouw van het hoofdgebouw nodig waren. Omdat het regenseizoen was, stroomden de backwaters rond de ashram over en de binnenplaats van de ashram stond vol water. Er was een jonge vrouw uit Delhi onder de toegewijden die hielpen. Zij was de vorige dag met haar moeder gekomen en had Moeder voor het eerst ontmoet. Toen het meisje eenmaal met de brahmachari's begon te praten, hield ze niet meer op. De brahmachari's voelden zich hierbij niet op hun gemak. Uiteindelijk ging de vrouw weg. Toen het werk af was, ging Moeder met een paar van Haar kinderen op een droge plek zitten aan de zuidkant van de kalari. De brahmachari's vertelden Moeder over de buitensporige vrijpostigheid van de jonge vrouw.

Brahmachari: "Ze praat teveel en weet niet hoe ze met mensen moet praten. Ze zei dat toen ze mij zag, ze aan haar man moest denken. Ik had zin om haar op haar gezicht te slaan toen ze dat zei!"

Moeder: "Zoon, het is een zwakheid in haar die aan haar onwetendheid te wijten is. Maar jij moet de kracht van wijsheid hebben. In zo'n situatie moet je naar binnen kijken. Bij ieder teken dat je geest verzwakt, moet je uit die situatie weggaan. Als je echt volwassen bent, moet je mensen het juiste advies kunnen geven. Het heeft geen zin om boos te worden. Dat meisje drukte eenvoudig haar samskara uit. Zij weet niets over spiritualiteit. Jij, op jouw beurt, moet de samskara hebben om haar het advies te geven dat ze nodig heeft om zich op de juiste manier te gedragen.

Voordat we iemand gaan straffen, moeten we hun cultuur en de omstandigheden waaronder ze zijn opgegroeid in overweging nemen. Door de mensen vriendelijk het juiste pad te wijzen, kunnen we hun onwetendheid wegnemen."

Omgang met vrouwen

Toegewijde: "Heeft Shri Ramakrishna niet gezegd dat een sadhak niet met vrouwen moet praten en zelfs niet naar afbeeldingen van hen moet kijken?"

Moeder: "Iemand die een guru heeft, hoeft niet bang te zijn. Het is voldoende om de aanwijzingen van de guru op te volgen. Ging Ramakrishna's eigen leerling Vivekananda niet naar de Verenigde Staten en nam hij geen vrouwen als zijn leerlingen aan? In het begin echter moet een zoeker zoveel mogelijk afstand van vrouwen houden. Hij moet niet eens naar een foto van vrouwen kijken en vrouwelijke sadhaks moeten dezelfde afstand houden tegenover mannen. Zo alert moet men zijn. Gedurende de periode van sadhana is het het beste om van alle zintuigen helemaal afstand te doen en in eenzaamheid te blijven. Later moet de sadhak in de nabijheid van de guru verschillende situaties onder ogen zien. Hij moet deze situaties als een deel van zijn sadhana beschouwen. Hij moet die hindernissen overwinnen. Men kan bijvoorbeeld niet het doel bereiken zonder de seksuele aantrekking te transcenderen. Een sadhak die zich aan de guru heeft overgegeven, zal dit kunnen doen. Maar iemand die geen guru heeft, moet de uiterlijke beperkingen heel strikt opvolgen, anders kan hij elk moment ten onder gaan.

Een sadhak moet alert zijn als hij met vrouwen omgaat. Maar het heeft geen zin om uit angst uit de buurt van vrouwen te blijven. Uiteindelijk moet je je angst overwinnen. Hoe kun je God bereiken zonder de kracht van geest te ontwikkelen om alles te transcenderen? Niemand zal Zelfrealisatie bereiken als hij niet leert om het Hoogste Zelf in anderen te zien. Maar in de tijd van sadhana moet de zoeker vermijden om veel met vrouwen om te gaan. Er moet een zekere afstand zijn. Hij moet bijvoorbeeld niet in een kamer met een vrouw zitten praten wanneer er niemand anders aanwezig is, of alleen met een vrouw op een eenzame plaats zijn. Zonder dat je je er zelfs van bewust bent zal de geest genoegen beginnen te scheppen in zulke situaties, en als je niet sterk genoeg bent zul je zwichten. Als het nodig is om met iemand van het andere geslacht te praten, nodig dan een ander uit om erbij te zijn. Als er een derde persoon aanwezig is, zul je alerter zijn.

De combinatie van man en vrouw is als benzine en vuur: benzine zal ontbranden als het dicht bij het vuur komt. Daarom moet je altijd op je hoede zijn. Wanneer je enige zwakte in je voelt, denk er dan over na en vraag je af: 'Wat is er zo aantrekkelijk aan een lichaam vol urine en uitwerpselen?' Maar uiteindelijk moet je ook deze aversie overwinnen en alles als een vorm van de Moeder van het Universum zien. Probeer aan kracht te winnen door het allesdoordringende Bewustzijn in iedereen te zien. Maar totdat je die kracht hebt ontwikkeld, moet je zeer alert zijn. Het andere geslacht is als een draaikolk die je naar beneden zal trekken. Het is niet gemakkelijk om deze moeilijke omstandigheden te overwinnen zonder voortdurende sadhana, lakshya bodha en vooral de houding van overgave aan de guru."

Een toegewijde: "Raken de brahmachari's niet uitgeput door het dragen van al die stenen, het andere werk dat ze doen en de reizen die ze maken?"

Moeder: "Zelfs in de nachten van bhava darshan dragen de kinderen bakstenen als de darshan over is. Zij zijn misschien naar bed gegaan nadat ze onder de hele darshan bhajans gezongen hebben, en dan worden ze opeens geroepen om bakstenen te dragen. Amma wil zien hoeveel van hen de geest van onzelfzuchtigheid hebben of dat ze alleen voor lichamelijk comfort leven. Bij zulke gelegenheden kunnen we zien of hun meditatie hen goed doet. We moeten de bereidwilligheid ontwikkelen om te helpen als anderen worstelen. Wat heeft het anders voor zin om tapas te doen?"

Toegewijde: "Amma, zal er een tijd komen dat iedereen in de wereld goed is?"

Moeder: "Zoon, waar goedheid is, zal ook slechtheid bestaan. Stel dat een moeder tien kinderen heeft. Negen ervan zijn goud waard en alleen een is slecht. Dat ene slechte kind is genoeg om al die anderen te bederven. Maar omdat hij er is, zullen de anderen gedwongen worden om God aan te roepen. Er kan geen wereld zonder tegenstellingen zijn."

Het was nu laat in de nacht. Omdat ze in Moeders woorden verdiept waren, had niemand gemerkt dat de tijd voorbijging.

Moeder: "Kinderen, het is erg laat. Jullie moeten nu gaan slapen. Amma ziet jullie morgen weer."

Moeder stond op. De toegewijden bogen voor Haar en stonden ook op. Moeder ging iedere bezoeker een slaapplaats aanwijzen. Toen de toegewijden Moeder door het onder water staande land zagen waden, zeiden ze: "U hoeft niet mee te komen, Amma. Wij kunnen onze kamers wel vinden."

Moeder: "Met zoveel water zou het voor jullie moeilijk zijn om je weg te vinden, kinderen. Amma zal met jullie meegaan."

Het was drie uur tegen de tijd dat Moeder hen naar hun kamers had gebracht en uiteindelijk naar Haar kamer ging. De toegewijden gingen voor een korte rust liggen voor het aanbreken van de dag.

Donderdag 10 juli 1986

Het was een bhava darshan dag. Mensen kwamen de hele ochtend in een gestage stroom aan. Om ongeveer twee uur 's middags knielde Moeder voor Moeder Aarde en wilde Zij net de hut uitgaan toen er een nieuwe groep mensen aankwam. Zij waren in een gehuurde bus uit Nagercoil gekomen en hoopten Moeder die middag te zien en dan onmiddellijk weer naar huis te vertrekken.

Met een glimlach ging Moeder weer op de bank zitten. De toegewijden die net aangekomen waren, kwamen naar voren en knielden. Degenen die al een tijdje in de hut gezeten hadden, stonden op en gaven hun plaats aan hen die net aangekomen waren. Tussen de nieuwkomers waren drie kleine kinderen die goed konden zingen en dus vroeg Moeder om een liedje. Zij zongen: *Pachai mamalai...*

Mensen van Shrirangam,
wat geniet ik toch van de zoetheid van Achyuta,
wiens lichaam als een rijk begroeide groene berg is,
wiens mond als koraal is
en wiens ogen als lotussen zijn.

De jonge koeienherder
die de grote zielen verlangen te zien.
Ik houd zelfs meer van deze zoetheid
dan van de smaak van de hemel.

Om ongeveer drie uur, toen Moeder de nieuwkomers darshan gegeven had en Zij aan de brahmachari's opgedragen had om hun het middageten te serveren, ging Ze uiteindelijk naar Haar kamer. Daar zag Moeder een brahmachari die op Haar wachtte. Moeder ging op de grond zitten en Gayatri serveerde Haar de lunch. Er lag een stapel brieven die de post die dag gebracht had, naast Moeder. Ze hield de brieven in Haar linker hand en las ze terwijl Ze at. Plotseling zonder inleiding begon Ze tegen de brahmachari te praten en beantwoordde zijn vraag. Zij wist wat er in hem omging zonder dat het Haar verteld was.

Meditatie moet op één punt gericht zijn

Moeder: "Zoon, wanneer je gaat zitten mediteren, houd je geest dan helemaal op God gericht en zorg ervoor dat je aandacht niet naar andere dingen afdwaalt. Alleen je Geliefde Godheid moet in je gedachten zijn. Je moet zo'n onthechting hebben.

Een sannyasi zat eens te mediteren toen er een man vlak voor hem voorbijliep. Hij rende hard. De sannyasi vond dit helemaal niet leuk. Even later kwam de man over hetzelfde pad terug met een kind aan zijn hand. De sannyasi vroeg hem kwaad: 'Waarom houd je niet een beetje rekening met mij? Kun je niet zien dat ik hier zit te mediteren?' De man zei met veel respect: 'Het spijt me, maar ik had niet in de gaten dat U hier zat.' 'Waarom, bent u blind?' vroeg de sannyasi. De man antwoordde: 'Mijn zoon was met een vriendje gaan spelen, maar hij kwam niet terug en was al een tijd weg. Ik was bang dat hij in de vijver hier in de buurt zou zijn gevallen, dus rende ik zo snel ik kon daarheen om te kijken. Daarom heb ik niet opgemerkt dat u hier zat.'

De man vroeg om vergeving, maar de sannyasi was nog steeds boos. 'Het was buitengewoon onbeleefd van U om mij te storen toen ik op de Heer zat te mediteren!' zei hij. Hierop antwoordde de man: 'U, die op God zat te mediteren, kon mij voorbij zien rennen, maar ik zag U niet terwijl U vlak voor mijn neus zat, toen ik rondrende om mijn zoontje te zoeken. Het lijkt erop dat uw relatie met God lang niet zo hecht is als de relatie die ik met mijn kind heb. Wat voor meditatie is dat dan? Bovendien, als u geen geduld of nederigheid hebt, wat is dan het nut van meditatie?'

Onze meditatie moet niet zo zijn als die van de sannyasi in het verhaal. Als we zitten te mediteren, moeten we onze geest volledig op onze Geliefde Godheid kunnen richten. Wat er ook om ons heen gebeurt, de geest moet daar niet heen gaan. En zelfs als het gebeurt, moeten we hem onmiddellijk terughalen en hem aan het object van onze meditatie binden. Als we voortdurend oefenen, zal onze geest nergens heen dwalen.

Als je zit te mediteren, neem dan het besluit dat je een bepaald aantal uren je ogen niet zult openen en je ledematen niet zult bewegen. Wat er ook gebeurt, wijk niet van deze beslissing af. Dat is echte vairagya."

Brahmachari: "Amma, er sluipen veel gedachten binnen en zij veroorzaken veel rusteloosheid. Soms vind ik dat alles wat ik wil is God zien en Hem liefhebben met heel mijn hart. Dan weer wil ik de geheimen van het universum leren kennen, ik wil ze oplossen door sadhana te doen. Een andere keer wil ik niets van dat alles. Alles wat ik dan wil is de Kracht kennen die in mij werkzaam is. Door die verschillende gedachten is er geen stabiliteit in mijn sadhana."

Moeder: "Denk je niet dat je spontaan al die geheimen zult begrijpen als je het Zelf ontdekt? Wat als je, op zoek naar de verborgen geheimen, erin verdiept raakt? Als je in een bus reist, zie je alle uitzichten voorbijgaan en verdwijnen. Op dezelfde manier zal alles verdwijnen wat je vandaag ziet. Schenk dus geen enkele aandacht aan deze mysteries en hecht je er niet aan. Veel deskundigen proberen de geheimen van het universum te leren kennen, maar tot nu toe zijn zij er niet in geslaagd, nietwaar? Maar als je God realiseert, zul je het hele universum begrijpen. Dus, gebruik alle tijd die je hebt om God te realiseren. Het is nutteloos om aan iets anders te denken."

Een vorm aanbidden

Brahmachari: "Amma, is God in ons of buiten ons?"

Moeder: "Het is alleen omdat je een lichaamsbewustzijn hebt dat je in termen van binnen en buiten denkt. In werkelijkheid is er geen binnen en buiten. Komt het niet door je gevoel van 'ik' dat je denkt dat 'ik' en 'jij' gescheiden zijn? Hoe dan ook, zolang het gevoel van 'ik' er nog is, kunnen we niet zeggen dat de scheiding onwerkelijk is. God is de vitale kracht die alles doordingt. Als je Hem buiten jezelf visualiseert, moet je weten dat je feitelijk visualiseert wat in jou is. Niettemin wordt de geest door zulke methoden gezuiverd."

Brahmachari: "Er is een speciale kracht die het universum leidt, maar het is moeilijk te geloven dat dat God met een bepaalde vorm is."

Moeder: "Alle vormen van kracht zijn niets anders dan God. Hij is de Almachtige die alles bestuurt. Als je accepteert dat Hij de kracht achter alles is, waarom kan die kracht die alles bestuurt dan geen vorm aannemen waarvan de toegewijde houdt? Waarom is dat moeilijk te geloven?"

Moeder vervolgde met grote vastberadenheid in Haar stem: "Er is een Oerkracht in dit universum. Ik zie deze Kracht als mijn Moeder. Die Kracht is mijn Moeder en zelfs als ik ervoor kies om honderd keer opnieuw geboren te worden, zal Zij mijn Moeder blijven en ik zal Haar kind zijn. Daarom kan ik niet beweren dat God geen vorm heeft.

Voor de meeste mensen is het moeilijk om hun geest stabiel te houden zonder een gekozen godheid. Je moet proberen naar de overkant te gaan door je Geliefde Godheid als brug te gebruiken. Je kunt niet zonder, je kunt niet naar de overkant zwemmen. Wat zul je doen als je halverwege je kracht verliest? Je hebt een brug nodig. De guru zal bij je zijn om je de weg door iedere strijd of crisis te wijzen. Je moet dat vertrouwen hebben en je overgeven. Dus waarom onnodig worstelen? Maar wees niet lui alleen maar omdat er iemand is om je te leiden en naar de overkant te brengen. Je moet er hard voor werken.

Als er water in een lekke boot stroomt, is het niet genoeg om daar alleen maar te zitten en tot God te bidden dat het gat gedicht wordt. Terwijl je bidt moet je zelf het lek proberen te dichten. Je moet er moeite voor doen en tegelijkertijd om Gods genade bidden."

Brahmachari: "Hoe lang zal het duren voor ik Zelfrealisatie bereik?"

Moeder: "Zoon, realisatie is niet zo gemakkelijk te bereiken, omdat je zo veel negatieve neigingen hebt verzameld. Wat gebeurt er als we onze kleren na een lange reis wassen? We zijn onderweg nergens uitgestapt, we hebben nergens in het vuil gezeten en toch is er zoveel vuil op onze kleren als we ze wassen! Op dezelfde manier verzamelt er zich vuil in je geest zonder dat je je ervan bewust bent. Je bent hier gekomen niet alleen met wat je in dit leven hebt verzameld, maar ook met wat je in je vorige levens hebt verzameld. Je kunt onmogelijk het Zelf realiseren door eenvoudig één of twee jaar met je ogen dicht te zitten. Dat is niet voldoende om je van binnen te zuiveren.

Eerst moet je het bos omhakken en het kreupelhout opruimen, pas dan kun je daar je eigen boom planten. Als je geest nog niet gezuiverd is, hoe kun je dan ooit het Zelf zien? We kunnen geen spiegellaag op een vuile glasplaat aanbrengen en er dan een spiegel van maken. Eerst moet de geest schoongemaakt worden. En terwijl je die moeite doet, moet je alles aan God overgeven."

De brahmachari knielde voor Moeder en stond op. Moeder was klaar met eten en nadat Ze nog een paar brieven gelezen had, ging Ze naar beneden voor het bhajanprogramma dat altijd aan de bhava darshan voorafging.

Bij het schemeren begon het zachtjes te regenen. De regen werd heviger naarmate de nacht vorderde en tegen de tijd dat de bhava darshan rond twee uur 's nachts eindigde, stortregende het. De toegewijden schuilden in de Vedantaschool en op de veranda van de kalari. Mensen sliepen overal waar ze konden. Toen Moeder na Devi bhava uit de kalari kwam, merkte Ze dat veel toegewijden geen slaapplaats hadden kunnen vinden. Zij leidde hen naar de hutten van de brahmachari's terwijl Gayatri probeerde Moeder met een paraplu tegen de regen te beschermen. Moeder regelde dat er drie of vier mensen in elke hut konden slapen. Terwijl Ze iedere toegewijde een plaats toewees, droogde Ze ieders hoofd met een handdoek af. In de stroom van Haar moederlijke liefde werden ze allemaal kleine kinderen.

"Amma, waar moeten de brahmachari's slapen? Bezorgen we hun niet een hoop overlast?" vroeg een toegewijde.

Moeder: "Ze zijn hier om jullie te dienen. Deze kinderen zijn hierheen gekomen om onbaatzuchtigheid te leren. Zij zijn blij dat ze een beetje ongemak voor jullie op zich kunnen nemen."

De brahmachari's gingen naar de kalari mandapam om daar tot zonsopgang te zitten. Drie zijden van de veranda waren open en de windvlagen bliezen de regen naar binnen zodat het onmogelijk was om te slapen. In ieder geval hoefden ze niet lang op de dageraad te wachten.

Toen ontdekte Moeder vier oudere toegewijden die nog een slaapplaats moesten vinden. Ze leidde hen naar een kamer aan de noordkant van de kalari. De deur was dicht. Moeder klopte en twee slaperige brahmachari's openden de deur. Zij waren voor het einde van de darshan naar bed gegaan en hadden diep geslapen zonder zich van alles bewust te zijn.

"Kinderen, laat deze mensen hier slapen." Met deze woorden vertrouwde Moeder de toegewijden aan de twee brahmachari's toe en ging toen naar Haar kamer. De brahmachari's gaven hun bedden aan de toegewijden en gingen toen naar de veranda van de meditatieruimte. Zij gingen dicht bij de deur zitten waar ze niet blootgesteld waren aan de regen, die wat afgenomen was.

Alle brahmachari's waren in de aanwezigheid van de Ene komen wonen, die de belichaming van onbaatzuchtigheid was. Zij hadden hun leven aan Haar overgegeven. En nu leerde Ze hen elk moment hoe ze hun leven moesten leiden.

Donderdag 7 augustus 1986

Vairagya

Om ongeveer half drie 's middags ging Moeder van de darshanhut naar Haar kamer terug en zag dat brahmacharini Saumya[55] op Haar wachtte. De afgelopen dagen had Saumya, die oorspronkelijk uit Australië kwam, gehoopt om met Moeder te praten en Moeder had haar gevraagd om vandaag te komen. Moeder zat op de grond en Saumya zette Haar middageten voor Haar neer.

Saumya: "Al een tijdje wil ik Moeder een aantal vragen te stellen. Mag ik ze nu stellen?"

Moeder: "Goed, dochter, vraag maar."

Saumya: "Als ik voel dat ik aan iets gehecht ben, dan besluit ik om het niet aan te schaffen of te accepteren. Is dat *vairagya* (onthechting)?"

Moeder: "Als je gehechtheid daaraan zou leiden naar wat onecht is, dan heb je een houding van vairagya.

We moeten de ware aard van elk object kennen. We moeten ons realiseren dat materiële dingen ons geen echt geluk kunnen geven. Hoewel we daar misschien tijdelijke voldoening van ondervinden, zullen ze uiteindelijk alleen tot lijden leiden. Wanneer we dit volledig begrijpen, zal onze passie voor zintuiglijke objecten automatisch afnemen. Dan kunnen we onze geest gemakkelijk van zulke dingen losmaken.

Een man, die naar payasam hunkerde, werd uitgenodigd op het verjaardagsfeestje van een vriend. Het belangrijkste onderdeel op dat feestje was inderdaad payasam. Hij was dus heel gelukkig. Hij kreeg een kom vol zoete rijstpudding en proefde er een beetje van. Hij was uitstekend. De rijst was met de juiste hoeveelheid melk en suiker gekookt en er zaten kardemom, rozijnen en

---

[55] Swamini Krishnamritaprana

211

cashewnoten in. Toen hij op het punt stond om nog een lepel te nemen, viel er een gekko van het plafond in zijn kom! Hoewel hij erg dol op payasam was, gooide hij alles weg. Op het moment dat hij wist dat de gekko[56] erin gevallen waardoor de pudding niet meer eetbaar was, verloor hij alle belangstelling voor de pudding. Op dezelfde manier kunnen we zelfs die dingen vermijden die gewoonlijk een grote aantrekking op ons hebben, als we eenmaal doorhebben dat afhankelijkheid van onze zintuigen ons alleen lijden bezorgt. We zullen het gemakkelijk vinden om onze geest te beheersen. Dat is vairagya. Als een kind een cobra ziet en zich er niet van bewust is hoe giftig hij is, probeert hij hem misschien te pakken. Maar wij zouden dat niet doen, nietwaar?

Dochter, het is beter om onthechting van dingen te ontwikkelen door hun goede en slechte eigenschappen te leren kennen dan door de geest geforceerd ervan af te houden. Dan zal op een natuurlijke manier controle over de geest ontstaan."

Saumya: "Het lijkt mij dat echt geluk door onthechting komt en niet door afhankelijk te zijn van objecten, door ze te verzamelen of ervan te genieten."

Moeder: "Denk je dat geluk door onthechting ontstaat? Neen, dat is niet zo. Geluk wordt uit de hoogste liefde geboren. Wat je nodig hebt om het Zelf of God te realiseren is liefde. Alleen door liefde zul je volledige onthechting ervaren."

Saumya: "Hoeven we dan niets op te geven?"

Moeder: "*Tyaga* (verzaken) is niet genoeg. Voel je enige gemoedsrust als je boos op iemand bent? Is het niet zo dat je je alleen volledig op je gemak voelt als je liefhebt? Je voelt je gelukkig als je van de geur van een bloem geniet. Zou je diezelfde vreugde ervaren als je je neus dichtknijpt? Geniet je niet het meest van de zoete smaak van suiker als je die in je mond houdt? Komt dat geluk door vairagya voor suiker? Neen, het ontstaat door liefde.

---

[56] Een klein soort hagedis die veel voorkomt in Zuid India.

Als je uitwerpselen ziet, houd je je neus dicht. Dat is afkeer. Daarin is geen liefde noch enig geluk. Je kunt het vairagya noemen als je wereldlijke dingen opgeeft en daarbij denkt: 'Alle vreugde die ik van buiten mijzelf krijg, is voorbijgaand en zal mij later lijden bezorgen. Het geluk dat ik van wereldse dingen krijg is niet blijvend, het is tijdelijk en daarom onecht.' Om echt geluk te ervaren is het echter niet voldoende om de illusionaire dingen van de wereld met vairagya op te geven; je moet ook door liefde verwerven wat echt is. Dat is de weg naar eeuwige gelukzaligheid.

Je hoeft de illusionaire wereld niet te haten. Je kunt van de onechte wereld leren hoe je de echte, eeuwige wereld kunt bereiken. Wat we willen is de eeuwigdurende wereld en alleen door liefde kunnen we ons tot die staat ontwikkelen. Wanneer de maan opkomt, stijgt al het water van de meren en oceanen op aarde uit liefde in zijn richting. De bloem bloeit om van het vleugje wind te genieten en dit is ook uit liefde. Dus wat geeft ons gelukzaligheid? Niet onthechting maar liefde."

Saumya (een beetje ongemakkelijk): "Ik wil niet het geluk dat ontstaat door van iets te houden."

Moeder: "Waar een zoeker van houdt is niet iets dat van hem gescheiden is. Hij houdt van zijn eigen Zelf, dat alles om hem heen doordringt. Hoe meer zijn liefde voor het eeuwige groeit, des te sterker wordt zijn verlangen om het eeuwige te kennen. Dus als we van het eeuwige houden, ontwikkelt zich echte vairagya.

Stel dat we te weten komen dat een vriend die ver weg woont, op weg is om ons te bezoeken. Vanaf het moment dat we horen dat hij komt en dat we hem elk ogenblik kunnen verwachten, wachten we op hem zonder te eten of te slapen. Is het niet uit liefde voor hem dat we wachten zonder ons te bekommeren om eten of slaap?"

Saumya: "Wat moet op de eerste plaats komen, zelfbeperking of liefde?"

Moeder: "Echte zelfbeperking komt voort uit liefde. Zonder liefde kan die zelfbeperking niet ontstaan. Zelfbeperking zonder liefde kan nooit lang duren omdat de geest moe wordt en in zijn oorspronkelijke staat terugvalt. Zodra we hoorden dat onze vriend op weg was, gaven we eten en slaap op in ons verlangen om hem te zien. Dat ontstond vanuit onze liefde voor hem. Onze zelfbeperking kwam op een natuurlijke manier en vanwege onze liefde leek het helemaal niet op ontbering of zelfopoffering. Maar als er geen liefde is, zal de beperking op een vreselijke ontbering lijken. Als we een maaltijd overslaan vanwege bepaalde beperkingen die we ons opgelegd hebben, zullen we aan niets anders dan aan eten denken.

Om van iets onthecht te zijn, moet je van iets anders houden. Dochter, het is alleen doordat je een gevoel van liefde voor het doel van Zelfrealisatie hebt, dat je hier met een houding van geduld en acceptatie kunt leven. Mensen hebben verlangens, woede, hebzucht, jaloezie en trots in zich. Hoe is het dan mogelijk dat een paar mensen deze negatieve eigenschappen onder controle hebben en hier leven met een houding van vergeving en verdraagzaamheid? Dat doe je alleen uit liefde voor Zelfrealisatie. Anders zouden al deze negatieve trekken naar buiten komen. Maar door die liefde kunnen deze karaktertrekken niet in je geest leven en gedijen. Je liefde voor het Doel beperkt al deze trekken."

Saumya: "Als dat zo is, waarom bent U dan zo strikt over het volgen van de ashramregels? Zou dat niet spontaan plaatsvinden?"

Moeder: "Amma zei niet dat je geen vairagya nodig hebt. Je moet vairagya beoefenen, maar alleen door liefde wordt die volledig. In het begin zijn beperkingen absoluut onmisbaar. Er zijn nu ongeveer dertig mensen hier die de wereld vaarwel gezegd hebben. Ieder van hen verlangt naar realisatie, maar hun geest is de slaaf van hun lichaam. Ze willen kennis van het Zelf, maar ze vinden het moeilijk om de gemakken van het lichaam op te geven. Daarom is het nodig om regels in te stellen.

Als iemand 's morgens vroeg ergens naar toe moet, maar niet wakker kan worden, moeten wij hem wakker maken, nietwaar? Stel dat een kind de zonsopgang wil zien, maar omdat het in de ban van het lichamelijke gemak is, kan het 's morgens niet opstaan. De moeder zal het kind wakker maken.

Je moet wakker en alert zijn, en klaar om de Goddelijke Dageraad te ontmoeten. De tijd zal niet op je wachten. Maar mijn kinderen doen hun plicht niet. Als zij niet alert zijn, moet Moeder hen wakker maken. Anders zou Ze hen ernstig tekortdoen. Amma vindt dat Haar strengheid in dit opzicht Haar grootste daad van liefde is tegenover Haar kinderen in de ashram."

Regels zijn belangrijk in een ashram

Saumya: "Soms lijken de regels van de ashram zeer streng."

Moeder: "Regels zijn nodig in een ashram waar veel mensen wonen en waar een groot aantal bezoekers komt. Bijvoorbeeld jongens en meisjes moeten niet te vrijelijk met elkaar praten. Degenen die in de ashram wonen moeten voor anderen een voorbeeld zijn. Bovendien hebben alle mensen die hier wonen niet hetzelfde karakter. De kinderen die pas zijn aangekomen, hebben nog niet zoveel zelfbeheersing. Zij zijn net met hun sadhana begonnen. Maar de kinderen die vanaf het begin hier zijn geweest, hebben een bepaalde mate van controle over hun geest verkregen. De nieuwkomers kunnen met hun twijfels naar hen toe gaan, daar is niets mis mee. Maar Amma zegt dat er bepaalde grenzen moeten zijn. Praat alleen als het nodig is, en niet meer."

Saumya: "We voelen ons erg alert op de dagen dat U ons wakker maakt, Amma!"

Moeder: "Die kinderen die van Amma houden en erg naar realisatie verlangen, zullen 's morgens opstaan zonder te wachten op iemand die hen wakker maakt. Wanneer Amma 's nachts naar Haar kamer teruggaat, zijn er veel brieven te lezen. Zelfs daarna kan Ze niet naar bed gaan voordat ze geïnformeerd heeft of er genoeg groenten, rijst, geld, enzovoorts zijn voor de volgende dag. Als er tekort aan iets is, moet Ze instructies geven wat er gekocht of wat er gedaan moet worden. Ze moet ook voor de bezoekers zorgen en ook over de routine van de kinderen hier nadenken en zorgdragen voor hun behoeften. Hoe kan er na al deze dingen van Haar verwacht worden dat Ze naar ieders kamer gaat om jullie wakker te maken?

Als je van Amma houdt, is het voldoende om zorgvuldig Haar woorden op te volgen. Van Amma houden is Haar woorden gehoorzamen. Je moet dorst voelen. Als je een guru hebt, zullen jouw liefde voor de guru en voor zijn instelling, en jouw relatie met je guru je helpen om alle andere dingen te vergeten en om naar het Oneindige te groeien. Alleen als het zaad zich met de grond verenigt, kan het tot een boom uitgroeien."

Saumya: "Amma, meestal berispt U mij niet. Waarom niet?"

Moeder: "Doe ik dat niet? Geef ik je geen standje in de kalari tijdens Devi bhava?"[57]

Saumya: "Slechts een beetje."

Moeder (lachend): "Dochter, in jou ziet Amma alleen de fout dat je 's morgens niet vroeg opstaat. Je gaat naar bed nadat je 's nachts hard gewerkt hebt. En breng je de hele Devi bhava niet staand in de kalari door? Ook probeer je erg hard om het doel van realisatie te bereiken. Je hebt het verlangen om de ashramroutine met regelmaat te volgen en je probeert er nooit onderuit te komen door je te verstoppen of ertussenuit te knijpen. Daarom is het niet nodig om je onder handen te nemen."

---

[57] Swamini Krishnamritaprana helpt Moeder meestal tijdens Devi bhava

Gebreken verwijderen

Saumya: "Er wonen hier zowel jongens als meisjes. Is het niet Uw wens dat we liefdevol zijn voor iedereen?"

Moeder: "Het is niet nodig om naar iedereen toe te gaan en hun je liefde te tonen. Het is voldoende om geen negatieve gevoelens te hebben, helemaal geen. Echte liefde is de volledige afwezigheid van alle negatieve gevoelens tegenover iedereen. Door al deze negatieve gevoelens te verwijderen, zal de liefde die altijd in je aanwezig is, naar buiten stralen. Dan is er geen onderscheid, geen gevoel van verschil. Heb je niet gezien hoe degenen die gisteren van elkaar hielden, elkaar vandaag verachten? Dus hun liefde was nooit echt. Waar gehechtheid is, is ook woede. Ons doel is om noch gehechtheid noch woede te hebben. Dat is echte liefde. Bovendien zijn wij onzelfzuchtig dienstbaar en dat is de grootste liefde."

Saumya: "Ik probeer om naar niemand negatieve gevoelens te hebben."

Moeder: "Gehechtheid en afkeer zijn geen dingen die we gewoon kunnen oppakken en weggooien. De bellen in het water zullen breken als we proberen ze te pakken. We kunnen ze niet vangen. Op dezelfde manier is het niet mogelijk om onze gedachten en emoties gewoon uit onze geest te gooien. Als we proberen ze te onderdrukken worden ze twee keer zo sterk en veroorzaken ze moeilijkheden. Alleen door contemplatie kunnen we onze negatieve emoties verwijderen. We moeten onze negatieve neigingen onderzoeken en hen verzwakken door goede gedachten. Zij kunnen niet geforceerd verwijderd worden.

Als we vers water in een beker zout water gieten en doorgaan met gieten zelfs als hij vol is, zal het water minder zout worden en uiteindelijk zullen we een glas vol vers water krijgen. Op dezelfde manier kunnen we slechte gedachten alleen verwijderen door de geest met goede gedachten te vullen. Emoties zoals verlangen en woede kunnen we niet uitroeien, maar we kunnen ervoor zorgen dat we ze geen ruimte in onze geest geven. We moeten inzien dat we Gods instrument zijn en de houding van een dienaar ontwikkelen.

In feite moeten we onszelf als bedelaar zien. Een bedelaar gaat naar een huis om een aalmoes te vragen. De mensen in het huis kunnen zeggen: 'Er is geen *bhiksha* hier. Ga weg! Waarom kom je naar ons toe?' Maar wat ze ook zeggen, hij doet zijn mond niet open. Hij denkt: 'Ik ben maar een bedelaar. Er is niemand op deze aarde met wie ik mijn verdriet kan delen. Alleen God kent mijn hart.' Als hij dit aan dat gezin zou proberen uit te leggen, zouden ze het niet begrijpen. Dat weet hij. Dus als iemand boos op hem wordt, loopt hij stil weg en gaat naar het volgende huis. Als ook zij boos zijn, gaat hij verder naar het volgende huis zonder te klagen. Zo moeten we zijn. Zodra we de houding van een bedelaar aannemen, verdwijnt het ego voor een groot deel. We zullen voelen dat we geen andere toevlucht hebben dan God en dan zullen de negatieve vasana's vanzelf verdwijnen. Alleen door te proberen om kleiner dan het kleinste te worden, wordt men groter dan het grootste. Door de houding te ontwikkelen dat men de dienaar van iedereen is, wordt men meester van de wereld. Alleen hij die zelfs voor een *shava* (lijk) buigt, wordt Shiva."

Saumya: "Als we iets hebben wat iemand hier nodig heeft, is er dan iets mis mee als we het hem geven?"

Moeder: "Dat moet je niet doen, dochter. Je bent brahmacharini. Je bent hier gekomen om sadhana te doen. Als je iemand iets wil geven, geef het dan af in het kantoor of geef het aan Amma en Amma zal het aan degene geven die het nodig heeft. Als jij het rechtstreeks geeft, zul je de houding hebben 'ik geef' en je zult gehechtheid aan die persoon ontwikkelen. Dus geef het niet zelf. Als je de staat van guru bereikt, is het geen probleem meer, omdat er dan geen andere gedachten zullen opkomen over degene aan wie je geeft. In deze fase echter moet je je liefde niet uitwendig tonen, hij moet van binnen gevoed worden. Wanneer er geen afkeer of vijandigheid meer is, dat is liefde. Wanneer elk spoor van afkeer uit de geest verdwijnt, wordt de geest zelf Liefde. Het wordt als suiker: iedereen kan komen, ervan nemen en van zijn zoetheid genieten zonder dat jij iets hoeft te geven.

Als een vlieg in de stroop valt zal hij sterven. In deze fase zijn degenen die naar je toekomen als vliegen. Zij willen iets van je met een onzuiver motief in hun geest waarvan jij je niet bewust bent. Als zij jou benaderen, zal het hun helemaal niet ten goede komen. Zij leiden alleen zichzelf naar de ondergang en het is ook schadelijk voor jou.

Als een mot op een lamp afvliegt, zoekt hij naar voedsel. De lamp is bedoeld om licht te geven maar de motten komen erop af om hem op te eten. Bij deze poging komen zij om en soms gaat de lamp ook nog uit. Dus moeten we anderen niet de kans geven om zichzelf en ons te gronde te richten. Wij zijn vol mededogen, maar zij die naar ons toe komen zijn misschien heel anders. Als je in de toekomst in een ashram of gurukula een verantwoordelijke positie hebt, kunnen sommige mensen je benaderen met intenties die niet helemaal zuiver zijn. Als je dan genoeg vooruitgang hebt gemaakt, zullen hun onzuivere gedachten door je liefde vernietigd worden. Een bosbrand zal niet minder worden, zelfs al valt er een olifant in.[58] In deze fase echter zal je liefde alleen de zwakheid van anderen laten toenemen."

Saumya: "Dus we moeten veel liefde in ons hebben, maar het niet tonen?"

Moeder: "Amma zegt niet dat je de liefde niet moet tonen, · maar dat je je volgens de ashramdharma moet gedragen. Let altijd op de omstandigheden. Als de bezoekers brahmachari's en

---

[58] Hier symboliseert het vuur de gevorderde sadhak en de olifant representeert de onzuivere gedachten van anderen.

brahmacharini's met elkaar zien praten, gaan ze dat nadoen. Zij zijn zich er niet van bewust hoe zuiver je hart is. Bovendien hoef je niet met elkaar te praten. Liefde bestaat niet uit zulke dingen. Echte liefde betekent dat je geen enkel negatief gevoel in je hebt, helemaal geen."

Saumya: "Als we hier met elkaar praten, gaat het over spirituele onderwerpen, over vragen die we over het onderricht hebben."

Moeder: "Maar de mensen weten dat niet, dochter. Wat de toeschouwer ziet is een gesprek tussen brahmachari's en brahmacharini's. Steeds wanneer mensen een man en een vrouw met elkaar zien praten, interpreteren ze dat verkeerd. Zo is de wereld tegenwoordig."

(Vanwege haar mededogen gaf Saumya aan iedereen wat hij vroeg. Veel mensen die de ashram bezochten, begonnen haar om geld te vragen voor de terugreis met de bus. Moeder had Saumya verboden om op die manier te blijven geven, omdat sommige mensen probeerden haar uit te buiten. Bewoners om geld vragen was ook tegen de ashramregels. Hoewel dit Saumya eerst van streek bracht, was ze nu tevreden met Moeders uitleg).

Het onderscheid tussen goed en verkeerd

Saumya ging door met haar vragen: "Ik heb bepaalde dingen gedaan waarvan ik dacht dat ze juist waren, maar later bleek dat ze verkeerd waren, maar daarvan had ik toen geen idee. Hoe kan ik goed van verkeerd onderscheiden en correct handelen?"

Moeder: "Volg voorlopig Moeders woorden. Schrijf je gevoelens op zoals 'Ik had deze slechte gedachte' of 'Ik was kwaad op die en die.' Vraag Amma dan om je te helpen en verbeter jezelf.

Amma vertelt de kinderen hier dat brahmachari's en brahmacharini's in het begin helemaal niet met elkaar mogen praten. Na een bepaalde periode van sadhana is het echter geen probleem meer. Amma is niet zo streng bij het verbieden van Haar westerse kinderen om met elkaar te praten omdat ze uit een heel andere wereld komen. In hun cultuur bestaat niet hetzelfde verschil tussen man en vrouw."

Saumya: "Als onze handelingen de juiste resultaten opleveren, komt dat dan doordat we de juiste geestelijke houding hebben of komt het eenvoudigweg door de handeling zelf?"

Moeder: "We krijgen de juiste resultaten door de zuiverheid van onze geestelijke vastberadenheid. Toch moeten we nog steeds aandacht schenken aan de handeling zelf en het resultaat ervan observeren. Handelingen met een zuivere mentale houding verrichten vereist oefening."

Saumya: "Zal God ons de fouten die we hebben gemaakt, vergeven?"

Moeder: "Hij zal ons tot een bepaald punt vergeven, maar daarna niet meer. Hij zal ons alle fouten vergeven die we zonder het te weten begaan, omdat we ons immers niet van deze fouten bewust zijn. Maar als we bewust iets doen wat verkeerd is, dan zal Hij het voorbij een bepaald punt niet tolereren. Dan zal Hij ons straffen. De kleine baby noemt zijn vader 'da da.' De vader weet dat de baby hem roept en lacht. Maar als het kind zijn vader 'da da' blijft noemen als hij oud genoeg is om het beter te kunnen, zal zijn vader niet meer lachen. Hij zal hem een pak slaag geven. Op dezelfde manier zal God ons zeker straffen als we verkeerd handelen terwijl we heel goed weten dat wat we doen, fout is. Maar zelfs die straf is een vorm van genade. God kan een toegewijde zelfs voor een kleine fout straffen, zodat hij nooit meer een dergelijke fout maakt. Die straf komt van Gods grenzeloze mededogen voor de toegewijde en is bedoeld om hem te redden. Het is als een licht in het duister.

Een jongen had de gewoonte om over een omheining van prikkeldraad te springen om naar het huis van de buren te gaan. Zijn moeder zei tegen hem: 'Zoon, klim niet over de omheining want als je uitglijdt zul je je openhalen. Ga langs de gewone weg ook al duurt het wat langer.' 'Maar tot nu toe is er niets met me gebeurd!' protesteerde de jongen en hij bleef langs dezelfde weg gaan. Toen hij op een dag weer over de omheining sprong, viel hij en haalde zijn voet open. Hij huilde en rende naar zijn moeder. Zij troostte hem met veel liefde, verbond zijn wond en zei hem dat hij niet meer over de omheining moest springen. Maar de jongen gehoorzaamde haar niet en weer gleed hij uit, viel in het prikkeldraad en sneed zichzelf. Weer rende hij huilend naar zijn moeder. Maar deze keer gaf ze hem een pak slaag voordat ze de wonden behandelde.

Als de jongen echt pijn had gevoeld toen hij de eerste keer viel, zou hij zijn fout niet nog een keer begaan hebben. De moeder sloeg hem toen hij de tweede keer huilend naar haar toe kwam, niet uit boosheid maar uit liefde. Zo is ook de straf die God ons geeft Zijn mededogen en het is bedoeld om ons van verder wangedrag af te houden.

Veel potloden hebben aan het einde een gum zodat we onze fouten meteen kunnen uitwissen. Maar als we op dezelfde plek fouten blijven maken en ze steeds weer proberen uit te gummen, zal het papier uiteindelijk scheuren."

Moeder was klaar met eten. Ze waste Haar handen en ging weer zitten.

Saumya: "Wanneer ik iets denk, lijkt het op het ene moment juist en even later denk ik dat het misschien verkeerd is. Ik kan geen beslissing nemen wat ik moet doen. Ik heb altijd twijfels over wat juist en wat verkeerd is."

Moeder: "Als men geen onderscheid kan maken tussen juist en verkeerd moet men advies vragen aan de guru of een ander wijs iemand. Dan zal het juiste pad duidelijk worden. Het is moeilijk om vooruit te gaan zonder ons over te geven aan of vertrouwen te hebben in iemand die ons naar het Doel kan leiden.

Als we zo'n ziel, die ons de juiste handelswijze kan laten zien, gevonden hebben moeten we tegenover hem een houding van overgave ontwikkelen en zijn advies opvolgen. Als we zo iemand niet kunnen vinden, moeten we door spirituele boeken te lezen proberen te leren wat het doel van het leven is en wat het pad is dat we moeten volgen. Als ons verlangen oprecht is, zullen we zeker een guru vinden. Maar het is niet genoeg dat we een guru vinden. Om vooruit te komen moeten we ons volledig aan de guru overgeven. Er kan geen vooruitgang gemaakt worden als we aanmerkingen hebben op de guru als hij ons op onze fouten wijst of ons berispt."

Saumya: "Hoe worden verlangens een obstakel voor onze spirituele oefeningen?"

Moeder: "Veronderstel dat er veel gaten zitten in een water-leiding naar een kraan. Er zal maar een dun straaltje water uit de kraan komen. Op dezelfde wijze zullen wij als er egoïstische gedachten in onze geest zijn, geen volledige concentratie op God krijgen en zullen we niet dichter bij hem komen. Hoe kan iemand die niet eens een kleine rivier over kan zwemmen, de oceaan overzwemmen? Het is niet mogelijk om de hoogste staat te bereiken zonder alle egoïsme op te geven."

Saumya: "Japa, meditatie en gebed, welke van deze oefenin-gen verwijdert de vasana's het doeltreffendst?"

Moeder: "Al deze methoden helpen ons om onze vasana's te overwinnen. Als we met volledige concentratie bidden, is dat alleen al voldoende. Maar weinig mensen bidden de hele tijd en zij hebben geen geconcentreerde geest. Daarom gebruiken we andere methoden zoals japa, meditatie en devotioneel zingen. Op deze manier kunnen we de gedachte aan God steeds levendig houden. Als we zaadjes planten, moeten we ze bemesten, regel-matig water geven, tegen dieren beschermen en de wormen en insecten vernietigen die hen aantasten. We doen dit allemaal om het gewas te versterken. Zo ook dienen de verschillende spirituele oefeningen die we doen, allemaal om onze vooruitgang naar het Doel te versnellen."

Saumya: "Amma heeft mij gevraagd om van zeven tot acht uur 'Om Namah Shivaya' te reciteren, dus kan ik niet meedoen met de bhajans."

Moeder: "Maak je geen zorgen, dochter. Amma zal iemand anders vragen om die tijd over te nemen."

Moeder keek op de klok aan de muur. Het was kwart voor vijf. Ze zei: "Het is al gauw tijd voor de bhajans. Laat Amma nu een bad nemen. Dochter, wanneer je ook maar een probleem hebt, moet je het aan Amma komen vertellen."

Saumya knielde voor Moeder, haar gezicht straalde van vreugde omdat ze zolang met Moeder had gesproken en omdat haar twijfels opgelost waren.

Kort daarna ging Moeder naar de kalari en de bhajans die altijd aan de Devi bhava voorafgaan, begonnen. Dezelfde Moeder die in de vorm van de Guru geduldig zo lang de tijd had genomen om de vragen van Haar leerling te beantwoorden, nam nu de stemming aan van een toegewijde die het verlangen van Haar hart in het lied uitstortte. Ze zong met heel Haar wezen terwijl Ze al het andere vergat in de vervoering van devotie.

Woensdag 20 augustus 1986

Overwin je woede

In de ashram had iedereen zonder te rusten vanaf de morgen gewerkt. Het was nu laat in de middag. Het werk bestond uit het opruimen van het ashramterrein en het verplaatsen van bouwmateriaal dat gebruikt werd om beton te storten voor het nieuwe gebouw. Moeder hielp bij het verplaatsen van een paar stalen staven. Haar witte sari was bedekt met groene algen van de vochtige staven.

Een toegewijde die in Rajasthan werkte, was de vorige nacht aangekomen. Hij had een slecht humeur en had om Moeders hulp bij het overwinnen van zijn woede gebeden. Moeder, die in iedereen verblijft, wist dit. Ze wendde zich met een glimlach tot hem en zei: "Mijn zoon, Amma denkt dat je een beetje teveel woede in je hebt. Als je weer kwaad wordt, moet je een foto van Amma voor je zetten en tegen Haar te keer gaan. Zeg tegen Haar: 'Is deze woede wat ik krijg door U te aanbidden? U moet het nu meteen wegnemen! Zo niet, dan zal ik…' Neem dan een kussen en sla erop terwijl je je voorstelt dat het Amma is. Als je wilt kun je zelfs vuil naar Amma gooien. Maar, zoon, wordt niet boos op anderen."

De man kreeg tranen in de ogen door Moeders liefde.

Toen de schemering intrad was het werk bijna klaar. Nu deed Moeder mee met het dragen van stenen. Toen Haar kinderen zagen dat Zij de grootste steen op Haar hoofd tilde, protesteerden ze en probeerden ze Haar ervan af te brengen. Ze vroegen Haar om alleen de kleinere stenen te nemen. Maar het deed haar pijn om te zien dat Haar kinderen de zwaardere stenen optilden. Ze zei tegen hen: "Geen fysieke pijn is zo vreselijk als geestelijke pijn."

Het zware werk werd een vorm van aanbidding. Iedereen probeerde een grotere lading te dragen dan hij kon tillen. Hun zweet viel als bloemen van verering aan de voeten van de Moeder van het Universum, bloemen die het gouden zaad voor een nieuw tijdperk bevatten.

Zaterdag 23 augustus 1986

Moeder zat in de kalari mandapam met een paar toegewijden van buiten de ashram. Vijayalakshmi, een vrouw die nu ongeveer een jaar getrouwd was, was er ook bij. Een vriendin had haar onlangs meegenomen om Moeder te ontmoeten. Ze was dol op Moeder vanaf het eerste moment dat ze Haar ontmoette en ze had volledig vertrouwen in Haar. Hoewel ze sindsdien steeds regelmatig gekomen was om Moeder te zien, had haar man niet veel vertrouwen in Moeder. Hij had geen belangstelling voor spirituele zaken, maar hij had er geen bezwaar tegen dat zijn vrouw Moeder bezocht. Nadat Vijayalakshmi Moeder had ontmoet, hield ze op met aandacht te schenken aan haar uiterlijke verschijning. Ze deed haar sieraden en dure sari's weg en droeg alleen witte kleren. Haar man had daar echter bezwaar tegen omdat hij een succesvol ingenieur was en een grote vriendenkring had.

Moeder: "Dochter, zal mijn zoon het leuk vinden als je alleen wit draagt?"

Vijayalakshmi: "Het maakt niet uit, Amma. Ik heb al mijn andere sari's en bloezen weggelegd. Ik wil ze aan arme mensen geven. Ik heb veel kleren die ik niet nodig heb."

Moeder: "Doe zoiets niet nu, dochter! Doe niets wat je man pijn doet. Je hebt een zeker dharma, verwaarloos dat niet. In ieder geval heeft mijn zoon er geen bezwaar tegen dat je hier komt. Is dat niet geweldig?"

Vijayalakshmi: "Amma, hij heeft tijd voor honderden dingen, maar hij heeft geen tijd om U zelfs maar één keer te komen opzoeken. Jarenlang heb ik me uitgedost en ben ik overal met hem heen gegaan, maar nu niet meer. Ik ben alle pracht en praal moe. Deze katoenen sari en bloes zijn genoeg voor mij."

Moeder: "Praat niet zo, dochter. Het is waar dat hij niet naar Amma komt, maar hij heeft niettemin veel toewijding."

Vijayalakshmi: "Wat bedoelt U? Hij zal naar geen enkele tempel gaan. Toen ik hem vroeg om met mij naar de Guruvayur tempel te gaan, zei hij: 'Toen ik op de universiteit zat, heb ik besloten dat ik nooit een voet in een tempel zou zetten. Maar om jou moest ik deze eed een keer verbreken. Omdat je familie zo vroom is, moest ik tegen mijn eigen woorden handelen.' Amma, ik moet nog steeds naar deze klacht luisteren over het feit dat we in een tempel getrouwd zijn."

Moeder lachte en zei: "Dochter, hij komt misschien niet hier en gaat naar geen enkele tempel, maar hij heeft een goed hart. Hij heeft mededogen met hen die lijden en dat is al genoeg. Dochter, doe niets wat hij niet leuk vindt."

Op Vijayalakshmi's gezicht verscheen teleurstelling.

Moeder: "Maak je geen zorgen, is het niet Amma die je dit vertelt? Als je alleen wit draagt zal hij zich ergeren. Wat moet hij zijn vrienden vertellen? Draag dus wit als je hier komt, maar als je thuis bent of met hem op reis bent, draag dan je gewone kleren en sieraden. Anders zullen de mensen Amma beschuldigen, nietwaar? Jouw man is ook Amma's zoon. Maak je geen zorgen, dochter."

Vijayalakshmi had daarop niets te antwoorden maar aan haar uitdrukking was te zien dat ze Moeders woorden accepteerde.

Handelen

Nu stelde Ramachandran, een andere toegewijde, een vraag: "In veel boeken staat dat er in de oude gurukula's meer belang gehecht werd aan het verrichten van arbeid dan aan het doen van sadhana. Hoewel de *Upanishaden* zeggen dat alleen karma yoga niet tot Zelfrealisatie zal leiden, wezen de gurus aan nieuwe leerlingen taken toe om tien tot twaalf jaar lang op het vee te passen of brandhout te hakken. Waarom deden ze dat?"

Moeder: "Het is niet mogelijk om de geest te zuiveren zonder onzelfzuchtige diensten te verlenen. Wat een spiritueel mens het allereerst nodig heeft is onzelfzuchtigheid. De leerling kreeg bepaalde taken toegewezen om te testen hoe onzelfzuchtig hij was. Als hij het werk met een onzelfzuchtige en opofferende houding deed, toonde dat de standvastigheid van zijn besluit om het Doel te bereiken.

De houding van overgave van de leerling aan elk woord van de guru maakt hem Koning over de koningen. Het maakt hem heerser over alle drie de werelden.

Een aspirant moet goed getest worden voordat hij als leerling in de ware zin aangenomen wordt. Een echte meester zal een nieuwe leerling alleen na zulke tests aannemen.

Per slot van rekening gaat iemand die eerst pinda's liep te verkopen, de verantwoordelijkheid krijgen over de diamantwinkel. Het was niet erg als hij een pinda verloor, maar een diamant is veel kostbaarder. Een spiritueel iemand wordt geacht vrede en geluk aan de wereld te schenken. Het is de plicht van de guru om te testen en te zien of de leerling de vereiste shraddha en rijpheid heeft. Anders zal de leerling alleen schade aanrichten.

Een jongeman ging eens naar een ashram in de hoop dat hij daar kon blijven wonen. De guru probeerde het hem af te raden door hem te vertellen dat voor hem de tijd nog niet gekomen was om zich bij de ashram aan te sluiten. Maar de jongeman weigerde om naar huis te gaan. Tenslotte gaf de guru toe. Hij gaf de nieuwe leerling de taak om een boomgaard niet ver van de ashram te bewaken.

Toen de jongeman 's avonds naar de ashram terugkeerde nadat hij de hele dag zijn plicht gedaan had, vroeg de guru hem: 'Wat heb je vandaag gegeten?' De leerling antwoordde: 'Ik heb een paar appels van de bomen gegeten.' 'Van wie mocht je die te eten!' De leerling hield zijn mond.

De volgende dag ging de leerling weer naar zijn werk. Ditmaal plukte hij geen fruit van de bomen, maar at alleen wat al op de grond was gevallen. 's Avonds berispte de guru hem weer. De volgende dag at hij helemaal geen fruit. Toen hij zich uitgehongerd voelde, at hij de bessen van een wilde plant. De bessen bleken giftig te zijn. Hij zakte in elkaar en lag in de boomgaard zonder dat hij op kon staan.

Toen hij daar lag, smeekte hij zijn guru hardop om vergeving. Enkele leerlingen die hem hoorde roepen, kwamen hierop af en vonden hem. Ze boden hem wat water aan om te drinken, maar hij weigerde en zei dat hij niets wilde eten of drinken zonder toestemming van de guru. Op dat moment verscheen God voor hem en zei: 'Ik zal je je kracht teruggeven en je naar je guru brengen.' De leerling antwoordde: 'Neen God! Ik wil dat U mij kracht geeft alleen als mijn guru zijn goedkeuring geeft.' Omdat de leerling dat niveau van overgave had bereikt, kwam de guru zelf naar hem toe en zegende hem. De leerling kreeg onmiddellijk zijn kracht terug. Hij knielde voor de guru en stond op.

Dit zijn de soort tests die de gurus vroeger gaven om de geschiktheid van aspirant leerlingen te beoordelen."

Geduld

Ramachandran: "Amma, als men observeert hoe U met Uw kinderen omgaat, dan krijgt men het gevoel dat Uw uitbranders nuttiger zijn voor hun groei dan Uw lof."

Moeder: "Om de juiste discipline en nederigheid te ontwikkelen moet de leerling zowel ontzag als devotie voor de guru voelen. In het begin leren kleine kinderen hun lessen uit angst voor de leraar. Tegen de tijd dat ze naar de universiteit gaan, studeren ze op eigen initiatief omdat ze een doel in hun leven hebben.

Geduld is de eigenschap die van begin tot eind nodig is voor een spiritueel leven. De schil om het zaad moet openbreken voordat de boom te voorschijn kan komen. Op dezelfde manier moet je van je ego afkomen voordat je de Realiteit kunt kennen. De guru zal veel tests bedenken om te zien of de leerling bij hem is gekomen in een tijdelijke opwelling van enthousiasme of uit echte liefde voor het Doel. Zoals onverwachte proefwerken op school zullen de tests van de guru zonder aankondiging vooraf gegeven worden. Het is de plicht van de guru om vast te stellen in welke mate de leerling geduld, onbaatzuchtigheid en mededogen heeft. Hij zal opmerken of de leerling in bepaalde situaties machteloos wordt of dat hij de kracht heeft om verschillende beproevingen te overleven. Hij is voorbeschikt om morgen de wereld te leiden. Er kunnen duizenden mensen naar hem toe komen en hun vertrouwen in hem stellen. Om deze mensen niet teleur te stellen moet de leerling een zekere mate van kracht, volwassenheid en mededogen bezitten. Als hij zonder deze eigenschappen de wereld in gaat, zal hij de wereld ernstig misleiden.

De guru onderwerpt de leerling aan veel beproevingen om hem te vormen. Een guru gaf eens aan zijn leerling een grote steen en vroeg hem om er een beeld uit te houwen. De leerling at en sliep niet meer en binnen korte tijd had hij een beeldhouwwerk geschapen. Hij plaatste het aan de voeten van de guru, boog met gevouwen handen en ging ernaast staan.

De guru wierp één blik op het standbeeld en smeet het weg waardoor het in stukken brak. 'Maak je zo een beeld?' vroeg hij boos. De leerling keek naar het kapotte beeld en dacht: 'Ik heb dagenlang aan dit beeld gewerkt zonder onderbreking om te eten of te slapen en desondanks kon er geen compliment af.' De guru kende zijn gedachten en gaf hem een andere steen en vroeg hem om het nog eens te proberen.

Heel zorgvuldig maakte de leerling een nog mooier beeld dan het vorige en bracht het naar de guru. Deze keer was hij er zeker van dat de guru tevreden zou zijn. Maar op het moment dat de guru het beeld zag, werd zijn gezicht rood van woede. 'Houd je me voor de gek? Deze is zelfs nog slechter dan de vorige!' Toen de guru dat zei, gooide hij het beeld op de grond en weer brak het in stukken. De guru bestudeerde het gezicht van de leerling. De leerling stond met zijn hoofd nederig naar beneden. Hij was niet boos. Hij voelde zich verdrietig. De guru gaf hem een nieuwe steen en zei hem dat hij een nieuw beeld moest maken.

Gehoorzaam maakte de leerling met veel zorg een nieuw beeld. Het was erg mooi. Weer offerde hij het aan de voeten van de guru. Op het moment dat hij het neerzette, pakte de guru het op en smeet het weg, en schold hem de huid helemaal vol. Deze keer echter voelde de leerling zich noch verontwaardigd noch verdrietig over de reactie van de guru, omdat hij de houding van volledige overgave ontwikkeld had. Hij dacht: 'Als dat de wil van mijn guru is, is het prima. Iedere handeling van mijn guru is voor mijn bestwil.' De guru gaf hem weer een steen en de leerling ontving hem met vreugde. Hij kwam terug met een ander mooi beeld en weer gooide de guru het in stukken. Maar er kwam helemaal geen verandering in de emoties van de leerling. De guru was tevreden. Hij omhelsde de leerling, plaatste zijn handen op het hoofd van de leerling en zegende hem.

Een buitenstaander die de handelingen van de guru gade geslagen zou hebben, zou er misschien verbaasd over zijn geweest hoe wreed de guru was, of hij had kunnen denken dat de guru gek was. Alleen de guru en de leerling die zich aan hem overgaf, konden weten wat er echt gebeurde. Iedere keer als de guru het beeld stuk gooide, beeldhouwde hij in feite een echt beeld van God in het hart van de leerling. Wat stukging was het ego van de leerling. Alleen een satguru kan dit doen en alleen een echte leerling kan de vreugde ervan ervaren.

De leerling moet begrijpen dat de guru beter weet dan hij wat goed of slecht voor hem is en wat goed en slecht in het algemeen is. Men moet een guru nooit voor naam en faam benaderen maar alleen met het doel om het zelf over te geven. Als we boos zijn op de guru omdat hij ons of onze handelingen niet prijst, moeten we erkennen dat we nog niet geschikt zijn om leerling te zijn. We moeten tot de guru bidden om die boosheid weg te nemen.

We moeten begrijpen dat elke handeling van de guru voor ons eigen bestwil is.

Als de leerling in dit verhaal bij de guru weg was gegaan omdat hij het gevoel had dat zijn werk niet de lof kreeg die het verdiende, zou de deur tot eeuwige gelukzaligheid voor hem dicht gebleven zijn. De gurus dragen hun leerlingen verschillende taken op, omdat ze weten dat de leerlingen geduld en volwassenheid niet alleen door meditatie kunnen bereiken. De eigenschappen die men door meditatie verkregen heeft, moeten duidelijk uit iemands handelingen blijken. Als je alleen vrede onder de meditatie ervaart en niet op andere momenten, is dat geen teken van echte spiritualiteit. We moeten elke handeling als een vorm van meditatie kunnen zien. Dan wordt *karma* (handeling) echt *dhyana* (meditatie)."

Vijayalakshmi: "Een vriendin van me kreeg onlangs *mantra diksha* (mantra initiatie) van de Ramakrishna-ashram. Amma, wat is het doel van mantra diksha?"

Moeder: "Melk wordt niet vanzelf yoghurt. We moeten een beetje yoghurt in de melk doen om het proces op gang te brengen. Alleen dan krijgen we yoghurt. Op dezelfde manier maakt de mantra, die door de guru gegeven is, de spirituele kracht in de leerling wakker.

Zoals een zoon leven krijgt door het zaad van de vader, leeft de leerling in feite van de *prana* (levenskracht) van de guru. De prana die de guru de leerling ingeeft en het besluit dat de guru bij de initiatie neemt, helpen de leerling om perfectie te bereiken. Tijdens de initiatie verbindt de guru zich onlosmakelijk met de leerling."

Vijayalakshmi: "Wil U mij een mantra geven, Amma?"

Moeder: "De volgende keer dat je komt, dochter."

Op dat moment kwam er een groep toegewijden aan. Ze voegden zich bij de anderen en gingen rondom Moeder zitten.

Eén van hen had het over een sannyasin die onlangs in *maha-samadhi* gegaan was (zijn lichaam verlaten had).

Toegewijde: "Ik ging erheen om te zien hoe hij in het graf gelegd werd. Er werd een cel gebouwd die met zout, kamfer en heilige as gevuld werd en daarin werd het lichaam begraven."

Ramachandran: "Wordt het lichaam niet door wormen opgegeten zelfs als men het in zout en kamfer legt?"

Een andere toegewijde: "Ik heb gehoord dat Jnanadeva in een droom darshan gaf aan een toegewijde vele jaren nadat hij in mahasamadhi was gegaan. In de droom gaf Jnanadeva de toegewijde de opdracht om het graf waar zijn lichaam in lag, te openen. Toen hij dat deed, ontdekte hij dat de wortels van een boom om het lichaam heen gegroeid waren en ertegenaan drukten. Er was geen teken van ontbinding in het lichaam. De wortels van de boom werden verwijderd en het samadhigraf werd weer dicht gemaakt."

Moeder: "Als het leven er een maal uit verdwenen is, wat maakt het dan nog uit? Vinden we het jammer als er wormen groeien in de uitwerpselen die we achterlaten? Het lichaam is net zo. Het is vergankelijk. Alleen de ziel is eeuwig."

Daarna vertelde een toegewijde Moeder een verhaal over de ashram dat hij in een krant gelezen had. Het ging over de kwestie van Shakti Prasad, een jongeman die naar de ashram was gekomen om brahmachari te worden. Zijn vader, die moslim was, probeerde hem te dwingen om terug naar huis te komen. Hij had een rechtszaak aangespannen bij het hooggerechtshof om te voorkomen dat zijn zoon zich bij de ashram aansloot.

Moeder fluisterde "Shiva!" en zat toen een tijdje in stilte. Uiteindelijk ging Ze met een lach verder: "Laten we het aan de Oude Man vertellen. Maar Hij is in diepe meditatie en wordt door niets hiervan geraakt. Hij heeft één oog meer dan wij allemaal, toch lijkt hij niet hierheen te kijken. Hij komt niet naar beneden naar ons, daarom zijn wij degenen die moeite moeten doen."

Toegewijde: "Amma, wat bedoelt U hiermee?"

Moeder: "Shiva's derde oog is het oog van jnana, hoogste kennis. Hij is in jnana bhava. Niets beïnvloedt Hem. Amma daarentegen is de Moeder. Zij ziet alle wezens als Haar eigen kinderen en wordt door mededogen bewogen."[59]

Terwijl Moeder aan het praten was, zat er een brahmachari dicht bij Haar bij wie de tranen over zijn gezicht stroomden. Hij was bedroefd omdat hij het nieuws gehoord had dat Moeder een rondreis door de Verenigde Staten ging maken. Hij was niet ongelukkig dat Moeder dit bezoek aflegde, maar hij kon gewoon de gedachte niet verdragen dat hij drie maanden van Haar gescheiden zou zijn. Het nieuws van Moeders buitenlandse reis had de hele ashram in somberheid gedompeld. Dit was de eerste keer dat Moeder zo lang van de ashram weg zou zijn. Hoewel de reis pas over een paar maanden was, barstten veel ashrambewoners in huilen uit telkens als ze eraan dachten.

Moeder wendde zich tot de brahmachari en veegde zacht zijn tranen af. Ze zei tegen hem: "Mijn zoon, bij zulke gelegenheden zal Moeder te weten komen wie waardevol is onder jullie. Zij wil weten of jullie je lakshya bodha en discipline handhaven, zelfs als Ze ver weg is."

Het was een moment waarop Moeders moederlijke liefde plaats maakte voor Haar plicht als guru die aan Haar leerlingen instructies geeft. Toch leek het erop dat de goddelijke stroom van Haar liefde op het punt stond buiten haar oevers te treden, omdat Haar hart altijd smolt als Ze de tranen van Haar kinderen zag.

---

[59] De vader van Shakti Prasad verloor uiteindelijk de zaak. Dit was een uitspraak van het gerechtshof in India die een keerpunt was en nu beslist ten gunste van het recht van het individu om vrij zijn godsdienst te kiezen.

Zelfs Haar rol als Guru werd voor een groot deel verzacht door Haar moederlijke genegenheid.

Maandag 25 augustus 1986

Kuttan Nair uit Cheppad was een toegewijde van Moeder met een gezin. Toen hij Moeder voor het eerst ontmoette, dacht hij net als vele anderen dat tijdens Devi bhava de Goddelijke Moeder bezit nam van Amma's lichaam. Maar toen hij Amma's activiteiten na Devi bhava zag, werd hij er geleidelijk van overtuigd dat de aanwezigheid van de Goddelijke Moeder altijd in Amma scheen. Nadat zijn oudste zoon Shrikumar een vaste bewoner van de ashram geworden was, bezocht Moeder de familie Nair vaak. Telkens als Ze dat deed, was het een feest voor de kinderen van dat gezin. Een kamer in de zuidwest hoek van het huis was gereserveerd voor Moeder en Ze mediteerde daar vaak. Telkens wanneer Moeder en Haar kinderen op bezoek kwamen, zongen ze bhajans in de pujakamer en bij zulke gelegenheden deed Moeder ook de puja.

Moeder had ermee ingestemd om het huis van de familie Nair deze morgen op weg naar Kodungallur te bezoeken. Het was al bijna middag en Moeder en Haar kinderen waren nog niet gekomen. Iedereen in Nairs huis had in afwachting van Moeders komst gewacht met eten. Nu de ochtend bijna om was, concludeerden ze dat Moeder besloten had om niet bij hen op bezoek te komen. Wat zouden ze met al dat eten doen dat voor Moeder en Haar gezelschap gemaakt was?

Kuttan Nair ging naar de pujakamer en sloot de deur. Hij hoorde wat geschreeuw buiten maar negeerde het. Hij keek naar Moeders afbeelding en klaagde in gedachten: "Waarom heeft U ons voor niets hoop gegeven?"

Juist op dat moment klonk Moeders stem buiten zo helder als een klok.

"Hoe hadden we eerder kunnen komen? Bedenk hoe moeilijk het is om op reis te gaan zelfs voor een gezin met slechts twee kinderen! Er moest zoveel geregeld worden in de ashram, vooral omdat we twee dagen weg zijn. Veel dingen hadden aandacht nodig. De arbeiders zijn er en er moest zand gezeefd worden. Ook moesten de kinderen die achterbleven, getroost worden. Er moest zoveel gedaan worden..."

Een brahmachari legde uit: "Amma kwam vanmorgen om zeven uur Haar kamer uit en gaf een vroege darshan aan Haar toegewijden. Toen hielp Ze ons met het dragen van twee boot-ladingen zand van de pont naar de ashram. Tegen die tijd was het elf uur en we hadden 's morgens al naar Kodungallur moeten vertrekken. Haastig zijn we vertrokken zonder iets te eten."

En nu was er ook geen tijd om te eten. Moeder ging meteen naar de pujakamer, zong een paar kirtans en deed een puja. Toen Ze naar buiten kwam, werd Ze omringd door de kleine kinderen.

Ze zei eenvoudig tegen hen: "Amma zal later terugkomen. Er is nu geen tijd." De kinderen keken teleurgesteld. Deze dagen was er weinig kans om met Amma te spelen zoals vroeger. Moeder liefkoosde en troostte iedereen en gaf hun snoepjes. Het ontbijt werd ingepakt en in het busje gezet. Nadat Ze daar aan iedereen darshan had gegeven, zetten Moeder en Haar leerlingen hun reis voort met het plan om onderweg te ontbijten.

Brahmachari Balu wachtte op Moeder aan de rand van Ernakulam. Hij was daar de vorige dag voor ashramzaken heen gegaan. Hij vertelde Moeder nu dat een toegewijde in Ernakulam op Haar wachtte en hoopte dat Zij hem thuis zou bezoeken.

Moeder: "Hoe kunnen we dat doen? De kinderen in Kodun-gallur wilden dat Amma afgelopen vrijdag en zaterdag kwam, maar we hebben het naar vandaag verzet omdat één van mijn kinderen op zondag terug moest naar Europa. Morgen moeten we naar Ankamali, daarom hebben we het programma van twee dagen teruggebracht tot één enkele dag. Als we Kodungallur niet zo snel mogelijk bereiken, zullen we de mensen daar onrecht aandoen. We kunnen dus niet ergens anders heen gaan. We hebben het eten al in het busje gedaan zodat we ergens onderweg kunnen eten en de tijd kunnen uitsparen die nodig zou zijn om bij iemand op bezoek te gaan."

Toen de bus weer op weg was, lieten de brahmachari's de kans niet voorbij gaan om hun vragen aan Moeder te stellen.

Brahmachari: "Amma, is het mogelijk om het Doel alleen door sadhana en satsang te bereiken zonder hulp van een guru?"

Moeder: "Je kunt niet leren hoe je een machine moet repareren door er alleen een boek over te lezen. Je moet naar een reparatiewerkplaats gaan en door iemand die het vak kent, getraind worden. Je moet het van iemand leren die ervaring heeft. Zo heb je ook een guru nodig die je kan inlichten over de hindernissen die je in de loop van je sadhana zult tegenkomen en de manier om die hindernissen te overwinnen en het Doel te bereiken."

Brahmachari: "De geschriften hebben het vaak over de hindernissen bij sadhana. Is het niet voldoende om de geschriften te lezen en op basis daarvan te oefenen?"

Moeder : "Het etiket op een medicijnflesje kan instructies bevatten over de dosis, maar je moet het medicijn niet zonder de directe begeleiding van een dokter nemen. Het etiket geeft alleen algemene instructies, maar een dokter besluit welk specifiek medicijn je moet nemen, in welke hoeveelheid en hoe je het moet innemen. Dat hangt af van de constitutie en de gezondheid van elke patiënt. Als je het medicijn niet op de juiste wijze inneemt, zou het meer kwaad dan goed kunnen doen. Zo kun je ook tot een bepaald niveau over spiritualiteit leren van satsang en uit boeken, maar als je serieus met spirituele oefeningen bezig bent, zou het zonder guru gevaarlijk kunnen zijn. Je kunt het Doel niet zonder satguru bereiken."

Brahmachari: "Is het niet voldoende om een guru te hebben? Is het nodig om echt in de nabijheid van de guru te zijn?"

Moeder: "Zoon, als we een jong boompje van de ene plaats naar de andere overplanten, nemen we wat aarde van de oude plaats mee. Dat maakt het makkelijker voor de plant om aan de nieuwe omstandigheden te wennen. Anders is het misschien moeilijk voor de plant om in de nieuwe aarde te wortelen. De aanwezigheid van de guru is als de aarde van de oorspronkelijke plaats die de plant helpt om zich aan te passen. In het begin zal de zoeker het moeilijk vinden om zijn sadhana regelmatig, zonder onderbreking te doen. De aanwezigheid van de guru geeft hem de kracht om alle hindernissen te overwinnen en om vastberaden op het spirituele pad te blijven.

Appelbomen hebben een geschikt klimaat nodig om te groeien. We moeten ze op de juiste tijd water en mest geven en het ongedierte vernietigen dat de bomen aantast. Op dezelfde manier is een sadhak in een gurukula op de meest geschikte plaats voor spirituele oefeningen en de guru beschermt hem tegen alle obstakels."

Brahmachari: "Is het niet genoeg als we alleen dat soort sadhana doen waar we het meest van houden?"

Moeder: "De guru schrijft de sadhana voor die voor de leerling het meest geschikt is. Hij besluit of contemplatie of onbaatzuchtig dienen voor ons het beste is of dat japa en gebed voldoende zullen zijn. Sommige mensen hebben niet de geschikte constitutie voor yogaoefeningen en anderen kunnen niet lang mediteren. Wat zal het resultaat zijn als er honderd vijftig mensen in een bus stappen die bedoeld is voor vijfentwintig mensen? We kunnen een kleine mixer niet op dezelfde manier gebruiken als een professionele keukenmachine, want als we die lange tijd achter elkaar gebruiken, zal hij oververhit raken en kapotgaan.

De guru schrijft de spirituele oefeningen voor die passen bij de fysieke, mentale en intellectuele constitutie van iedereen."

Brahmachari: "Maar is het niet voor iedereen goed om te mediteren?"

Moeder: "De guru kent de staat van ons lichaam en onze geest beter dan wij. Hij geeft advies overeenkomstig de eigenschappen van de aspirant. Als je dit niet begrijpt en sadhana begint te doen volgens instructies die je ergens vandaan gehaald hebt, zou je je geestelijke evenwicht kunnen verliezen. Teveel meditatie veroorzaakt oververhitting van het hoofd en kan ook slapeloosheid veroorzaken. De guru zal iedere leerling volgens zijn aard adviseren op welk deel van het lichaam hij zich moet richten tijdens de meditatie en hoelang hij moet mediteren.

Als we ergens heen gaan en in gezelschap zijn van iemand die daar woont en de weg kent, kunnen we gemakkelijk onze bestemming bereiken. Anders zou een tocht die slechts een uur moet duren, tien uur kunnen duren. Zelfs als we een kaart hebben, kunnen we verdwalen en we zouden ook in de handen van rovers kunnen vallen. Maar als we reizen met iemand die de weg kent, hoeven we niets te vrezen. De rol van de guru bij onze spirituele oefeningen is daar gelijk aan. Er kunnen hindernissen in elk stadium van onze sadhana zijn en dan zal het moeilijk zijn om zonder guru verder te gaan. In de aanwezigheid zijn van een guru is de echte satsang."

Terwijl Moeder met Haar kinderen over spirituele zaken sprak, waren zij zich nauwelijks bewust van het voorbijgaan van de tijd. Maar Moeder wist beter dan zijzelf hoe hongerig ze waren.

"Hoe laat is het, kinderen?' vroeg Ze.

"Drie uur, Amma."

"Stop het busje wanneer je een plaats in de schaduw ziet."

Ze stopten voor het middageten aan de kant van de weg en gingen onder een boom zitten. De brahmachari's reciteerden het vijftiende hoofdstuk van de Gita. Zelfs tijdens het reizen staat Moeder erop de gewoonte te handhaven om de *Gita* te reciteren voor het eten. Toen serveerde Ze iedereen het middageten dat bestond uit rijst en *chamandi* (kokoschutney). Men haalde water bij een huis in de buurt.

Toen ze aan het eten waren, reed er een stelletje op een scooter voorbij. Moeder wees naar het paar en vroeg: "Verlangen jullie ernaar om zo met iemand te reizen? Amma zegt niet dat jullie zulke verlangens niet hebben, maar als zo'n verlangen opkomt, moet je er door contemplatie onmiddellijk van afkomen. Je kunt je voorstellen dat je je fantasievrouw in een diepe greppel gooit als je doorrijdt. Dan zal ze niet terugkomen!" Moeder barstte in lachen uit.

Darshan aan de kant van de weg

Omdat de weg in een erg slechte staat was, stelden enkele brahmachari's voor om een alternatieve route door de stad Alwaye te nemen. Maar Moeder was het er niet mee eens. Dus bleven ze op de weg die Zij gekozen had. Een stukje verderop zagen ze enkele mensen die aan de kant van de weg op Moeder wachtten. Misschien was het vanwege hun dat Moeder niet voor de andere weg had gekozen.

"Amma, stop hier even voor U verdergaat," verzochten de mensen.

"O mijn lieve kinderen, er is geen tijd! De volgende keer!" zei Moeder met grote tederheid en ze zwichtten voor Haar woorden. Toen Moeders busje op het punt stond om verder te rijden, kwam er een vrouw uit de verte aanrennen. Zij smeekte om het busje te laten wachten.

Vrouw: "Amma, ik heb vanmorgen om tien uur voor de brahmachari's koffie gezet. Ik heb hier de hele tijd gewacht. Ik moest net even naar huis. Amma, stap alstublieft even mijn huis binnen voordat U verdergaat!"

Moeder wees erop dat het erg laat was en dat Ze daarom niet kon stoppen.

Vrouw: "U moet, Amma! Alstublieft! U kunt gewoon even binnenkomen!"

Moeder: "We hebben beloofd dat we om drie uur in Kodungallur zouden aankomen en het is al vier uur. Een andere keer, mijn dochter. Amma gaat nog wel een keer naar Kodungallur."

Vrouw: "Wacht hier dan alstublieft een minuut. Ik heb melk voor U in een thermosfles bewaard en zal mijn zoon sturen om die te halen. Drink dat tenminste voor U vertrekt!"

Moeder gaf toe aan het verzoek dat met zo'n duidelijke devotie gedaan werd. De vrouw stuurde de jongen om de melk te halen. Ondertussen hing een oude vrouw die naast het busje stond, Moeder een bloemenkrans om. Moeder pakte haar handen en zegende haar. De ogen van de oude vrouw vulden zich met tranen van devotie.

Tegen die tijd kwam de jongen terug met de melk. Zijn moeder schonk het in een glas en gaf het aan Moeder. Pas toen herinnerde de vrouw zich de bananen die ze gebakken had voor de brahmachari's. Weer liet ze haar zoon naar huis rennen. Ze liet Moeder pas vertrekken toen de bananen in het busje gedaan waren. Devi is inderdaad de slaaf van Haar toegewijden!

Ze bereikten Kodungallur om vijf uur en de bhajans begonnen om zeven uur. Zoals altijd bracht Moeders zoete gezang een vloedgolf van devotie in de atmosfeer.

Dinsdag 2 september 1986

Moeder zat in de darshanhut en ontving bezoekers. Een dokter en zijn gezin waren uit Kundara gekomen. De jonge dochter van de dokter zat naast Moeder te mediteren.

Moeder sprak over het tumult dat de vorige dag ontstaan was doordat één van de buren van de ashram tegen de brahmachari's uitgevallen was.

Moeder: "Gisteren kregen de kinderen een paar echte Vedische mantra's te horen! Onze buurman was niet zuinig met woorden. Omdat de kinderen hier dit niet wilden horen, draaiden ze heel luid een bandje met bhajans. Ze konden niet tegen de buurman terugpraten, nietwaar? Per slot van rekening dragen zij deze kleren."

Moeder wendde zich tot de brahmachari's en zei: "Wij zijn bedelaars, kinderen! Bedelaars verdragen alles wat ze horen. Dit is de houding die we nu nodig hebben. Als we ons onderscheidingsvermogen verliezen als we een paar woorden van de buurman horen en als we dan zelf veel lawaai maken, zullen we onze gemoedsrust verliezen. Moeten we de kracht die we hebben opgedaan door zo lang sadhana te doen, aan zo iets onbelangrijks verspillen? Als we geen aandacht schenken aan de buurman, zullen zijn woorden bij hem blijven. Zijn woorden kunnen ons alleen beïnvloeden als we ze serieus nemen. God test ons door zijn woorden. God geeft ons een kans om te beoordelen hoe goed we opgenomen hebben wat we geleerd hebben: dat we niet dit lichaam, de geest of het intellect zijn. Wat kunnen de woorden van die man ons doen? Hangt onze geestelijke vrede en rust van anderen af?

Zou hij zich tegen een bruut ook zo gedragen? Hij durfde zich zo slecht tegenover deze kinderen te gedragen omdat zij werkelijk zo goedaardig als kleine kinderen zijn. Weet je wat ze zeiden? Ze zeiden: 'Amma, hoewel hij een rel trapte en ons bleef uitschelden, voelden we er niets voor om iets tegen hem terug te zeggen. Het was voor ons alsof er een krankzinnige praatte en wie zou de woorden van een gek serieus nemen?'"

De dokter begon te praten: "Het gezin dat naast ons ziekenhuis woont, wil aan niemand ook maar een druppel water te drinken geven. Zelfs als we zeggen dat we het water met een touw en een emmer zelf uit de put zullen halen, staan ze ons dat niet toe. Ze zeggen dat wij de modder in de put omhoog laten komen als we dat doen. Ze geven zelfs de patiënten in het ziekenhuis geen water. Wat is het toch triest dat er mensen met zo'n slechte geest bestaan!"

Moeder: "Laten we bidden dat het betere mensen worden."

Dokter: "God verandert voor ons het water van de oceaan in regen. Het is triest als iemand het eigendomsrecht van dat water opeist."

Moeder (kijkend naar het dochtertje van de dokter): "Mijn dochter mediteert al vanaf het moment dat ze is gaan zitten. Wat is er met haar gebeurd?"

Dokter: "Amma, de eerste keer dat ze U zag, zei U tegen haar: 'Je moet mediteren, dan zal God je zo intelligent maken dat je heel goed zult worden in je studie.' Sindsdien heeft ze iedere dag gemediteerd." Moeder glimlachte en keek liefdevol naar het meisje.

Een vrouw knielde en stond op. Moeder vroeg: "Dochter, ben je gekomen omdat mijn zoon Satish je over Amma verteld heeft?"

De ogen van de vrouw gingen van verwondering wijd open. Toen begon ze ongecontroleerd te huilen. Moeder droogde haar tranen af. Toen ze een beetje gekalmeerd was zei de vrouw: "Ja, Amma. Ik kom uit Delhi. Ik ging naar Shivagiri en ontmoette Satish daar. Van hem heb ik over Amma gehoord en hoe ik hier moest komen. Toen ik voor U knielde, vroeg ik me af of U mij zijn naam zou kunnen vertellen en zodra ik opstond, deed U het!"

Moeder lachte zo onschuldig als een kind en de vrouw ging naast Moeders bank zitten.

Meditatie aan de backwaters

Een paar brahmachari's waren naar Ernakulam gegaan om voorraden in te kopen. Het was nu laat in de avond en ze waren nog niet terug. Moeder zat aan de kant van de backwaters op hen te wachten en de brahmachari's zaten om Haar heen. Wanneer iemand van de ashram op reis ging en niet op tijd terugkwam, wachtte Moeder meestal bij de steiger van de veerboot op hen, hoe laat het ook was.

Een motorboot voer snel voorbij over de backwaters waardoor er golven tegen de kust klotsten. Het geluid verdween snel.

Moeder: "Ze komen misschien heel laat terug, dus zit niet niets te doen, kinderen. Mediteer!" Iedereen ging dichter om Moeder heen zitten.

Moeder: "Laten we eerst een paar keer Aum herhalen. Als je Aum reciteert, stel je dan voor dat het geluid bij de *muladhara* begint en omhooggaat naar de *sahasrara*, zich dan over het lichaam verspreidt en tenslotte in stilte oplost."

Moeder herhaalde drie keer Aum. Elke keer wachtte Ze even voordat Ze het weer herhaalde zodat iedereen de klank na Haar kon reciteren. De heilige lettergreep kwam op als het geluid van een schelp waarop geblazen werd, weerklonk in de rust van de nacht en loste langzaam in stilte op. Iedereen verzonk in meditatie. Alles was stil op het geraas van de nabije zee na en de wind die door de palmen waaide.

Ongeveer twee uur ging ongemerkt voorbij. Weer herhaalden ze allemaal samen Aum. Moeder zong een kirtan en de groep zong iedere regel na Haar: *Adhbuta charitre...*

> *U, voor wie de hemelbewoners buigen,*
> *wier verhaal vol wonderen is,*
> *geef me de kracht om aan Uw voeten toegewijd te zijn.*
> *Ik offer U alle handelingen die ik verricht heb*

in het duister van mijn onwetendheid.
Beschermster van de bedroefden,
vergeef mij alle dingen die ik uit onwetendheid heb gedaan.

Heerseres over het Universum,
Moeder, schijn alstublieft in mijn hart
als de opkomende zon bij dageraad.
Laat mij iedereen als gelijke zien,
bevrijd me van elk gevoel van verschil.

Grote Godin, oorzaak van alle activiteit,
zowel de zondige als de deugdzame,
Bevrijdster van alle gebondenheid,
geef me Uw sandalen
die de fundamentele deugden beschermen
op het pad naar Bevrijding, het pad van dharma.

Zodra het lied eindigde, hoorden ze het geluid van een autoclaxon aan de overkant en de koplampen van een busje verschenen.

Moeder stond onmiddellijk op. "Kinderen, is dat ons busje?" vroeg Ze. Niet lang daarna kwam de boot met de brahmachari's door het water gegleden en bereikte de oever bij de ashram. De brahmachari's die terugkwamen, waren dolblij toen ze zagen dat Moeder op hen stond te wachten. Ze sprongen uit de boot en knielden enthousiast voor Haar alsof ze Haar wekenlang niet gezien hadden.

Toen ze de boot uitlaadden vroeg Moeder: "Is mijn zoon Ramakrishnan niet met jullie mee teruggekomen?"

"Hij komt zo terug. Hij moest een man naar het ziekenhuis brengen. Op de terugweg hield een groep mensen het busje aan en zij brachten een man die bij een gevecht gestoken was. Ze wilden dat wij hem naar het ziekenhuis brachten. Eerst zeiden we dat we het U moesten vragen, Amma. Maar er was geen ander voertuig beschikbaar, dus bracht Ramakrishnan hem naar het ziekenhuis."

Moeder: "In zulke omstandigheden hoef je niets aan Amma te vragen. Als er iemand naar je toe komt die ziek of gewond is, moet je hem direct naar het ziekenhuis proberen te brengen. Je hoeft niet te kijken of het een vriend of een vijand is. Als we mensen in zulke situaties niet kunnen helpen, wanneer kunnen we het dan wel?"

Het was half drie 's nachts toen Ramakrishnan uiteindelijk terugkwam. Pas toen ging Moeder naar Haar kamer.

Zondag 14 september 1986

Het ashramterrein was in een totale wanorde door de bouw van het nieuwe gebouw. Bakstenen en stenen lagen overal verspreid. Zelfs als de bewoners probeerden om alles op te ruimen, was de rotzooi de volgende dag weer net zo erg. Moeder had er een hekel aan om de ashram zo rommelig te zien, dus telkens als ze tegenwoordig uit Haar kamer kwam, begon Ze op te ruimen.

Vandaag kwam Moeder vroeg naar beneden en ze vroeg de brahmachari's om schoppen en manden te halen. Ze begonnen met het verplaatsen van een grote berg zand die in een hoek van de binnenplaats lag, naar een afgelegen plek. Moeder bond een handdoek om Haar hoofd en begon de manden te vullen. Ze werkte met veel energie en Haar enthousiasme stak ook de anderen aan.

Toen Ze merkte dat een brahmachari tijdens het werk onophoudelijk praatte, zei Moeder: "Kinderen, praat niet terwijl je werkt. Herhaal je mantra! Dit is niet zomaar werk, het is sadhana. Welk soort werk jullie ook doen, blijf indien mogelijk je mantra in je geest herhalen. Alleen dan zal het karma yoga zijn. Het is niet voldoende om over het leiden van een spiritueel leven te lezen of erover te horen of alleen erover te praten. Je moet het in praktijk brengen. Daarom moeten we dit soort werk doen. De geest mag niet van God afdwalen, zelfs geen moment."

Moeder begon te zingen en iedereen viel in: *Nanda Kumara Gopala...*

Zoon van Nanda, beschermer van de koeien,
mooie jongen uit Vrindavan,
die Radha betoverde,
donker gekleurde Gopala,
O Gopala, die de Govardhana-heuvel optilde,
en die in de geest van de Gopi's speelt...

De berg met zand was in een oogwenk verdwenen. Vervolgens begonnen ze met het wassen van het grind en het zeven van het zand in twee aparte hoeken.

Een toegewijde die met zijn gezin gekomen was, wilde dat Moeder de anna prasana voor zijn jongetje verrichtte. Toen Ze met het werk waar Ze mee bezig was klaar was, liep Moeder met het gezin naar de kalari waar de voorbereidingen voor de ceremonie al voltooid waren. Moeder legde de baby in Haar schoot. Ze deed sandelhoutpasta op zijn voorhoofd en strooide bloemblaadjes over zijn hoofd. Daarna deed ze voor de baby een arati met kamfer. Ze hield het jongetje vast, aaide hem en gaf hem rijst. Als je dat allemaal zag, had je kunnen denken dat Ze Yashoda was die Baby Krishna te eten gaf en met Hem speelde. Voor Moeder was dit niet zomaar een baby, het was niemand anders dan het Lievelingskind van Ambadi.

Toen Moeder die avond onder de meditatietijd uit Haar kamer kwam, waren twee brahmachari's buiten voor de meditatiehal in een verhit debat verwikkeld. Moeder stond naar hen te luisteren. Omdat ze zo in de discussie opgingen, waren ze zich helemaal niet van Haar aanwezigheid bewust.

Brahmachari: "De hoogste Waarheid is *advaita* (non-dualiteit). Er is niets anders dan Brahman."

Tweede brahmachari: "Als er niets dan Brahman is, wat is dan de basis van het universum dat we ervaren?"

Eerste brahmachari: "Onwetendheid. Het universum is een product van de geest."

Tweede brahmachari: "Als er niet twee entiteiten zijn, wie is dan door onwetendheid beïnvloed? Brahman?"

"Kinderen!" riep Moeder. Zij keerden zich vlug om, zagen Moeder en verstomden.

Moeder: "Kinderen, het is prima om over advaita te praten, maar om het te ervaren moet je sadhana doen. Wat voor nut heeft het om de bewaarder van andermans rijkdom te zijn? In plaats van je tijd te verdoen met argumenteren, horen jullie op dit uur te mediteren. Dat is de enige rijkdom die jullie hebben. Je moet constant japa doen. Dat is de enige manier om iets te bereiken en de bedrieger (het individuele ego) die bezit van je genomen heeft, te verjagen.

De honingbij zoekt overal waar hij heengaat naar honing. Niets anders kan hem aantrekken. Maar een gewone vlieg geeft er de voorkeur aan om op uitwerpselen te zitten, zelfs in een rozentuin. Zelfs nu is onze geest als een gewone vlieg. Dat moet veranderen. We moeten een geest ontwikkelen die alleen het goede in alles zoekt, net zoals de honingbij die overal waar hij komt alleen naar honing zoekt. Discussies zullen ons nooit helpen om dat te bereiken, kinderen! We moeten proberen om wat we geleerd hebben, in praktijk te brengen.

Non-dualiteit is de waarheid, maar we moeten het in ons leven integreren. We moeten in elke situatie stevig in deze waarheid verankerd zijn."

Moeder troost een blinde jongeman

Moeder liep naar het gastenverblijf waar een jonge, blinde man logeerde en ging zijn kamer binnen. Zodra hij zich realiseerde dat Moeder er was, knielde hij aan Haar voeten. Hij was al een paar dagen in de ashram. Op dit moment was hij erg van streek.

Vanaf de dag dat hij in de ashram aangekomen was, hadden de brahmachari's voor hem gezorgd. Ze hadden hem naar de eetzaal begeleid en hadden hem met zijn dagelijkse persoonlijke behoeften geholpen. Op deze dag waren er veel toegewijden voor het middageten gekomen en de rijst was snel op. Er werd meer rijst gekookt. Door de drukte had de brahmachari die verondersteld werd om de blinde jongen te helpen, hem niet naar de eetzaal kunnen begeleiden bij het begin van de maaltijd. Toen de brahmachari hem uiteindelijk ging halen, zag hij de jongen met de hulp van een toegewijde de trap afkomen. "Vergeef me alstublieft," zei de brahmachari. "Door de drukte ben ik vergeten om je vroeger te komen halen. Er zijn vandaag zoveel mensen en er is geen rijst meer. Er wordt meer rijst gekookt en die zal gauw klaar zijn."

Maar de jongeman kon de brahmachari niet vergeven. "Ik heb geld. Waarom zou het een probleem zijn om aan rijst te komen als ik ervoor kan betalen?" Toen de jongen dat gezegd had ging hij terug naar zijn kamer. Hoewel hij harde woorden gesproken had, schreef de brahmachari dit toe aan de honger van de man. Hij haalde wat fruit en bracht het naar de kamer van de jongen. "De rijst zal zo klaar zijn," zei de brahmachari. "Ik zal het je brengen. Eet ondertussen alstublieft dit fruit." Maar de jongen schreeuwde naar hem en weigerde het fruit.

Moeder ging naar het gastenverblijf toen Ze dit hoorde. Tegen de brahmachari zei Ze streng: "Wat ben jij onoplettend! Waarom heb je deze zoon zijn eten niet op tijd gegeven? Besef je niet dat hij niet kan zien en dat hij niet alleen naar de eetzaal kan komen?

Als dit kind niet blind was, zou hij zijn gaan eten zodra de bel luidde. Als het teveel tijd zou kosten om hem te halen omdat je het te druk had, had je zijn eten naar zijn kamer kunnen brengen. Als je met mensen zoals hij geen compassie kunt hebben, aan wie zal je dan ooit compassie tonen?

Kinderen, laat geen enkele gelegenheid om de toegewijden te dienen onbenut. Er is misschien niet altijd iemand om je hulp te ontvangen wanneer het jou gelegen komt. De diensten die je aan deze mensen verleent, zijn echte devotie."

Moeder wreef zacht over de rug van de jongeman en zei: "Ben je ervan overstuur geraakt, zoon? Het kwam alleen door de werkdruk dat hij je niet kon komen halen toen de bel voor het eten luidde. De brahmachari die je gewoonlijk naar de eetzaal helpt, is er vandaag niet en de andere zoon, aan wie hij de verantwoordelijkheid toevertrouwd had om voor jou te zorgen, ging degenen helpen die het middageten serveerden omdat er zo'n grote groep mensen was. Hij is je vergeten omdat hij zo in zijn werk opging. Daarom kwam niemand je op tijd halen. Denk dus niet dat het met opzet gebeurde, zoon.

Waar je ook bent, je moet je aan de omstandigheden aanpassen. Voor alles hebben we geduld nodig. Hier in de ashram hebben we een gelegenheid om te leren leven met de instelling van opoffering. Alleen dan kunnen we Gods genade ontvangen. Zoon, je moet begrijpen dat dit een ashram is. Als je bij anderen gebreken ziet, moet je hen vergeven. Dat is een uitdrukking van je echte band met Amma en de ashram."

De jongen barstte in tranen uit. Met veel tederheid veegde Moeder zijn tranen af en vroeg: "Heb je iets gegeten, mijn zoon?" Hij schudde zijn hoofd. Moeder vroeg aan een brahmachari om wat eten te halen, dat nu klaar was. Toen ging Ze op de grond zitten, pakte de hand van de jongen en trok hem naar zich toe zodat hij dicht bij Haar zat.

De brahmachari bracht een bord vol rijst en curry. Moeder maakte rijstballetjes en voedde de jongen met Haar eigen handen. Zich koesterend in Haar liefde veranderde hij in een klein kind. Ze gaf hem al het eten dat op het bord lag. Toen liet Ze hem opstaan, leidde hem naar de waterkraan en hielp hem zijn handen te wassen. Tenslotte bracht Ze hem terug naar zijn kamer.

Elke hartslag moest hem hardop duidelijk gemaakt hebben: "Hoewel ik geen ogen heb, heb ik Moeder vandaag gezien met de ogen van mijn hart!"

Maandag 15 september 1986

Het Onamfeest in de ashram

Het Onamfeest is een dag van grote vreugde voor de mensen in Kerala. Het is een dag waarop familieleden van oudsher samenkomen om het te vieren. Uit alle delen van het land waren Moeders kinderen gekomen om Onam met Haar te vieren. Er waren veel kleine kinderen met hun ouders meegekomen. Moeder speelde met de kinderen. De jongens en meisjes hielden elkaars handen vast en vormden een kring om Moeder, waarbij ze haar insloten. Gewoonlijk werd er verschillende dagen van tevoren een schommel in elkaar gezet en Moeder schommelde daarop met de kinderen tijdens Onam. Maar deze keer was er geen schommel. Door de bouw van het nieuwe gebouw was er geen plaats om hem op te zetten. Maar nu Moeder al die kinderen bij elkaar zag wilde Zij een schommel voor hen. Dus bevestigden de brahmachari's Nedumudi en Kunjumon snel een balk tussen twee pilaren die daar stonden voor het nieuwe gebouw en hingen er een schommel aan. De kinderen lieten Moeder erop zitten en duwden Haar toen wat iedereen heel blij maakte.

Moeder deed ook mee met het klaarmaken van het Onam-feestmaal voor Haar kinderen. Ze sneed groenten, hielp om het kookvuur goed te laten branden en hield globaal toezicht op alles. Rond het middaguur liet Moeder alle kleine kinderen in de noordwest hoek van de eetzaal zitten, ging ertussen zitten en liet ze drie keer 'Aum' herhalen. Moeder reciteerde het eerst en zij antwoordden. Eventjes vibreerde de omgeving met de heilige klank. De klank die uit de onschuldige kinderhartjes opsteeg, vulde de sfeer met een verfrissende zoetheid.

Vervolgens vroeg Moeder om bananenbladeren voor de kinderen uit te spreiden als bord. Al het eten was klaar maar het was nog niet in de serveerpannen gedaan en de pappadams waren ook nog niet gefrituurd. Maar Moeder wilde de jonge kinderen snel eten geven, dus deed Ze de verschillende gerechten in kleine bakken en begon hun te serveren. Omdat ze daarmee niet tevreden was, boog Ze voor ieder kind, maakte balletjes van de rijst op hun bananenbladen en voerde ieder kind met Haar eigen handen.

Tegen de tijd dat Moeder klaar was met het voeren van de kleintjes, waren Haar volwassen kinderen (gezinsleden en brahmachari's) in de twee aangrenzende ruimten gaan zitten. Nu serveerde Moeder ook hen. Om dit moment mee te maken hadden Haar toegewijden hun familie achtergelaten en waren naar Haar gekomen. Door hun met Haar eigen handen te serveren maakte Annapurneshwari iedereen blij.[60]

Terwijl ze aten, riep iemand "Ayyo! (O nee!)" Misschien had hij in een chili gebeten. Toen Moeder dit hoorde, zei Ze: "Wat er ook met hen gebeurt, kleine kinderen zeggen nooit 'Ayyo!' Ze roepen alleen 'Amma!' Dit 'Ayyo' sluipt binnen als we ouder worden. Wat onze leeftijd of omstandigheden ook zijn, Gods naam moet op de eerste plaats op onze tong liggen. Daarvoor heeft de geest oefening nodig en daarom wordt ons verteld dat we de mantra

---

[60] De Goddelijke Moeder als de gever van voedsel

voortdurend moeten herhalen. Kinderen, jullie moeten je geest trainen om 'Krishna!' of 'Shiva!' te zeggen in plaats van 'Ayyo!' wanneer jullie je teen stoten of wanneer je iets anders overkomt."

Een vrouwelijke toegewijde: "Er wordt gezegd dat als we 'Ayyo' zeggen, we de god van de dood aanroepen."

Moeder: "Dat is waar, want steeds als we niet Gods naam uiten, komen we dichter bij de dood. Iets anders dan Gods naam uiten is een uitnodiging voor de dood. Dus als we niet willen sterven, moeten we gewoon voortdurend Gods naam herhalen!" Moeder lachte.

Nadat Ze Haar kinderen payasam geserveerd had, gaf Ze hun stukjes citroen. Zelfs van deze gelegenheid maakte Ze gebruik om zaden van spiritualiteit in hun geest te zaaien: "Kinderen, payasam en citroen zijn als devotie en kennis. Citroen helpt je om de payasam te verteren. Op dezelfde manier helpt kennis je om devotie in je op te nemen met het juiste begrip van zijn principes. Je moet wijsheid bezitten als je devotie volledig wilt proeven. Maar kennis zonder devotie is bitter, het heeft geen zoete smaak. Zij die zeggen 'Ik ben alles,' hebben zelden mededogen. Devotie houdt mededogen in."

Moeder vergat niet om iedereen afzonderlijk te vragen of ze gegeten hadden. Als de matriarch van een grote familie gaf Ze aandacht aan elk detail dat Haar kinderen betrof. Eén gezin dat meestal vroeg voor Onam kwam, arriveerde dit jaar laat. Moeder vroeg hun waarom ze zo laat waren en Ze vroeg ook naar de studie van hun kinderen.

Na de maaltijd begonnen de brahmachari's en de toegewijden de ashram op te ruimen. Door de bouwwerkzaamheden was het ashramterrein heel rommelig en het opruimen ging tot 's avonds door. Na de bhajans voegde Moeder zich ook bij de groep. Ze vulden de gaten en greppels voor de bouwplaats met aarde op en bedekten het terrein met schoon wit zand. Dit werd allemaal gedaan als voorbereiding op Moeders verjaardag, die al over een week was. Er werden op die dag duizenden toegewijden verwacht.

Na het avondeten kwamen er meer mensen die zich om Moeder verzamelden. Moeder praatte een tijdje met hen en ging toen in het zand liggen met Haar hoofd in de schoot van een vrouwelijke toegewijde. Moeder keek naar Markus, een jongeman uit Duitsland, en lachte. "Kijk naar zijn hoofd!" zei Ze.

Markus was helemaal kaal. Slechts een dun kransje blond haar omringde het grote oppervlak van de lege ruimte op zijn hoofd. "Werken, werken, altijd werken, in de regen of in de zon, 's nachts of overdag," zei Moeder naar Markus verwijzend.

Markus: "Al het land wordt voor de viering van de verjaardag gebruikt. Er is geen land meer over. (Raakt zijn hoofd aan.) Nu gaan we hierop boeren." Iedereen lachte.

Een toegewijde: "Is dat omdat daar veel vuil in zit?" Nu lachte Moeder met de anderen mee en Markus moest ook lachen.

Een andere toegewijde: "Dat wordt Chertala[61] genoemd!"

Een brahmachari die terugkwam van het bezoek aan zijn familie knielde voor Moeder en ging naast Haar zitten. Moeder zei tegen hem: "Zoon, heeft Amma je niet gezegd, toen je op het punt stond te vertrekken, dat Ze je payasam zou serveren als je vandaag terugkwam?"

Brahmachari: "Maar er kan geen payasam over zijn, Amma. Al het eten dat 's middags opgediend is, moet nu op zijn."

Moeder: "God zal het geven. Zou Hij toestaan dat Amma's woorden onwaar zijn?"

Op dat moment ging een familie uit Kollam, die even eerder aangekomen was, naar Moeder toe en bood Haar een schotel payasam aan die ze meegebracht hadden. Moeder serveerde

---

[61] Chertala is een stad aan de kust ten noorden van de ashram. Letterlijk betekent het woord in het Malayalam 'met vuil gevuld hoofd' (cher betekent vuil, tala betekent hoofd).

het aan de brahmachari en alle anderen. Zijzelf at alleen maar een paar cashewnoten uit de schotel. Een kind haalde ze uit de payasam en gaf ze aan Moeder.

Moeder: "Amma houdt niet zo van cashewnoten. Er liggen er veel in Haar kamer die de kinderen meegebracht hebben. Amma eet ze meestal niet, maar soms vindt Amma cashewnoten lekker in payasam of in bepaalde curry's." Moeder haalde een druif, een kardemomzaadje en een stukje cashewnoot uit de payasam en deed ze in Haar handpalm. Ze zei: "Deze geven smaak aan de payasam net zoals spiritualiteit zoetheid aan het leven geeft."

Brahmachari's die thuis op bezoek gaan

Moeder zei tegen de brahmachari die net van zijn familie teruggekomen was: "Mijn zoon, jij zegt dat je geen familieleden, bezittingen, enzovoorts hebt en toch ga je naar huis. Tegelijkertijd komen zij die beweren dat ze erg aan je gehecht zijn, bijna nooit hier. Denk heel goed na over alles wat je doet. Onze Onam is een spirituele gebeurtenis. Als we in de wereld een rol aannemen, moeten we die goed spelen. We zijn aan het spirituele leven begonnen om van het gevoel van 'ik' af te komen. 'Mijn ouders, mijn broer en zus, mijn vrienden en verwanten,' ze zijn allemaal bij dat 'ik' inbegrepen. Wanneer het 'ik' verdwijnt, verdwijnen zij ook allemaal. Dan is alles wat overblijft 'U', dat wil zeggen God. We moeten alles aan Zijn wil overgeven en daarnaar leven. Alleen dan zullen we er profijt van hebben dat we voor het spirituele leven gekozen hebben.

Telkens als je de ashram verlaat, gaat er sadhanatijd verloren. Elk moment van je leven is kostbaar. Als je vader en moeder er zo sterk naar verlangen om met hun zoon het Onammaal te gebruiken, kunnen ze hier komen. Wij hebben alle voorbereidingen getroffen zodat ze kunnen komen. Als je naar huis blijft gaan, zul je alle samskara verliezen die je hier opgebouwd hebt en alleen je gehechtheid zal blijven.

In het begin moeten sadhaks bij hun familie wegblijven. Anders zullen ze door de band met hun familie geen vooruitgang in hun sadhana boeken. Gehecht zijn aan je familie is als het bewaren van zure dingen in een aluminium pot: er zullen gaten in de pot ontstaan en dan kun je er helemaal niets meer in bewaren. Gehechtheid aan iets anders dan God tast onze spirituele kracht aan. Gehechtheid is de vijand van de sadhak. Hij moet het als een vijand zien en van zulke relaties wegblijven. Als je in een boot roeit die vastgemaakt is aan de oever, kom je nergens.

Wij zijn kinderen van het Zelf. We moeten met onze familie dezelfde relatie hebben als met andere mensen. Als onze ouders oud en ziek zijn, dan is er niets mis mee om bij hen te blijven en voor hen te zorgen. Maar als we het gevoel hebben van 'mijn vader' of 'mijn moeder,' is zelfs in dat geval alles verloren. We moeten mededogen voelen voor hen die lijden. We moeten ze als God behandelen en dat moet ook onze houding thuis zijn. Als degenen die over 'mijn zoon' en 'mijn dochter' praten, echte liefde zouden voelen, zouden ze dan niet hier komen om je te zien? Als je als spirituele zoeker naar de ashram komt, moet je ook als zodanig leven. Anders ben je noch voor je familie noch voor de wereld van nut. En dat is niet wat we willen, kinderen!

We moeten een boom bij de wortels water geven en niet op de top, want alleen dan zal het water elk deel van de boom bereiken. Op dezelfde manier zullen we, als we echt van God houden, van alle levende wezens in het universum houden, omdat God in het hart van alle wezens verblijft. God is de basis van alles. Daarom moeten we God in alle vormen zien en Hem in alle vormen lief-hebben en aanbidden."

God is in de tempel

Eén van de toegewijden begon te praten over Dayananda Saras-vati[62]. Hij beschreef Dayananda's strijd tegen het aanbidden van godsbeelden en vertelde het verhaal hoe hij deze richting op gegaan was:

"Op een dag zag Dayananda een muis die een snoepje weg-droeg dat als offergave voor een beeld van Devi gelegd was. Hij dacht: 'Wat voor kracht zit er in een beeld van Devi als het niet eens kan voorkomen dat een muis het voedsel steelt dat eraan geofferd is? Hoe kunnen we dan verwachten dat zo'n beeld de problemen in ons leven oplost?' Vanaf die dag werd Dayananda een ferme tegenstander van beeldenverering."

Moeder die er stil naar had zitten luisteren, zei: "Als een zoon naar een schilderij van zijn vader kijkt, denkt hij dan aan de schilder die het geschilderd heeft of herinnert hij zich zijn vader? De symbolen voor God helpen ons om onze gerichtheid op Hem te versterken. We wijzen naar een afbeelding van een papagaai en vertellen een kind dat het een papagaai is. Wanneer het kind opgroeit, kan hij zonder de hulp van de afbeelding een papagaai herkennen. Als God overal is en alles God is, is Hij dan ook niet in dit stenen beeld? Dus hoe kunnen we het beeld uitsluiten? En dat de muis wegnam wat aan Devi geofferd was, kunnen we zo zien: toen het schepseltje honger had, nam het wat aan zijn eigen Moeder gegeven was. Tenslotte is Devi de Moeder van alle wezens."

Toegewijde: "Veel Brahmanen hebben jarenlang japa en puja gedaan zonder het Zelf te realiseren."

Moeder: "Het belangrijkste is onthechting en het sterke verlangen om de Waarheid te kennen. Je kunt God niet alleen

---

[62] De stichter van de Arya Samaj, de Hindu hervormingsbeweging. Hij pro-beerde de Vedische praktijken opnieuw in te voeren en keurde het aanbidden van godenbeelden af.

door tapas bereiken. Om God te bereiken moet je een zuiver hart hebben en liefhebben."

Toegewijde: "In de *Gita* staat dat het lichaam een *kshetra* (tempel) is."

Moeder: "We doen uitspraken als 'God is in ons en niet erbuiten' omdat we nog steeds het besef van binnen en buiten hebben. We moeten alle lichamen als tempels zien en we moeten alle dingen als ons eigen lichaam zien."

Kasteverschillen zijn zinloos

Toegewijde: "Amma, mensen volgen zelfs nu nog de op kaste gebaseerde *ayitham*[63]. Zelfs geleerde gurus volgen het."

Moeder: "Ken je het verhaal van de veger uit een lage kaste die Shri Shankaracharya benaderde? Shankaracharya zei hem uit de weg te gaan. De veger vroeg: 'Wat moet ik verplaatsen, het lichaam of de ziel? Als U wilt dat ik mijn ziel verplaats, waarheen zou ik die verplaatsen? Dezelfde ziel is overal. Als U wilt dat ik mijn lichaam verplaats, wat is het verschil tussen mijn lichaam en het Uwe? Beide zijn van hetzelfde materiaal gemaakt. Het enige verschil is de huidskleur.'"

Een toegewijde zong een couplet: "Sommigen scheppen op over hun brahmaanschap, dat zelfs Heer Brahma niet hun gelijke is!" Moeder lachte.

Moeder: "Een echte brahmaan is iemand die Brahman kent, iemand die de *kundalini* helemaal heeft laten opstijgen tot de *sahasrara* (de duizendbladige lotus) in het hoofd. De reden om aan hen die een hoog ontwikkelde samskara hebben te adviseren om niet om te gaan met hen die een ongecultiveerde samskara hebben, is dat deze omgang hun eigen samskara zal aantasten.

---

[63] Het Malayalam woord ayitham (van het Sanskriet asuddham) verwijst naar het naleven van het geloof dat iemand uit een hoge kaste verontreinigd wordt door benadering of aanraking van iemand van bepaalde lage kasten.

Maar waar kun je heden ten dage een echte brahmaan vinden? De geschriften zeggen dat in het Kalitijdperk, brahmanen *sudra's*[64] zullen worden en sudra's zullen brahmanen worden. Dus tegenwoordig zijn de op kaste gebaseerde geboden zinloos.

Vroeger werd er aan de mensen het soort werk gegeven dat het beste bij hun samskara paste. Maar nu gebeurt dat niet meer. In die tijd werden de tempeldiensten aan eminente brahmanen toevertrouwd. Tegenwoordig kunnen we de zoon van een brahmaan niet meer als brahmaan bestempelen of de zoon van een *kshatriya* als kshatriya. Er zijn veel leden van de traditionele visserskaste in dit gebied die goed opgeleid zijn en goede banen hebben. Ze zijn niet eens bekend met het traditionele werk van hun gemeenschap."

Een jongeman stelde een vraag: "Heeft de Heer niet in de Gita gezegd: 'Ik heb zelf de vier *varna's* (hoofdkasten) ingesteld?' Is Hij in dat geval niet degene die verantwoordelijk is voor alle onrechtvaardigheid die tegenwoordig uit naam van kasten en religies heerst?"

Een andere toegewijde antwoordde: "Waarom halen we ook niet de volgende regel aan? Daar staat: 'Volgens de *guna's*.' Dat betekent dat men een brahmaan of een *chandala* (paria)[65] wordt door zijn handelingen en gedrag en niet door geboorte."

Moeder: "Iemand is pas brahmaan als de heilige draadceremonie (*upanayana*) heeft plaatsgevonden, net zoals men pas christen is als men gedoopt is. De moslims hebben ook dergelijke rituelen. Wat is een kind werkelijk tot het zo'n ceremonie ondergaat? Zie je, de mens heeft al deze kasten gemaakt en niet God. Het heeft geen zin om God te de schuld te geven van

---

[64] Sudra is volgens het oude Indiase systeem de laagste van de vier hoofdkasten en brahmaan is de hoogste kaste.

[65] Een chandala behoort tot de laagste kaste, zelfs nog lager dan de sudra's.

alle onrechtvaardigheid die uit naam van kaste en religie heeft plaatsgevonden."

Moeders woorden maakten een einde aan het debat. Het was erg laat geworden, maar zelfs de kleine kinderen waren nog niet naar bed. Vlak bij de schommel had zich een groep mensen verzameld. Een paar volwassenen probeerden een klein meisje over te halen om een Onamlied te zingen. Eerst weigerde ze verlegen, maar uiteindelijk zong ze met haar onschuldige stem: *Maveli nadu vanīdum kalam...*

> *Toen Maveli* [66] *het land regeerde,*
> *waren alle mensen gelijk.*
> *Er was geen diefstal of bedrog,*
> *en geen enkel woord was onwaar.*

Zij die bij Moeder zaten, zagen de herfstachtige schapenwolkjes voorbij glijden langs de door de maan verlichte hemel. Het leek hun dat als Onam een feest was om de oudheid te herdenken, toen de wereld mooi was omdat er overal gelijkheid was, het dan hier in Amma's aanwezigheid elke dag Onam was. Want hier leefden alle mensen van verschillende rassen, kasten en overtuigingen samen als kinderen van één liefhebbende Moeder.

Woensdag 17 september 1986

De brahmachari's hadden les. Moeder kwam uit Haar kamer naar beneden en liep naar de koeienstal. De tank die achter de koeienstal gebouwd was om de koeienmest en urine op te vangen, was vol. Moeder vulde een emmer met de inhoud van de tank en leegde die onder de kokospalmen. Even later kwamen

---

[66] Maveli of Mahabali was een demonenkoning die erom befaamd was dat hij het land met gerechtigheid en rechtvaardigheid regeerde. Volgens de traditie in Kerala bezoekt hij jaarlijks met Onam de aarde om te kijken hoe het met zijn vroegere onderdanen gaat.

de brahmachari's uit hun les. Ze namen de emmer van Moeder over en gingen door met het werk waarmee Zij begonnen was. Omdat zij aandrongen, hield Ze op met wat Ze aan het doen was en liep weg.

Haar handen, voeten en kleren waren besmeurd en ondergespetterd met koeienmest. Een vrouwelijke toegewijde opende de waterkraan en probeerde Moeders handen en voeten te wassen, maar Moeder liet het niet toe. "Neen, mijn dochter, Amma zal het Zelf doen. Waarom zou je jouw handen ook vuil maken?"

Toegewijde: "Amma, waarom doet U dit soort werk? Heeft U geen kinderen die dat werk kunnen doen?"

Moeder: "Dochter, als Amma zich afzijdig houdt zonder iets van het werk te doen, zullen ze Haar nadoen en lui worden. Zij zullen een last voor de wereld worden. Dat mag niet gebeuren. Amma is gewoon blij om te werken. Maar Ze heeft medelijden met Gayatri. Als Amma dit soort werk doet, worden Haar kleren vuil en Gayatri is degene die ze wast. Zelfs als Amma probeert ze te wassen, laat Gayatri het Haar niet doen. Maar soms leidt Amma Gayatri om de tuin en doet Ze zelf de was!" Moeder lachte.

Een andere vrouw kwam naar voren en knielde.

Moeder: "Kniel nu niet, dochter! Amma's kleren zitten vol koeienmest. Laat Amma eerst een bad nemen. Daarna komt Ze terug."

Moeder ging naar Haar kamer en kwam een paar minuten later terug. De toegewijden die rond de kalari stonden, verzamelden zich nu rondom Haar. De brahmachari's kwamen ook.

Satsang is belangrijk, sadhana is onmisbaar

Een brahmachari vroeg: "Amma, waarom hecht U zoveel waarde aan satsang?"

Moeder: "Satsang leert ons hoe we op de juiste manier moeten leven. Als we een kaart bij ons hebben wanneer we naar een

261

verre plaats reizen, dan kunnen we daar zonder de weg kwijt te raken op tijd aankomen. Zo kunnen we met satsang ons leven in de juiste richting leiden en alle gevaren ontwijken. Als je geleerd hebt om te koken, kun je makkelijk een maaltijd bereiden. Als je landbouw gestudeerd hebt, zal het boeren je gemakkelijk afgaan. Als je begrijpt wat het echte doel van het leven is en op de juiste manier eraan werkt om het te realiseren, zal je leven vol vreugde zijn. Satsang helpt ons op deze wijze.

Met vuur kunnen we ons huis afbranden of we kunnen vuur gebruiken om ons eten erop te koken. Met een naald kunnen we in ons oog prikken of we kunnen er onze kleren mee naaien. We moeten dus voor alles het juiste gebruik vinden. Satsang helpt ons om de echte betekenis van het leven te begrijpen en hoe daarnaar te leven. Wat we door satsang winnen is een schat die ons hele leven zal blijven."

Brahmachari: "Is satsang op zich genoeg om Godsrealisatie te bereiken?"

Moeder: "Het bijwonen van een lezing over de theorie van het koken is niet voldoende om de honger weg te nemen. Om je honger te stillen moet je het eten koken en opeten. Als je fruit wilt telen, is landbouw studeren niet genoeg. Je moet de fruitbomen planten en ze verzorgen.

Het is niet voldoende om te weten dat er zich onder een bepaalde plek water bevindt, want dat geeft je geen water. Je moet daar een put graven. En je kunt je dorst ook niet lessen door alleen naar een afbeelding van een put te kijken. Je moet water halen uit een echte put en het opdrinken. Is het voldoende om in een geparkeerde auto te zitten en naar de kaart te staren? Om je bestemming te bereiken moet je reizen via de weg die de kaart aanwijst. Op dezelfde manier is het niet voldoende om alleen deel te nemen aan satsangs of de geschriften te lezen. Om de Waarheid te ervaren moet je volgens die woorden leven.

Alleen door sadhana kunnen we voorkomen dat we een slaaf van de omstandigheden worden en kunnen we in ons leven integreren wat we geleerd hebben. We moeten de spirituele principes leren door naar satsangs te luisteren en dan volgens die principes te leven. We moeten ons bevrijden van alle verlangens en God aanbidden zonder wensen of verwachtingen.

Ook al staat er in de geschriften: 'Ik ben Brahman,' 'U bent Dat,' enzovoort, de onwetendheid in ons moet verdreven worden voordat de Kennis van Realisatie naar buiten kan schijnen. Het herhalen van 'Ik ben Brahman' zonder sadhana te doen, is alsof je een blind kind de naam *Prakasham* (licht) geeft.

Er was eens een man die een toespraak hield waarin hij zei: 'Wij zijn Brahman, nietwaar? Dus sadhana doen is niet nodig.' Na de lezing werd hem eten geserveerd. De bediende zette een bord voor hem neer met stukjes papier erop waarop de woorden 'rijst,' 'sambar' en 'payasam' stonden. Er lag geen eten op het bord. De spreker werd boos. 'Wat doe je in hemelsnaam! Probeer je me te beledigen?' vroeg hij.

De bediende zei: 'Ik heb eerder deze avond naar uw voordracht geluisterd. Ik hoorde u verklaren dat u Brahman bent en dat deze gedachte voldoende is. Dat sadhana niet nodig is. Daarom dacht ik dat u het er zeker mee eens zou zijn dat alleen aan eten denken voldoende voor u is om uw honger te stillen. Er is duidelijk geen noodzaak om te eten.'

Het is niet genoeg om alleen te praten, kinderen! Wij moeten handelen. Alleen door sadhana kunnen we de Waarheid realiseren. Voor iemand die geen moeite doet, is satsang als een kokosnoot die aan een jakhals wordt gegeven: zijn honger zal nooit gestild worden. Een versterkend drankje zal je gezondheid verbeteren mits je de aanwijzingen die op de fles staan volgt en de juiste dosis inneemt. Satsang is als het leren van die aanwijzingen en sadhana is als het drinken van het drankje. Satsang onderwijst ons over het eeuwige en het vergankelijke, maar alleen door sadhana zullen we kunnen ervaren en verwerkelijken wat we geleerd hebben.

Als we de verschillende onderdelen van een radio op de voorgeschreven manier samenvoegen en op een batterij aansluiten, kunnen we de programma's die door een ver radiostation uitgezonden worden, horen terwijl wij thuis blijven. Door onze geest op de juiste manier door middel van sadhana te trainen en ons leven volgens de leringen van de mahatma's te leiden kunnen we eeuwige gelukzaligheid genieten terwijl we nog in ons huidige lichaam zitten. Als we sadhana doen en onzelfzuchtig dienen, hebben we niets anders nodig.

Hoeveel Vedanta we ook bestuderen, zonder sadhana kunnen we de Werkelijkheid niet ervaren. Dat wat we zoeken, is in ons, maar om het te bereiken moeten we sadhana doen. Om het zaad tot een boom te laten worden moeten we het in de aarde planten, water geven en bemesten. Het is niet voldoende om het alleen in onze handen te houden."

Niemand merkte dat de tijd voorbijging toen ze naar Moeders zoete woorden zaten te luisteren. Uiteindelijk herinnerde Ze hen eraan: 'Ga naar bed, kinderen. Het is heel laat. Moeten jullie 's morgens niet opstaan voor archana?"

Ze stonden allemaal op en liepen met tegenzin weg. Nadat ze een stukje gelopen hadden, stopten ze om terug te kijken en ze zagen Moeders betoverende vorm badend in het maanlicht. Was het niet de straling van dat gezicht dat in de maan, de zon en de sterren weerspiegeld werd?

Tameva bhantam anubhati sarvam
Tasya bhasa sarvamidam vibhati.
Als Hij schijnt, schijnt alles in Zijn spoor.
Door Zijn licht schijnt alles.   – Kathopanishad

Woordenlijst

Achyuta: "de Onvergankelijke, de Eeuwige." Eén van Vishnu's namen.

Adharma: onrechtvaardigheid, zonde, in strijd met de goddelijke harmonie. Tegenovergestelde van dharma.

Advaita: non-dualisme. De filosofie die leert dat de Hoogste Realiteit "één en ondeelbaar" is.

Ahimsa: geweldloosheid. Geen enkel levend wezen pijn doen door gedachten, woorden of daden.

Ambika: "moeder", de Goddelijke Moeder.

Ammachi: moeder.

Anna Prasana: ceremonie waarbij een baby het eerste vaste voedsel krijgt.

Annapurna: de Godin van overvloed aan voedsel. Een vorm van Durga.

Arati: het ritueel aan het einde van een puja, waarbij licht geofferd wordt in de vorm van brandende kamfer en waarbij een bel geluid wordt voor een heilig iemand of voor de godheid in de tempel. De kamfer laat bij verbranding geen resten achter, wat de totale vernietiging van het ego symboliseert.

Archana: een vorm van verering waarbij de 108 of de 1000 namen van een godheid worden gereciteerd.

Asana: een klein matje waarop men zit tijdens de meditatie. Ook: yogahouding.

Ashram: een plaats waar spirituele zoekers wonen of die zij bezoeken om een spiritueel leven te leiden en sadhana te beoefenen. Het is gewoonlijk het verblijf van een spirituele leraar, heilige of asceet, die de leerlingen leidt.

Atman: het ware Zelf. Een van de fundamentele leerstellingen van de Sanatana Dharma is dat we niet het fysieke lichaam, de gevoelens, de geest, het intellect of de persoonlijkheid zijn. We zijn het eeuwige, zuivere, onaantastbare Zelf.

AUM: heilige lettergreep, de oerklank of vibratie die Brahman en de hele schepping vertegenwoordigt. AUM is de primaire mantra en staat gewoonlijk aan het begin van andere mantra's.

Avadhuta: een gerealiseerde ziel die alleen de eenheid in alles ziet en daarom alle sociale gewoontes heeft getranscendeerd.

Avatar: "neerdaling," een Goddelijke Incarnatie. Het doel van een Goddelijke Incarnatie is om de goeden te beschermen, het kwaad te vernietigen, rechtvaardigheid te herstellen en de mensheid naar het spirituele Doel te leiden. Het is heel zelden dat een avatar een volledige neerdaling (Purnavatar) is.

Ayur Veda: "Wetenschap van het leven." Oude Indiase holistische gezondheids- en medicijnenleer. Ayurvedische medicijnen worden gewoonlijk uit geneeskrachtige kruiden en planten gemaakt.

Backwaters: brakke wateren tussen het vasteland en het eiland waarop de ashram staat.

Bhagavad Gita: het onderricht van Heer Krishna aan Arjuna aan het begin van de Mahabharata-oorlog. Het is een praktische gids voor de gewone man in het dagelijks leven en het is de essentie van de Vedische wijsheid. Bhagavad betekent 'van de Heer' en Gita betekent 'lied', in het bijzonder een advies.

Bhagavan: de Gezegende Heer, God.

Bhajan: devotioneel lied.

Bhakti: devotie

Bhakti Yoga: "eenheid door bhakti." De weg van devotie. De manier om Zelfrealisatie te bereiken door devotie en volledige overgave aan God.

Bhasma: heilige as.

Bhava: goddelijke stemming.

Bhava darshan: de gelegenheid waarbij Amma de toegewijden in de verheven staat van de Universele Moeder ontvangt. In het begin ontving Amma de toegewijden ook in Krishna Bhava.

Bhiksha: aalmoezen.

Brahmachari: een leerling die het celibaat in acht neemt, spirituele oefeningen doet en opgeleid wordt door een guru.

Brahmacharini: een vrouwelijke brahmachari.

Brahmacharya: 'verblijf in Brahman'. Celibaat en discipline van de geest en van de zintuigen.

Brahman: de absolute Werkelijkheid, het Geheel, het hoogste Zijn voorbij alle namen en vormen, dat alles omvat en doordringt, dat één en ondeelbaar is.

Brahma sutra's: aforismen van de heilige Badarayana (Veda Vyasa) die de Vedanta filosofie uiteenzetten.

Dakshayani: een naam van de Goddelijke Moeder Parvati.

Darshan: ontvangst door, of het zien van een heilige of godheid.

Devi: de Godin of Goddelijke Moeder.

Devi bhava: "de goddelijke stemming van Devi." De staat waarin Moeder Haar eenheid en identiteit met de Goddelijke Moeder openbaart.

Dharma: 'dat wat het universum ondersteunt'. Dharma heeft vele betekenissen zoals: goddelijke wet, juistheid, overeenstemming met de goddelijke harmonie, religie, plicht, verantwoordelijkheid, deugd, rechtvaardigheid, goedheid en waarheid. Dharma verwijst naar het innerlijke principe van religie. Het dharma van de mens is het realiseren van zijn innerlijke Goddelijkheid.

Dosha: pannenkoek van rijstemeel.

Durga: een naam van Shakti, de Goddelijke Moeder. Ze wordt vaak afgebeeld met een aantal wapens en zittend op een leeuw. Zij is de vernietigster van het kwaad en de beschermster van het goede. Ze vernietigt de verlangens en vasana's van Haar kinderen en onthult het Hoogste Zelf.

Gita: zie Bhagavad Gita.

Gopala: "koeienjongen," een naam van Krishna.

Gopi's: koeienherderinnen en melkmeisjes die in Vrindavan woonden. Zij waren befaamd om hun hoogste devotie voor Śri Krishna.

Grihasthashrama: een gezinsleven volgens spirituele principes. Zie ook vanaprastha.

Grihasthashrami: iemand die een spiritueel leven leidt en tegelijkertijd in de wereld leeft en een gezin heeft.

Guru: 'iemand die de duisternis van onwetendheid verwijdert'; spirituele leraar en gids.

Gurukula: een ashram met een levende guru waar leerlingen wonen en onder leiding van de guru studeren.

Haimavati: een naam van de Goddelijke Moeder.

Homa: offervuur.

Hridayesha: de Heer in het hart.

Jarasandha: de machtige koning van Magadha die achttien maal met Heer Krishna strijd leverde en door Bhima gedood werd.

Jivatman: de individuele ziel.

Japa: herhaling van een mantra, gebed of de naam van God.

Jnana: spirituele of goddelijke kennis. Echte kennis is een directe ervaring die niet door de beperkte zintuigen, de geest of het intellect kan worden waargenomen. Hij wordt verkregen door spirituele oefeningen en de genade van God of de Guru.

Kali: "de Donkere," een aspect van de Goddelijke Moeder. Van het standpunt van het ego mag Ze er angstaanjagend uitzien omdat Ze het ego vernietigt, maar Ze vernietigt het ego en transformeert ons alleen vanwege Haar onmetelijke mededogen. Kali heeft vele vormen. In haar welwillende vorm staat Ze bekend onder de naam Bhadra Kali. Een toegewijde weet dat achter Haar woeste façade de liefhebbende Moeder schuilgaat, die Haar kinderen beschermt en de gunst van Bevrijding schenkt.

Kamsa: de duivelse oom van Heer Krishna, die door hem gedood werd.

Kanji: rijstegruwel.

Kanna: "met mooie ogen." Een troetelnaam voor Krishna als baby. Er zijn veel verhalen over Krishna's kindertijd en Hij wordt soms in de vorm van een Goddelijk Kind vereerd.

Karma: handeling, activiteit.

Karma yoga: 'eenheid door handelen.' Het spirituele pad van onthechte, onbaatzuchtige dienstverlening, waarbij men de vrucht van alle activiteit aan God offert.

Karma yogi: iemand die de weg van onbaatzuchtig handelen volgt.

Kaurava's: de honderd zonen van Dhritarashtra die met hun vijanden, de Pandava's, in de Mahabharata-oorlog vochten.

Kirtan: hymne.

Krishna: de belangrijkste incarnatie van Vishnu. Hij werd in een koninklijk gezin geboren, maar groeide op bij pleegouders en leefde als een jonge koeienherder in Vrindavan, waar Hij bemind en vereerd werd door zijn toegewijde kameraden, de gopi's en gopa's. Hij was een neef en adviseur van de Pandava's, vooral van Arjuna, aan wie Hij het onderricht in de Bhagavad Gita gaf.

Krishna bhava: de staat waarin Moeder Haar eenheid en identiteit met Krishna openbaart.

Kshatriya: de kaste van de strijders en de regeerders.

Kumkum: saffraan.

Lakshya bodha: voortdurend bewustzijn van en gerichtheid op het doel van Zelfrealisatie.

Lalita Sahasranama: duizend namen van de Goddelijke Moeder in de vorm van Lalitambika.

Lila: "spel," de bewegingen en activiteiten van het Goddelijke, die in hun aard vrij zijn en niet noodzakelijk onderworpen aan de natuurwetten.

Mahatma: grote ziel of gerealiseerd iemand.

Mala: rozenkrans, gewoonlijk van rudraksha-zaden, tulasihout of sandelhoutkralen.

Mantra: heilige formule of gebed, die voortdurend herhaald wordt. Dit activeert iemands slapende spirituele kracht, zuivert de geest en helpt het doel van Realisatie te bereiken. Hij is het meest effectief als hij van een gerealiseerde leraar tijdens een initiatie ontvangen wordt.

Mataji: 'moeder," het achtervoegsel "ji" geeft respect aan.

Maya: illusie. De goddelijke 'sluier' waarmee God Zich in Zijn scheppingsspel verbergt en de indruk van veelheid wekt en daardoor de illusie van gescheidenheid schept. Omdat Maya de Werkelijkheid verbergt, misleidt Zij ons, en laat Zij ons geloven dat volmaaktheid, tevredenheid en geluk buiten onszelf gevonden kunnen worden.

Muladhara: de laagste van de zes chakra's aan de onderkant van de rug.

Mudra: een houding van de hand die een spirituele waarheid aanduidt.

Narayana: "Hij die in de Hoogste Kennis verblijft." "Hij die in de oerwateren verblijft." Een naam van Vishnu.

Pandava's: de vijf zonen van koning Pandu. Zij waren de helden van het epos Mahabharata.

Paramatman: de allerhoogste ziel of God.

Parvati: "Dochter van de bergen." Shiva's Goddelijke metgezel. Een naam van de Goddelijke Moeder.

Payasam: zoete rijstpudding.

Prana: levenskracht.

Prarabdha: verantwoordelijkheden of lasten. Ook: de resultaten van handelingen in het verleden die zich in dit leven manifesteren.

Prasad: gewijde offergave uitgedeeld na een puja of door een gerealiseerde heilige.

Prema: diepe liefde, hoogste liefde.

Puja: aanbiddings- of vereringsceremonie.

Rama: de held van de Ramayana. Hij was een incarnatie van Heer Vishnu en de belichaming van dharma.

Ramayana: 'het leven van Rama.' Eén van India's grootste heldendichten, die het leven van Rama beschrijft.

Ravana: de duivelse koning van Lanka en de belangrijkste tegenstander van Rama in de Ramayana. Hij ontvoerde Rama's vrouw Sita en werd uiteindelijk door Hem gedood.

Rishi: een gerealiseerde ziener. Het verwijst gewoonlijk naar de zeven rishi's van het oude India. Zij konden de Hoogste Waarheid 'zien' en drukten dit inzicht uit in de Veda's.

Rudraksha: de zaden van de rudrakshaboom, die zowel geneeskrachtige als spirituele kracht hebben en geassocieerd worden met Heer Shiva.

Sadhak: iemand die zich wijdt aan het bereiken van het spirituele doel. Iemand die sadhana beoefent.

Sadhana: spirituele oefeningen en disciplines zoals meditatie, gebed, japa, het lezen van de heilige geschriften en vasten.

Sahasrara: "Met duizend spaken." De hoogste chakra boven op het hoofd waar de kundalini zich verenigt met Shiva. Het lijkt op een lotusbloem met duizend bloembladen.

Samadhi: eenheid met God. Een staat van diepe op één punt gerichte concentratie, waarin alle gedachten ophouden en de geest opgaat in een volledige stilte, waar alleen Zuiver Bewustzijn is.

Sambar: soep van groenten en specerijen.

Samsara: de wereld van pluraliteit, de cyclus van geboorte, dood en wedergeboorte.

Samskara: neigingen van de geest ontstaan door handelingen in het verleden.

Sankalpa: scheppend, totaal besluit, dat zich manifesteert als gedachte, gevoel en activiteit. De sankalpa van een gerealiseerd iemand manifesteert altijd het bedoelde resultaat.

Sannyasi: een monnik die formele geloften van onthechting heeft afgelegd. Hij draagt traditioneel een okerkleurig kleed wat de verbranding van alle gehechtheid symboliseert.

Satguru: een gerealiseerde, spirituele leraar.

Satsang: gezelschap van wijzen en verlichte zielen. Ook: een spirituele uiteenzetting door een wijze of geleerde.

Shakti: het dynamische energieaspect van Brahman. Het is ook een naam van de Universele Moeder.

Shastri: schriftgeleerde

Shiva: 'de Gunstige, de Genadige, de Goede.' Het statische bewustzijnsaspect van Brahman. Het mannelijke principe. Shiva is ook het aspect van de drie-eenheid dat verantwoordelijk is voor de vernietiging van het universum, van dat wat niet-werkelijk is.

Shraddha: geloof. Amma gebruikt het met een speciale nadruk op alertheid gekoppeld aan liefdevolle zorg voor het werk waarmee men bezig is.

Shrimad Bhagavatam: een van de 18 Purana's, die gaat over de incarnaties van Vishnu en in detail over het leven van Krishna. Het pad van devotie wordt hier benadrukt.

Tamas: duisternis, traagheid, apathie, onwetendheid. Tamas is een van de drie guna's of fundamentele eigenschappen van de natuur.

Tapas: letterlijk 'hitte'. Het beoefenen van spirituele soberheid, zelfdiscipline en zelfopoffering en spirituele oefeningen die de onzuiverheden van de geest verbranden.

Tapasvi: iemand die tapas of spirituele oefeningen beoefent.

Upanishaden: het laatste gedeelte van de Veda's, dat gaat over de filosofie van Vedanta of non-dualiteit.

Vairagya: onthechting.

Vanaprastha: Levensstadium waarin men als kluizenaar leeft. In de oude Indiase traditie waren er vier stadia in het leven. Eerst wordt het kind naar een gurukula gestuurd waar hij of zij het leven van een brahmachari leidt. Dan trouwt hij en leeft in de wereld en leidt tegelijkertijd een spiritueel leven (grihasthashrami). Wanneer de kinderen oud genoeg zijn om voor zichzelf te zorgen, trekken de ouders zich terug in een kluizenaarshut of ashram, waar zij een zuiver spiritueel leven leiden en spirituele oefeningen doen. In het vierde stadium van hun leven doen zij helemaal afstand van de wereld en leiden het leven van een sannyasi.

Vasana's: latente neigingen of subtiele verlangens in de geest die de neiging hebben zich te manifesteren in handelingen en gewoonten.

Veda: 'kennis, wijsheid.' Een verzameling van heilige teksten die in vier delen opgedeeld is: Rig, Yajur, Sama en Atharva. De Veda's bestaan gezamenlijk uit 100.000 verzen met daaraan nog proza toegevoegd. Zij zijn één van de oudste geschriften ter wereld. De Veda's worden beschouwd als de directe openbaring van de Hoogste Waarheid, die God aan de Rishi's schonk.

Vedanta: het 'einde van de Veda's'. De filosofie van de Upanishaden die de Uiteindelijke Waarheid verklaart als 'Eén zonder een tweede'.

Vishnu: 'de allesdoordringende.' Een naam van God. Hij daalt als een goddelijke incarnatie naar de aarde af wanneer de wereld Zijn Genade zeer hard nodig heeft. Hij wordt gewoonlijk aanbeden in de vorm van twee incarnaties: Krishna en Rama. Hij is ook het aspect van de drie-eenheid dat verantwoordelijk is voor de instandhouding van de schepping.

Vrindavan: de plaats waar Krishna als jonge koeienherder leefde.

Yashoda: Krishna's pleegmoeder.

Yoga: 'eenheid'. Een aantal methoden waardoor men eenheid met het goddelijke kan bereiken. Een weg naar Zelfrealisatie.

Yogi: iemand die in eenheid is met de Hoogste Geest.

www.ingramcontent.com/pod-product-compliance
Lightning Source LLC
Chambersburg PA
CBHW071211090426
42736CB00014B/2772